La Philo des paresseuses

Sophie Brusset-Gervasi

La Philo des paresseuses

•MARABOUT•

À Thomas...

Remerciements

Merci à ceux qui ont su respecter les cadres *a priori* de ma sensibilité (*cf.* chap. 5) et à Laurent Raval, pour s'être assidûment glissé dans la peau d'une paresseuse.

Sommaire

Avant-propos

Pourquoi ce guide va vous aider

Vos souvenirs de philo se résument à un prof, « le » prof de philo à la chevelure hirsute, parlant un dialecte inconnu, quelque chose comme le serbo-moldavo-assyrien ancien, du style : « La seule décision possible, c'est la décision impossible. » [1]

La philosophie, c'est pour vous un formidable bric-à-brac de mots incompréhensibles (*ataraxie, métaphysique, phénoménologie*), des questionnements extravagants à vous faire perdre le nord (« Pourquoi y a-t-il quelque chose plutôt que rien ? ») et des réponses à vous faire perdre tout le reste (« Parce que le monde existe à titre de possibilité dans l'entendement divin », blablablabla...) ?

Il est grand temps de voir les choses autrement !

La véritable philosophie est ailleurs. Au départ, loin d'être confinée dans une salle de classe surchauffée, elle voyage et se pratique au grand air ! Souvenons-nous de la complainte de Platon (Henri Salvador lui a tout pris !) : « J'aimerais tant voir Syracuse. » [2]

Alors imaginez : la Grèce, la lumière mate et azurée, les cigales, sous le soleil exactement... Un rêve de paresseuse, non ?

Il y a un bémol toutefois : penser se révèle être une pratique à risques – on ne vous le cache pas. On peut être condamné à mort comme Socrate ou encore à l'exil comme Descartes et tant d'autres.

Penser peut aussi rendre fou. Voyez Nietzsche se jetant en pleine rue à la tête d'un cheval maltraité par son maître ou songez à Wittgenstein [3] suppliant : « Que Dieu me garde de la santé mentale ! – Ce que Dieu fera certainement », lui rétorque son ami Bertrand Russell [4] !

1. Jacques Derrida (1930 / 2004).
2. Après la mort de Socrate, Platon se rend par trois fois à Syracuse auprès du tyran Denys l'Ancien puis de son fils Denys le Jeune, dont il rêve de faire des souverains philosophes... En vain.
3. Ludwig Wittgenstein (1889 / 1951) est un philosophe britannique d'origine viennoise.
4. Bertrand Russell (1872 / 1970) est un mathématicien et philosophe britannique.

Puis, direz-vous, avec ses injonctions (« Connais-toi toi-même », « Ose penser »...), la philosophie vous a toujours semblé aller à l'encontre de votre indolence naturelle.

Mais si vous avez repéré cette contradiction, vous êtes déjà sur le chemin de la *sophia* (« sagesse »), autour de laquelle se pressent une ribambelle d'« amoureux » (*philos*).

Car la philosophie se donne bel et bien pour tâche de repérer les contradictions (et de les lever éventuellement) : être philosophe, c'est avant tout avoir le sens du problème.

La philosophie vous pose problème, vous inquiète ? Vous y voilà !

Ensuite, la philosophie est une véritable boîte à outils (les concepts*) pour résoudre des problèmes concrets. Là, en digne paresseuse, je n'invente rien : c'est Gilles Deleuze qui le dit. Vous voulez des exemples ?

Il vous arrive, bien légitimement, de prétendre au bonheur, sans toutefois savoir où le trouver. Le bonheur réside-t-il dans la satisfaction de tous les désirs ?(Ainsi, êtes-vous fromage **et** dessert ?)

Peu de philosophes ont estimé qu'il pouvait être bon de se sentir malheureux parfois et, tout comme vous, ils s'interrogent sur la réalité que recouvre cette idée.

Vous avez encore plaqué votre homme ou votre homme vous a encore plaquée (en fait, c'est le même problème) ? Demandez-vous ce qui vous fait flipper vraiment chaque fois qu'il devient un peu trop familier – il vide votre frigo la nuit ou vous demande de laver son linge. La problématique qui se trame là-dessous est celle du désir : ne désire-t-on son Jules que précisément parce qu'il n'est pas là (et c'est tant mieux) ?! ne désire-t-on que ce qui nous manque, comme le croit Platon ou Georges Bataille [1] ?

Là encore, la philosophie peut vous aider.

---

1. Georges Bataille (1897 / 1962) définit l'expérience de l'érotisme et de la mort dans un très beau texte intitulé précisément *L'Érotisme*.

Vous faites les boutiques et vous êtes sur le point de craquer pour une petite robe noire chic et cool à la fois, coûtant la bagatelle de 300 euros ? Eh bien, sachez que cet instant crucial de tentation où vous êtes sur le point de vous précipiter dans le vide (enfin plutôt dans le rouge à la banque) est merveilleusement senti par un philosophe nommé Jankélévitch [1].

Votre patron vous harcèle de travail ou votre meilleure amie vous plante le premier jour des soldes ? Soyez philosophe ; comme Montesquieu, dites-vous : « Je m'en fous ! »

La philosophie aide à cultiver le détachement.

Enfin, vous avez l'impression parfois que plus rien ne va dans votre vie, que tous les voyants d'alerte clignotent, l'impression d'être en permanence perdue sur le périphérique parisien en pleine heure de pointe ! Ce n'est rien. Enfin si, c'est une crise aiguë de « perte de sens ».

Or, ce guide va vous montrer que, justement, la philosophie cherche un sens à l'existence.

Caisse à outils, guide de survie, armoire à pharmacie aussi : selon Platon, la philosophie nous invite au « soin de l'âme » ; elle « doit agir comme un médicament », surenchérit Kant.

Il y a plus important encore. On vous a toujours reproché votre paresse ? Foin de culpabilité et de tout sentiment de contrition ! Paresser, c'est se donner le temps et l'espace de penser, c'est cultiver un terrain fertile pour les idées. Et si l'idée de ce guide était née sur une plage de sable fin, sous des cieux paresseux ?

Personne n'échappe à la paresse ! Marcel Proust lui-même était, dit-on, atteint de cette incurie... Il s'en est bien sorti toutefois en écrivant les 4 000 pages de *La Recherche* !

1. Vladimir Jankélévitch (1903 / 1985) est un philosophe français.

La philosophie naît de la paresse qui nous dessille, nous ouvre les yeux sur ce que le monde a l'obligeance de nous offrir. Il y a quelque chose de sérieux dans la paresse...

Alors pourquoi ne pas pratiquer une philosophie de la paresse ? Faites de votre paresse un choix philosophique, une option existentielle !

Avec ce guide, voilà donc votre plus grand défaut philosophiquement justifié !

chapitre 1

Comment passer des préjugés aux idées grâce à Socrate et Platon ?

Et si la philosophie était une invitation à un voyage paresseux ?

La *philosophia* est avant tout un désir qui incite à aller voir ce qui se passe ailleurs.

Elle est une nomade, une immigrée, née de la rencontre, à la croisée des chemins de la pensée, entre des hommes riches comme Crésus ! Riches de connaissances et d'expériences pour avoir beaucoup voyagé, comme le dit en effet Crésus, roi de Lydie, à Solon, l'un des Sept Sages de la Grèce et célèbre législateur athénien.

Fille de l'étonnement, la philosophie est aussi une fille du Sud au caractère impétueux et paresseux.

Si sous ces latitudes le climat invite à la paresse, la *paresse* n'est pas pour autant synonyme d'« inaction ». Elle est bien au contraire propice à la réflexion.

N'est-ce pas en effet l'été sur la plage que vous vient l'idée de refaire toute la déco de votre appartement à la rentrée ?

N'est-ce pas dans le Sud, dans les déserts du Proche-Orient vers le VIe siècle, sur les terres bibliques brûlées par le soleil, que l'on rencontre les prophètes saint Antoine et saint Pacôme fuyant un monde corrompu, s'exilant pour fonder les premiers monastères chrétiens ou vivre seuls avec Dieu, au milieu de nulle part ? Ils seront nombreux, « ivres de Dieu » [1] et déçus par les hommes, à suivre leurs pas : les anachorètes [2] brouteurs, vivant à quatre pattes, se nourrissant d'herbes et de racines ; les stylites [3], s'installant plus près de Dieu, au sommet d'une colonne. Le ciel ne leur est pas tombé sur la tête, mais le soleil a tout de même cogné très fort sur ces paresseux contemplatifs !

Mais voyageons jusqu' à Milet, une cité grecque sur la côte d'Asie Mineure.

1. Jacques Lacarrière, *Les Hommes ivres de Dieu*, Fayard, Paris, 1975.
2. Les anachorètes étaient des religieux contemplatifs qui menaient une vie solitaire et ascétique.
3. Les stylites étaient des ascètes qui vivaient au sommet d'une colonne ou d'une tour, comme saint Siméon.

On y rencontre Thalès [1], qui n'invente pas que des théorèmes.

Thalès était déjà un capitaliste ! Des observations astronomiques précises lui avaient permis de prévoir une abondante récolte d'olives. Aussi loua-t-il en plein hiver tous les pressoirs de Milet et de Chio, afin de les sous-louer le temps venu, avec une plus-value conséquente.

Saviez-vous qu'il avait aussi prédit l'éclipse de soleil du 28 mai 585... et s'éclipsa lui-même en tombant dans un puits alors qu'il se promenait la tête dans les étoiles ?!

Ces aventuriers n'ont pas froid aux yeux, ils s'élancent sur les mers et dans l'écume bouillonnante d'une pensée intrépide qui ne se satisfait plus des mythes et autres histoires à dormir debout.

Lorsqu'ils arrivent du bout du monde grec à Athènes, le soleil de la philosophie se lève sur « l'instant athénien » et embrase tout.

Ce sera le « moment socratique ».

Comment « faire le Grec » ?

Non, non, coquine, il ne sera pas question ici des mœurs sexuelles des philosophes !

En fait, les anciens Romains consacraient surtout leur temps aux « affaires » (*negotium*) ou à la politique, vocation essentielle de chaque homme libre. En revanche, ils se méfiaient grandement de toute « vacance » de l'effort, nommant ce temps de loisir *otium* (à l'origine de l'« oisiveté »). Pour un Romain actif, penser était donc une perte de temps et philosopher ou glandouiller, cela revenait *grosso modo* à la même chose : « faire le Grec » !

1. Thalès est un mathématicien et philosophe grec du début du VIe s. av. J.-C.

Et si les grandes idées naissaient de la paresse ?

Une matinée de « vacance » type

Réveil, 6 h 30 : « Maman, où est ma voiture rouge ? J'ai envie de faire pipi. Si on allait prendre le p'tit déj' ? »

Il vous faut dix minutes pour analyser toutes ces informations, le temps pour Petit Cœur de :

- vider le coffre à jouets ;
- faire pipi à côté de la cuvette ;
- renverser le paquet de céréales dans la cuisine ;
- s'arroser de lait (même s'il est écrit sur la brique « ouverture facile » !).

Une demi-heure pour nettoyer le tout...

À 9 heures, ouf ! tout le monde est prêt ! Petit Cœur est au club des Mini-Pingouins, le grand au club des Pingouins Juniors : vous allez pouvoir vous détendre et ne penser qu'à vous... c'est-à-dire :

- passer au pressing ;
- faire le marché ;
- préparer le déjeuner ;
- s'arrêter dix minutes maximum pour une petite pause-café en terrasse ;
- rédiger une quinzaine de cartes postales : papy, mamie, tonton, tata... qui ne pardonneraient pas un oubli ! Souvenez-vous l'an dernier de cette phrase assassine : « Il y avait des cartes à Coco Plage ou ils étaient en rupture de stock ? »

Enfin, farniente bien mérité sur la plage de 11 h 45 à 12 heures avec le gosse de votre voisin de serviette qui construit un château fort en vous envoyant de grandes pelletées de sable en plein visage !

La vacance en vacances...

D'où vient ce besoin de remplir, de rentabiliser, de rationaliser le temps « libre », de combler chaque heure vacante ? S'agit-il d'éviter l'ennui ? Devons-nous le craindre comme la peste pour nous exténuer ainsi en organisation, en planification ?

Car, dans nos sociétés, tout se prévoit et se réserve : vacances, resto, hammam, déjeuner entre copines pour 2010, rencontre de l'élu – « Ce soir, je m'épile et j'enfile ma culotte à froufrous pour aller dîner chez Véra : on ne sait jamais ! »

Faut-il être clairvoyante pour tout *pré*-voir !

Mais l'imprévu, l'étonnement, le bonheur ? Comment voulez-vous être surprise par le bonheur lorsque vous resserrez ainsi temps et espace ? Où peut-il s'insinuer ? Quand avez-vous prévu d'être heureuse ?

Comme le bonheur, la pensée a besoin, pour se déployer, d'un temps et d'un espace vacants, libérés du travail. Alors elle peut musarder, butiner, paresser, flotter dans l'azur...

D'où viennent toutes nos bonnes (ou mauvaises) résolutions de la rentrée si ce n'est du farniente estival dans un transat ?

Et si les grandes idées naissaient de la paresse ?

Pas par hasard bien sûr ! Si une pomme vous tombe sur la tête et vous réveille d'une douce sieste, au pire vous allez jurer, au mieux la croquer, mais vous ne découvririez pas l'apesanteur (« Newton l'a déjà découverte », rétorquerez-vous !).

Sachez profiter du temps privilégié des vacances, tout aussi nécessaires que le travail, pour vous rendre apte à voir naître une belle idée ou simplement une idée : c'est déjà bien ! Avoir une idée, ça n'arrive pas tous les jours... C'est une fête ! Allez hop ! Célébrons la paresse, les idées et la philosophie dans un banquet socratique !

Et s'il y avait plus paresseux que vous, à commencer par Socrate ?

Socrate : un sédentaire chez les nomades

Alors que tous les penseurs voyagent et pratiquent le cosmopolitisme, Socrate se singularise en choisissant la sédentarité.

Pourquoi quitterait-il sa ville pour voir le monde alors que le monde vient à lui, à Athènes, la cité des arts et des lettres : l'historien Hérodote, le physicien Anaxagore, le médecin Hippocrate, les sophistes ?

Pourquoi s'inquiéter de partir ailleurs alors qu'il se trouve exactement là où il doit être, sous le soleil exactement qui invite à la langueur et à la paresse...

La ville compte quelque 240 000 habitants mais une heure de marche suffit pour aller du Pirée à la porte d'Égée, le temps d'une discussion sur l'amour ou la beauté, le temps de convier le fougueux Alcibiade (fils de bonne famille, enfant terrible et accessoirement amant de Socrate) à un banquet.

Que diriez-vous d'une promenade philosophique ?

Imaginons le volubile Socrate paresseusement assis en compagnie de Phèdre (un jeune Athénien) au bord de l'Illisos, petite rivière coulant près d'Athènes, et vantant les charmes de la campagne avant d'entamer l'un de ses fameux dialogues : « Il y a là de l'ombre, de l'air frais et de l'herbe pour nous asseoir ou, si nous le désirons, pour nous étendre. »

Fermez les yeux, écoutez le murmure du ruisseau qui serpente et la voix de Phèdre... Que dit-il ? Il parle d'amour... Écoutez maintenant la voix de Socrate, son rythme lent et posé – il prend son temps :

« Par Héra, le bel endroit pour y faire halte ! s'exclame Socrate. Oui, ce platane étend largement ses branches et il est élevé. Ce gattilier, lui aussi, est élevé et son ombre est merveilleuse ; et comme il est en pleine floraison, il ne peut embaumer ce lieu davantage. [...] Comme le bon air qu'on a ici est agréable et vraiment plaisant. C'est le chant mélodieux de l'été, qui répond au chœur des cigales. »

Phèdre l'observe, souriant, les yeux mi-clos :

« Homme admirable, tu es bien l'être le plus déroutant qui se puisse voir. Tu as vraiment l'air d'un étranger qu'on guide. [...] Il est de fait que tu ne quittes la ville ni pour aller au-delà des frontières, ni même, si je m'en crois, pour aller hors des Murs. »

Socrate s'est allongé dans l'herbe, dont la pente douce descend jusqu'au ruisseau :

« Toi pourtant, tu sembles avoir trouvé la drogue pour me faire sortir...

– J'ai bien fait, me semble-t-il, de venir pieds nus ; toi, bien sûr, c'est ton habitude », plaisante Phèdre [1].

Le philosophe aux pieds nus

Socrate ? « Personne ne connaît ce gaillard-là ! » claironne, admiratif, l'Alcibiade du *Banquet* de Platon.

L'individu est assurément atypique, déroutant et inclassable.

On disait de lui qu'il était né pour faire la figue aux chausseurs car il était en effet rare de le voir se rendre à un banquet lavé et chaussé.

Démarche chaloupée, affublé d'un manteau miteux hiver comme été, il entrave le chemin des passants de son bâton afin de les interroger : il réclame au poète une définition de l'harmonie, somme l'homme politique de lui définir le Juste ou exige du stratège une leçon sur le courage.

Que dire de ce convive qui arrive toujours au milieu des repas, de cet infatigable discoureur néanmoins capable de s'interrompre subitement pour se plonger dans ses pensées des heures entières, de ce misogyne qui renvoie sa femme Xanthippe (une mégère irritable, dit-on) à ses tâches ménagères quelques minutes avant de boire la ciguë et qui philosophe avec des putains ?

---

1. Les citations de ce dialogue sont extraites du *Phèdre*, 228e-230e, trad. L. Brisson, GF-Flammarion, Paris, 1989.

L'audace et l'excentricité de ce petit homme trapu, chauve et barbu, à la tête de satyre, se seraient soldées de nos jours par un séjour en hôpital psychiatrique ! Athènes se contentera de le tuer...

Aristophane, l'auteur de comédies, n'embellit pas le tableau : dans *Les Nuées*, pièce représentée pour la première fois dans le théâtre de Dionysos en – 423, il fait une caricature cinglante de Socrate.

Imaginez un hère pouilleux et malodorant, apparaissant dans une nacelle suspendue dans les airs – sa pensée ne supportant que l'altitude –, préoccupé par des questions « essentielles » de l'existence, du type « Les moucherons bourdonnent-ils par la bouche ou par l'anus ? » ou encore « Jusqu'à combien de fois sa propre taille une puce peut-elle sauter ? ».

Mais Socrate n'est pas un bouffon, il ne fait que manifester son mépris des honneurs et des conventions et pose à ses contemporains une question embarrassante : « Ce qui est communément admis est-il justifié ? »

Le cordonnier de l'âme

De la même façon qu'un cordonnier malhabile peut vous estropier les pieds, un penseur peu scrupuleux peut empoisonner votre âme à jamais.

Savez-vous quelle forme de chaussures vous sied ? Alors veillez à penser correctement !

Savez-vous quelle vie vous agrée, ce qui vaut le mieux pour vous ? La paresse ?

Soit ; mais pour quelles raisons ? Avez-vous des arguments précis et convaincants à opposer à votre mère et à sa rengaine : « La paresse est la mère de tous les vices » ?

Vous répliquez maladroitement et avec humeur que vous êtes une grande fille à présent, mais vous ignorez la question essentielle : celle de la valeur, de l'être.

Sauriez-vous répondre à la question socratique par excellence : qu'est-ce qu'« être » ?

Alors que la plupart des individus se préoccupent de leurs biens, de leur position sociale, de leur réputation et des honneurs, Socrate nous apprend que l'essentiel est de soigner son âme, de se soucier de son être. Il nous botte les fesses et nous lance son fameux : « Connais-toi toi-même. »

« Je sais que je ne sais pas »

Tout commence à Delphes, où un ami de Socrate, Chéréphon, rend visite à la Pythie (l'oracle du dieu Apollon) et lui demande tout à trac qui est le plus savant des hommes. « Socrate est l'homme le plus sage », répond l'oracle.

C'est une farce, pense Socrate. Comment serait-il possible qu'il soit le plus savant des hommes alors qu'il sait seulement qu'il ne sait rien ? Quel peut être le sens de cet oracle ? s'interroge notre héros. La Pythie ne peut se tromper pourtant, à moins qu'elle ne lui joue un mauvais tour !

Ni une ni deux, Socrate commence son enquête : il saisit son bâton, enfile son manteau et part sur la piste d'un homme sage. Hommes politiques, poètes, artisans, professeurs, tous y passent... mais Socrate n'a toujours pas débusqué son homme ! Tous savent bien quelque chose : gouverner, composer un poème, fabriquer une paire de chaussures, enseigner, mais ils ignorent l'essentiel : l'objet de leur savoir.

Quel est l'objet de la science politique ? L'homme politique l'ignore ! Rassurant, n'est-ce pas ?

Ainsi la Pythie avait raison ; Socrate comprend enfin : « Je suis le plus savant des hommes, car je sais que je ne sais pas. »

Solution de paresse ? Suffit-il d'avouer son ignorance pour être considéré comme un sage ?

Pas tout à fait. Car Socrate traque sans repos l'ignorance de tous les pseudo-savants, fiers d'un savoir qu'ils ne possèdent pas. Que quelqu'un risque une opinion sans fondement et le philosophe la saisit, l'analyse, la fouille, la déplie, en déroule les significations, les implications et les présupposés. L'œil vif et l'esprit prompt, avec une grande rigueur et une feinte langueur, systématique, intrépide, il sonde les esprits afin d'en obtenir l'essence, il fait cheminer l'idée, lui fait traverser les contradictions, les affres du doute ; l'idée tremble et vacille, puis se renforce et s'affirme jusqu'à devenir une vérité.

Vigilant, impudent et imprudent, Socrate enseigne à ses contemporains que vivre sans penser, c'est manquer de savoir-vivre. Comment vivre en effet en ignorant l'art de « bien vivre », autrement dit : comment être paresseuse en ignorant l'art de la paresse ?

Socrate, comme il le dit lui-même, est le « taon » qui réveille Athènes de son long sommeil. La cité le chassera d'un revers de main.

La mort du héros

Socrate a 71 ans lorsqu'il est accusé par Mélétos et Lycon « de ne pas reconnaître comme dieux les dieux de la cité et d'en introduire de nouveaux. Il est coupable aussi de corrompre la jeunesse. La peine demandée est la mort. »

Anytos, chef populiste de la restauration de la démocratie, est derrière eux et les soutient. Car c'est bel et bien l'Athènes démocratique, que l'on croit tolérante, qui multiplie les procès contre les penseurs et condamne Socrate à mort sous le motif officiel d'impiété.

L'Apologie de Socrate est sans doute l'une des œuvres les plus émouvantes de Platon, un monument érigé à la mémoire du maître vénéré, assassiné par les « démocrates » que Platon méprise.

Petit meurtre entre amis

Imaginons Socrate face à ses 501 juges : le trio des accusateurs parle en premier, l'un rappelle les faits, l'autre insiste sur l'influence pernicieuse de Socrate, et ils affirment que son élimination est une mesure de salubrité publique.

Socrate s'obstine néanmoins dans sa méthode, il ironise et joue les torpilles. Cette accusation est une plaisanterie, s'amuse-t-il ! On l'accuse de ne pas croire aux dieux et en même temps d'y croire (Socrate évoque souvent ce qu'il appelle son *daïmon*, son « signe divin », qui lui signale chaque mauvaise action qu'il pourrait accomplir). On cherche à éprouver son bon sens en lui soumettant cette contradiction !

Mais la plaisanterie n'est pas drôle : Socrate est condamné par une faible majorité à boire la ciguë.

Il va à la mort comme il quitte à l'aube un banquet, gai et serein, admirant les premières lueurs du jour nouveau qui se lève. Nous sommes en 399 av. J.-C. et l'histoire de la philosophie bascule ou commence véritablement – on ne saurait dire...

Socrate scelle de sa mort son message philosophique : mieux vaut ne pas vivre du tout que de vivre sans philosopher. « De vous à moi, lance-t-il à ses juges, moi qui vais à la mort, vous qui m'avez condamné, qui de nous doit se réjouir ? » Socrate les plaint plus qu'il ne les méprise. Il n'aurait pas choisi d'autre vie que celle qui l'anime jusqu'au bout et demande à ses amis de veiller sur ses fils : qu'on leur botte les fesses, comme lui-même n'a cessé de le faire avec les Athéniens, s'ils en viennent à se préoccuper davantage des richesses et des honneurs que de la vertu !

Voilà un héritage que nous pourrions nous-mêmes transmettre à nos fils. Ce serait rendre hommage à ce sage, maître de lui-même, mesuré, loyal, équitable, courageux, mais qui, en digne « serviteur d'Éros »[1], aimait aussi danser, chanter, jouer de la lyre, boire et manger, festoyer des nuits entières, pour retourner dès l'aube, vaillant et spirituel, à ses enquêtes philosophiques...

Petit dialogue socratique, parodique[2], ironique et paresseux

Procurez-vous un ami (peu importe l'âge, le sexe, la condition ou la profession : Socrate ne faisait pas le difficile). Choisissez toutefois celui auquel vous tenez le moins ! Vous allez comprendre...

1. L'expression est de Friedrich Nietzsche, dans *La Naissance de la tragédie*, § 13.
2. Vous trouverez le « vrai » dialogue dans l'*Hippias majeur*.

Choisissez une opinion commune.

Fixez le temps de conversation à une demi-heure environ.

« Étranger (*oui, Socrate aime les mises en scène, les jeux de rôles – ce qui lui permet de se payer encore davantage la tête de ses interlocuteurs*), dis-moi à présent ce que c'est que la beauté.

– Quelle chose est belle ?

– Non : qu'est-ce que le Beau ?

– Ben, c'est quoi la différence ?

– Il est évident que tu es beaucoup plus doué que moi, mais, mon bon ami, il me semble qu'une distinction essentielle t'échappe ! Dire ce qu'est le Beau et faire une liste de belles choses, c'est fort différent.

– J'ai pigé. Voilà une réponse irréfutable : le Beau, c'est une belle fille !

– Par le chien, voilà une belle et brillante réponse ! Mais si une belle fille est belle, c'est qu'il existe quelque chose qui donne leur beauté aux belles choses.

– Pour sûr !

– Alors une belle cavale est belle puisque le Beau a de la beauté nécessairement.

– Nous élevons en effet chez nous de belles cavales !

– Bien sûr ! Et une belle lyre est-elle belle, mon excellent ami ?

– Comment le nier ?

– Et une belle marmite ?

– Allons, comment comparer une belle fille à une belle marmite ?

– Mais, mon admirable ami, nous ne pouvons pas dire qu'une belle marmite n'est pas belle !

– En effet, cet ustensile est une fort belle chose, mais ne peut être considéré comme beau au regard d'une belle fille.

– Je vois que tu fais usage de ta science en te souvenant de l'excellent mot d'Héraclite [1] (*faire usage sans modération du sel de l'ironie socratique, de flatteries éhontées, que l'autre, dans sa grande modestie, ne remarquera pas*) : le plus beau des singes est laid en comparaison de l'espèce humaine ! Mais alors, cela signifie-t-il que la plus belle fille peut être laide comparée aux dieux ?

– On peut le dire.

– Tu es un discoureur redoutable et effrayant ! Donc, une belle fille peut ne pas être belle ?

– Pour sûr !

– Oh ! Oh ! L'ami, cette réponse est sublime et vraiment digne de toi ! Je suis charmé de voir avec quelle bonté tu m'instruis et me fais devenir meilleur ! Ton intelligence me bouleverse, vraiment ; ce n'est pas comme si j'avais affaire à une pierre sans oreilles ni cervelle ! Je saurai à présent qu'une belle fille peut être belle ou laide ! »

Voici l'aporie* dans laquelle vous aurez conduit votre interlocuteur, une belle contradiction qu'il vous aura aidé, dans sa grandeur d'âme, à trouver et qu'il affirmera avec fierté sous votre regard étonné !!!

Socrate affirme donc fièrement qu'il ne sait rien ! Il interroge inlassablement mais ne répond à aucune question. Solution de paresse et bonne nouvelle pour nous : la conception socratique du savoir va à l'encontre de la conception traditionnelle ; il n'est pas un contenu qui se transmet et s'apprend, mais un savoir-vivre, un savoir-bien-vivre.

Pour beaucoup d'entre nous, être humain, c'est être faillible : capable de faire le mal en sachant pourtant où se trouve le bien. Écoutons les sempiternelles excuses : « Je sais que je n'aurais pas dû, mais c'était plus fort que moi, c'était difficile, c'était pas si simple, blablabla... » ; « Je sais... mais... » – voilà qui est anti-socratique : si « je sais », il n'y a pas de « mais ».

---

1. Héraclite (v. 550 / v. 480 av. J.-C.).

Pour Socrate, être humain, c'est être « infaillible », c'est savoir et bien faire, savoir bien faire, être vertueux car seule la vertu peut nous rendre heureux. « La vertu est savoir », soutient Socrate. Celui qui sait ce qu'est le bien ne peut manquer de vouloir le faire. Ainsi le mal est ignorance, car « nul n'est méchant volontairement. »

IL Y A VERTU ET VERTU

On veut bien que les autres soient vertueux : c'est plus rassurant. En revanche, nous négligeons souvent de l'être nous-mêmes. Et puis, une « dame Vertu », qu'est-ce que c'est ennuyeux !

Mais le terme grec d'*aretê*, « vertu », désigne ce pour quoi une chose est faite. En ce sens, toute chose a sa « vertu » propre. L'*aretê* du chocolat est d'être dégusté et l'*aretê* de l'homme est d'être « bel et bon » ; *kaloskagathos*, disent les Grecs. Un homme doit « savoir » pour bien faire, pour agir politiquement, bref : pour faire du « politiquement vertueux ».

Comment adopter le style socratique ?

Essayez, une journée seulement, de convaincre les gens autour de vous de leur ignorance et vous mesurerez l'impopularité qu'a connue Socrate. Vous pouvez parier que vous vous ferez un maximum d'ennemis en un minimum de temps.

Pratiquez la dialectique

La dialectique* est une méthode de discussion, un art du dialogue par questions/réponses dont le but est de remonter de concept en concept jusqu'aux plus généraux. Avec de l'exercice, vous serez bientôt capable de découvrir les principes premiers et l'essence* de chaque chose.

Usez d'ironie

Tendez le filet dans les mailles duquel les vaniteux viendront se prendre : faites semblant de vouloir apprendre naïvement quelque chose de votre interlocuteur afin qu'il s'aperçoive qu'il n'a rien à enseigner. L'embarras et la perplexité dans lesquels vous allez inévitablement le plonger se nomment « aporie ». C'est la voie sans issue d'une pensée fourvoyée dans ses contradictions par l'« ironie socratique », *eirôneia*, véritable méthode à distinguer de l'« ironie » telle qu'on l'entend aujourd'hui, cet humour mordant dirigé contre soi ou contre autrui*.

L'ironie démasque les apparences et « dérange la pontifiante pédanterie », écrit Vladimir Jankélévitch. Attitude profondément philosophique, l'ironie est la distance nécessaire au questionnement, à l'étonnement et à l'analyse.

Risque encouru : l'interlocuteur, ainsi poussé dans ses retranchements et dans le gouffre insondable de son ignorance, peut se répandre en larmes ou en injures.

Sortez l'outil maïeutique

La maïeutique est l'art de distinguer le vrai du faux par une interrogation bien menée et d'« accoucher » l'esprit de vérités qu'il ne savait pas posséder :

« Le principal avantage de mon art, c'est qu'il rend capable de discerner à coup sûr si l'esprit du jeune homme enfante une chimère ou une fausseté, ou un fruit réel et vrai. » [1]

LA PHILOSOPHIE, C'EST CHOUETTE !

L'oiseau de Minerve est le symbole de la philosophie.
« Ce n'est qu'au début du crépuscule que la chouette de Minerve prend son vol », écrit Hegel dans les *Principes de la philosophie du droit*. Comme elle, la philosophie se lève le soir tombé, lorsque les hommes cessent de s'affairer, le temps d'un regard jeté en arrière, d'un doute, d'une simple interrogation ou d'une véritable révolution : « Qu'est-ce que la philosophie ? »
Voilà une question que l'on se pose à l'hiver de sa vie, le soir au coin du feu, « à minuit, quand on n'a plus rien à demander » [2].
C'est comme si la philosophie était de mauvais augure : son cri plaintif est le signe que quelque chose se meurt. « Lorsque la philosophie peint sa grisaille dans la grisaille, une manifestation de la vie achève de vieillir. On ne peut pas la rajeunir avec du gris sur du gris, mais seulement la connaître » [3] : le philosophe, telle la chouette, est un nyctalope ; il promène sur les ténèbres son regard acéré et pénétrant ; il veille inlassablement.

1. Platon, *Théétète*, 150a-e, trad. É. Chambry, GF-Flammarion, Paris, 1967.
2. Gilles Deleuze, Félix Guattari, *Qu'est-ce que la philosophie ?*, éd. de Minuit, 1991.
3. Hegel, *Principes de la philosophie du droit*, trad. J. Hyppolite, Gallimard, Paris, 1940.

Et si Platon était le roi de la haute couture ?

Un tailleur d'exception

Platon naît à Athènes vers 427 av. J.-C. dans une famille d'aristocrates athéniens qui très tôt lui donnent des ambitions politiques. Il est appelé à participer aux affaires publiques lorsque Athènes, alors sous le joug de Sparte, est mise sous la coupe des Trente Tyrans (404-403 av. J.-C.). À 20 ans, il rencontre Socrate et reste attaché à lui jusqu'à sa condamnation à mort. Le sort qui est fait au philosophe, par les tyrans comme par les démocrates, désespère Platon de la politique.

Il meurt en 347 av. J.-C., laissant une œuvre écrite considérable, des dialogues principalement, car, selon lui, le dialogue est l'essence de la pensée. « La pensée est un discours de l'âme avec elle-même », écrit-il dans *Le Sophiste*.

Platon va pour des millénaires tailler avec brio l'une des plus belles définitions de la philosophie et du philosophe. Elle est faite de l'étoffe la plus noble, l'étoffe d'un héros... Socrate.

LE DIALOGUE : UN SPORT OLYMPIQUE

Beaucoup de commentateurs depuis deux millénaires ont considéré le dialogue platonicien comme une épreuve philosophique digne des jeux Olympiques ! Mais que cela ne vous effraie pas... L'œuvre de Platon est extraordinaire et mérite bien un effort.
Tout d'abord, il s'agit de la seule œuvre philosophique de l'Antiquité classique à nous être parvenue dans sa totalité, en raison sans doute de l'exceptionnelle continuité de l'école platonicienne. Songez que les œuvres, conservées sur papyrus, devaient être recopiées à peu près tous les 50 ans pour être préservées !
Ensuite, la forme littéraire du dialogue est tout à fait originale. La philosophie s'écrit généralement en traités, poèmes ou aphorismes, mais cette mise en scène théâtrale est inédite : une ou deux phrases, et voilà le décor planté ! Les dialogues platoniciens sont une scène sur laquelle se croisent des personnages, des professions, des idées, des sciences à la pointe des préoccupations de l'époque. C'est un espace où le *logos* (le « discours », la « parole douée de raison ») peut « passer à travers » (*dia*, *dia-logos*), se donner, se prendre, s'échanger, circuler librement, et se faire tranchant.

Trouver l'unité au sein de cette multiplicité de discours est malaisé pour le lecteur. Qui plus est, Platon ne dit jamais « je » et nous sommes parfois perdus au milieu de toutes ces opinions qui se croisent et s'entrecroisent. Socrate serait-il le porte-parole de Platon ? Pas si simple : il n'apparaît pas dans certains dialogues et ne semble pas, de surcroît, toujours prêcher pour la même paroisse ! Génie dramatique de Platon : entre lui et Socrate, il y a toute la différence qu'il peut y avoir entre l'auteur et son personnage.

Mais, par Zeus ! qu'allait-il faire dans cette galère ?

Socrate est mort, condamné par l'Athènes démocratique et Platon s'exile pour Tarente, terre philosophique s'il en est, puisque dans cette ville les pythagoriciens flirtent depuis bien longtemps avec la politique. Or, Platon part de chez lui avec une grande idée derrière la tête : « Aucune cité ne peut être bien gouvernée si ceux qui la gouvernent ne sont pas philosophes. »

Il est accueilli par son ami Archytas, mathématicien, philosophe et homme politique, estampillé « pythagoricien ».

Mais Platon reçoit alors une invitation inespérée...

Denys, l'un des princes les plus puissants du monde, lui demande de venir toutes affaires cessantes à Syracuse afin de devenir son conseiller personnel. Platon croit sans doute rêver ! Enfin le moyen de réconcilier philosophie et politique, de faire de Denys un « philosophe-roi » ! Platon rêve d'une politique nouvelle : un art qui s'occuperait de l'âme. La philosophie semble être, pour Platon, immédiatement et essentiellement « politique ».

Pourtant la vie à la cour du tyran semble bien « rude » au philosophe, qui s'en plaint :

« Vivre en s'empiffrant deux fois par jour et ne jamais se trouver seul la nuit, sans compter toutes les pratiques qu'entraîne ce genre de vie, voilà, en effet, des mœurs qui ne permettront jamais à aucun homme au monde, qui les aurait pratiquées depuis l'enfance, de devenir sage. » [1]

1. Platon, *Lettres*, « Lettre VII », 326 b-c, trad. L. Brisson, GF-Flammarion, Paris, 1987.

Notre ambitieux philosophe doit quitter au plus vite Syracuse à peine un an plus tard. On raconte que Denys aurait ordonné aux navigateurs reconduisant Platon en Grèce de le vendre comme esclave ! Il aurait été racheté par l'un de ses amis, Annicéris, qui passait heureusement par là.

Platon rentre à Athènes et fonde en 387 av. J.-C., dans les jardins d'Akademos (héros mythique), une école qu'il appellera « l'Académie ». Platon réalise, d'une certaine façon, une petite communauté idéale – deux femmes seulement y furent élèves : Axiothea et Lastheneia.

Puisque jamais la cité ne sera philosophe, puisque jamais le philosophe ne sera en sécurité dans la cité, la communauté amicale, le dialogue entre maître et disciples permettront d'actualiser la véritable et féconde philosophie.

Ainsi advint la *philosophia*...

Mise en bouche

C'est au IVe siècle av. J.-C. que la philosophie se trouve définie, même si les premiers penseurs grecs (VIe siècle av. J.-C.) étaient considérés comme des philosophes.

Le mot *philosophos* a déjà beaucoup voyagé : parti d'Éphèse, en Asie, il arrive à Athènes où Platon va donner à la *philosophia* une nouvelle dimension, en la redéfinissant.

Cette définition se trouve dans *Le Banquet*, que les plus courageuses des paresseuses ne manqueront pas de (re)lire... Car, en matière de nourriture spirituelle, pas de régime, mesdames !

Et pour mettre en appétit, rien de tel qu'un banquet convivial entre amis de la philosophie ; surtout lorsqu'il s'agit d'y célébrer Éros, le dieu de l'amour...

Tâchons toutefois de rester sobre, comme Socrate ; nous trinquerons à la fin du chapitre !

Socrate se rend au banquet que donne le poète Agathon pour fêter sa victoire au grand concours de tragédie. Les tables sont dressées, on joue de la flûte et de la lyre, on sert du vin, on rit, on discute et on s'échauffe. Notre philosophe est en retard : il s'est perdu en chemin dans ses méditations et a pris le temps, pour l'occasion, de se laver et de se chausser !

Comment organiser un banquet socratique (ou un dîner de cons !) ?

1. Faire les courses

C'est vite réglé :

- quelques olives ;
- beaucoup de vin !

2. Lancer les invitations

Sept amis triés sur le volet :

- un bon rhéteur ;
- un sociologue ;
- un pédant ridicule ;
- un bouffon profond ;
- un homme à l'esprit synthétique et critique ;
- un véritable pédagogue ;
- une initiatrice.

3. Distribuer les rôles

Chaque convive doit faire tour à tour l'éloge d'Éros :

- Le bon rhéteur jouera Phèdre, défendant l'idée selon laquelle l'Amour enfante le Bien.

- Le sociologue sera Pausanias, défendant l'idée selon laquelle l'amour (il est question de l'amour homosexuel) doit se construire selon des règles étroitement codifiées dans les cités grecques.
- Le pédant ridicule, Éryximaque : l'amour, force cosmologique, nous lie à l'univers, blablabla...
- Le bouffon profond, Aristophane : l'amour est incomplétude primordiale.
- L'esprit synthétique, Agathon : synthèse de toutes les inepties des quatre précédents discours.
- Le pédagogue : Socrate.
- L'initiatrice : Diotime.

4. Pratiquer une philosophie érotique

Du calme ! Le banquet socratique n'est pas le boudoir du Marquis de Sade !

Quoique... Imaginons le bel Alcibiade faisant une entrée remarquable et remarquée chez Agathon, une couronne de violettes autour de la tête, la langue audacieuse déliée par le vin, faisant un fougueux éloge de Socrate. Jaloux, il prend son amant par le bras et attache un bandeau autour de sa « tête merveilleuse ». « Un seul d'entre vous a-t-il jamais vu les images divines qu'il renferme quand il s'ouvre et se montre sérieux ? » lance-t-il aux hôtes rassemblés là. Moi, « en l'écoutant, je sens palpiter mon cœur plus fortement que si j'étais agité de la manie dansante des corybantes, ses paroles font couler mes larmes »...

Ajoutons à cela que Platon définit la *philosophia* par « l'amour et le désir de la sagesse » la philosophie est amour (*Éros*), le philosophe est par conséquent le vrai « érotique »... Beau programme !

Beau programme certes, mais d'une tragédie à présent millénaire...

La mythologie raconte en effet qu'Éros serait le fils de Pénia (la Pauvreté) et de Poros (la Richesse) – ce qui expliquerait sa nature et son caractère : toujours indigent, mendiant, va-nu-pieds, et pourtant hardi et futé, terrible sorcier et magicien.

Comme Éros, le philosophe est à la fois pauvre et riche. Pauvre d'un savoir qu'il ne possède pas, d'une aimée qui ne peut être sienne, mais riche du désir de la connaître et de la posséder.

Comme Éros, qui n'est pas un dieu mais un *daïmon* (un être intermédiaire entre les dieux et les hommes), le philosophe occupe une position médiane, entre les sages et les insensés. Il est un chercheur perpétuel, un pèlerin infatigable, toujours en chemin, à mi-chemin.

Le philosophe est le prétendant, l'amoureux transi de la Sagesse, qui toujours se dérobe et échappe à son étreinte, le condamnant à une quête incessante et tragique. Désirant ce qu'il ne possède pas et ne pourra jamais posséder, il n'en reste pas moins, tel Socrate, plein d'un humour mordant et tranquille.

La philosophie n'est donc pas l'art d'être sage... mais de tâcher de le devenir.

Nous voilà condamnées à l'amour platonique !

Tant de promesses pour cela, vous insurgerez-vous ! C'est pas torride !

Mais redressons un préjugé dans lequel nous fourvoie le langage commun : si l'amour platonique désigne couramment un amour idéal, désincarné, non consommé, asexué, c'est par pure méprise, car l'amour platonique est bel et bien sensuel, érotique, épris de beauté physique autant que spirituelle.

Comment s'envoyer « au septième ciel » ?

Prête pour le décollage ? Alors voici les quatre étapes du voyage :

1. Aimez la beauté d'un seul corps

Soyez sage : contentez-vous d'un seul être, homme ou femme, pour commencer ! S'il est plus jeune que vous, vous serez son Éraste (son initiatrice) ; plus âgé, vous serez son Éromène (sa soumise). La relation amoureuse est une relation pédagogique, du plus mûr au plus jeune, une relation essentiellement asymétrique.

2. Passez d'un seul beau corps à deux, de deux à tous...

La beauté étant une et identique en tout corps, devenez amoureuse de tous !

Sentez-vous déjà l'élan de votre âme charmée ?

3. Détournez votre regard

« Les yeux fixés sur l'immense étendue qu'occupe le Beau », cessez de vous attacher « comme le ferait un esclave à la beauté d'un jeune garçon, d'un homme ou d'une seule action », pour éprouver la véritable jouissance érotique, à la fois physique et spirituelle... La beauté des âmes est plus précieuse que celle des corps. Ne vous sentez-vous pas soulevée dans un envol exceptionnel ?

4. Portez à présent les yeux sur la beauté elle-même

Le Beau « en soi » se révèle enfin à votre âme étonnée. Élevée vers le Beau, vous enfanterez « de beaux discours sans nombre, magnifiques, des pensées qui naîtront dans l'élan généreux de l'amour et du savoir » [1].

Vous voilà parvenue au septième ciel... le ciel des Idées platoniciennes, de la Beauté idéelle et idéale.

1. *Le Banquet*, 210a-b, trad. P. Vicaire, Les Belles Lettres, Paris, 1989.

Divine automate mue jusqu'alors par de raides fils de fer symbolisant les émotions et les passions, vous venez enfin de découvrir, grâce à Platon, le fil d'or le plus souple de tous, le plus précieux : celui de la pensée.

SOUVENIR, SOUVENIR... LA THÉORIE DE LA RÉMINISCENCE*

L'âme est immortelle. Platon reprend à son propre compte une croyance qui semble venir des pythagoriciens et des adeptes du culte orphique (Orphée étant revenu des Enfers après y être allé chercher Eurydice) et qui aura longue vie dans le judéo-christianisme. Avant d'être incarnée, l'âme a contemplé les Idées du monde intelligible*, dont le souvenir s'est effacé de sa mémoire. Ainsi notre âme est-elle nostalgique d'un temps et d'un lieu dont elle ne se souvient plus. Nous avons oublié jusqu'à notre puissance de penser (le fameux fil d'or) et seule la beauté du corps va en raviver le souvenir.

C'est ça, la théorie de la réminiscence : on n'apprend rien, on ne fait que se souvenir. Désirons donc avec ferveur, aimons le corps de l'aimé(e)... Il est un tremplin pour l'éternité, le salut de notre âme (é)perdue dans le monde sensible, et la clef de la réminiscence.

À la recherche de sa moitié perdue : le mythe de l'androgyne

S'il est courant de désigner l'être aimé comme sa moitié, on a peut-être oublié que c'est Platon qui en est à l'origine ! Il parodie en effet à merveille, dans *Le Banquet,* le style de l'auteur comique Aristophane, en imaginant une histoire tissée de détails burlesques, voire grotesques. Ce discours n'en reste pas moins une analyse essentielle – et essentiellement tragique – de l'existence humaine et de l'amour, défini comme ignorance et manque, narcissisme et désir de fusion jusque dans la mort.

Au temps jadis, raconte Aristophane, notre nature était fort différente : il faut imaginer l'homme comme une créature étrange composée de deux parties distinctes mais soudées dos à dos pour former une sphère à huit membres : deux visages mais une seule tête, deux sexes, et le tout à l'avenant !

Il existait trois genres d'humains : le mâle (homme-homme), la femelle (femme-femme) et l'androgyne (à la fois homme et femme).

Ils se déplaçaient en ligne droite ou de façon plus acrobatique, en roulant sur eux-mêmes.

Mais ces drôles de sphères, plutôt que de jouir de leur harmonieuse rotondité, de la plénitude d'une existence acrobate et béate, dans une entente parfaite (il valait mieux qu'elle le soit, car impossible de virer l'autre en cas de ras le bol !), décidèrent un jour d'escalader le ciel pour combattre les dieux.

Leur belle harmonie leur était sans doute montée à la tête !

Elles ignoraient sans doute – entre autres choses – que Zeus est assez irritable et a la punition facile. Ce dernier coupa en deux nos créatures !

Ainsi furent-elles condamnées pour l'éternité à rechercher désespérément... leur « moitié » perdue.

Elles n'avaient plus goût à rien, se laissaient mourir de faim et de chagrin et se reproduisaient à la façon des cigales : en enfouissant leur semence dans la terre...

Triste, triste tableau de notre misère sentimentale... et sexuelle !

Zeus, pris de pitié, transporta les organes de la génération sur le devant afin que les hommes puissent se satisfaire, se calmer et s'occuper à nouveau des affaires publiques qui s'en allaient à vau-l'eau !

Ainsi, l'amour est-il né du châtiment, de la coupure, de la béance. C'est parce que nous souffrons d'une incomplétude fondamentale que nous recherchons celui ou celle qui, miraculeusement, comblera le manque.

Or, plus nous manquons, plus nous voulons combler... et plus nous souffrons ! Car, malgré les apparences, nous ne pourrons jamais « posséder » l'autre. L'être aimé ne nous « appartient » pas, et quand bien même il se « donne », ce ne peut être que partiellement et temporairement. En amour on ne peut hypothéquer l'avenir, on ne peut promettre d'aimer toujours.

D'ailleurs, savons-nous seulement ce que signifie *aimer* tout court ? Les gens « ne sauraient même pas dire ce qu'ils attendent l'un de l'autre » ! La jouissance amoureuse ? Aussi grande soit-elle, ce n'est pas la raison qui nous attache si puissamment à l'autre. « C'est autre chose, évidemment, que veut l'âme de chacun, une chose qu'elle ne peut exprimer, mais elle devine ce qu'elle veut et le laisse obscurément entendre. »[1]

1. *Le Banquet*, 192d, p. 33 *sq*.

Cessons de jouer les Narcisse

Diotime, la prêtresse, redressera le discours d'Aristophane : l'amour est manque certes, mais non de soi ou d'une partie de soi ; il est manque du divin. Ne confondons pas narcissisme et amour. Car à contempler éperdument notre image dans tous les miroirs, nous risquons, comme Narcisse, de nous y noyer.

La conscience de notre pauvreté fait notre richesse et le manque que l'amour nous fait ressentir est de nature à nous faire pressentir notre nature intelligible en nous apprenant à voir ce qui n'est pas visible. En effet, si l'aimé(e) est unique pour nous, n'est-ce pas parce que nous voyons en lui(elle), au-delà du visible, ce que les autres ne peuvent voir ? Ainsi l'amour, en se défiant des apparences, est le vrai philosophe.

Voilà notre tremplin pour le divin et l'éternité ! Car dans ce monde où tout change et se transforme, où « tout s'écoule et rien ne demeure », comme l'affirmait Héraclite, Platon cherche désespérément à sauver quelque chose. Et l'unique point d'ancrage dans ce mobilisme universel, ce sont les Idées, vers lesquelles l'Amour tourne notre regard.

L'ART IDÉAL DE LA CARESSE...

Le mot *idée* est très banal aujourd'hui ; on a des idées à tour de bras ! Mais l'Idée platonicienne est inouïe et ce que l'on nommera plus tard « la théorie des idées » est absolument époustouflant.
L'Idée est ce qui échappe au sensible et à ses transformations incessantes. Elle ne se voit pas, ne se touche pas, ne se goûte pas.
Certes, vous allez me dire que vous préférez un carré de chocolat à l'« Idée » d'un carré de chocolat ! Mais si vous n'avez pas de chocolat (le chocolat, comme tout ce qui est sensible, ça va, ça vient, ce n'est pas stable et immuable comme une Idée !), vous êtes bien forcée de vous contenter de l'Idée.
Découvrez alors un nouveau monde de plaisir : désirez, chatouillez, caressez l'Idée !
Vous constaterez qu'elle peut se révéler plus délicieuse, et surtout moins fugace, qu'un petit bout de chocolat vite croqué !
Donc, si votre compagnon vous propose une pratique sexuelle qui ne vous tente pas vraiment, répondez-lui qu'il peut toujours en caresser l'idée ! Ce qu'il ne manquera sans doute pas de faire, en découvrant qu'une idée peut être plus stimulante, plus « vraie » que la réalité – surtout lorsque vous la lui refusez !

L'homme de la Caverne

Apprendre l'art de la caresse à l'homme de Cro-Magnon n'est pas une tâche aisée ! Mais soyons ambitieuses et philosophes !

Souvenez-vous (nous allons tenter de provoquer la réminiscence)... Vous êtes en classe de philo. Programme du jour : l'allégorie de la Caverne. Votre prof à la chevelure hirsute paraît dans son élément... Pourtant, il a beau essayer de vous expliquer simplement que « cette allégorie est l'image à la fois de l'obscurantisme auquel la connaissance doit arracher l'âme et de l'éducation qui doit détourner notre regard du visible vers l'intelligible, à savoir les Idées », eh bien non, en digne paresseuse, vous ne voyez pas !

« Mais vous ne comprenez donc pas que la Caverne est la représentation de CE monde, insiste-t-il désespérément, de NOTRE monde, de VOTRE MONDE ? »

C'est à ce moment précis qu'il prend l'initiative de vous faire un dessin...

Géographie de la Caverne et état des lieux [1] :

La Caverne est un lieu souterrain où sont enchaînés, depuis leur enfance, des prisonniers condamnés à ne voir que ce qui se trouve « en avant d'eux. » Derrière eux, « vers le haut et loin », brûle un feu qu'ils ne peuvent contempler, mais qui projette sur le fond obscur de la Caverne le spectacle d'ombres mouvantes.

Qui sont-ils ces malheureux, impuissants et ignorants, condamnés à prendre des ombres pour la réalité ?

Les hommes ! NOUS, enfin... surtout VOUS !

Qu'est-ce qui les ligote ?

Leur ignorance, leurs passions, leurs craintes, leurs préjugés, leurs opinions. Les opinions sont les ombres projetées sur la paroi du fond de la Caverne, un reflet déformé, inversé de la réalité que nous prenons pour la vérité puisque nous n'avons jusqu'alors rien connu d'autre.

1. Platon, *République*, livre VII, trad. Georges Leroux, GF-Flammarion, Paris, 2002.

Le prof dessine alors en haut à gauche du tableau – dans le monde intelligible –, sous un soleil qu'il appelle « celui du Bien », l'Idée de chat (il est bizarre ce mec-là, et ça, c'est pas une illusion !) et en bas à droite – dans le monde sensible – l'opinion de chat, c'est-à-dire le reflet brouillé et déformé d'un chat qui ressemble maintenant à un rat.

Conclusion du prof : notre... pardon, VOTRE ignorance est totale et tragique : vous ne pouvez rien connaître des choses, ni de vous-même, dont vous ne percevez qu'une illusion et une succession d'états sans cohérence aucune.

Une lueur d'espoir perce néanmoins vos ténèbres : MOI ! Tel un Socrate, je vous hisserai jusqu'au ciel des Idées, s'enthousiasme votre fonctionnaire de la philosophie.

Et là, réminiscence ! Ça, vous saviez bien que vous aviez déjà vu cette tête quelque part : le charisme en moins, votre prof a effectivement tout de l'homme à la tête de crabe !

Comment sortir de la Caverne de vos préjugés ?

1. Tout commence par une rencontre

Enchaînée telle que vous l'êtes, à moins de tomber par hasard sur un gars tel que Socrate, vous n'avez aucune chance de vous en sortir !

Mais imaginez-vous face à Socrate ! Quel choc ! Quelle révélation ! Quel éblouissement ! Foin de son physique de crabe, c'est son discours qui vous « déchaînera », qui vous fera quitter père et mère pour vous lancer dans l'aventure philosophique. Tout vous semblera étrange et étranger sur ce chemin et, nostalgique, vous éprouverez parfois le désir de retourner à la familiarité de la Caverne.

Mais Socrate, l'éducateur, l'amoureux, « animé d'un terrible éros » pour la vérité, ne vous lâchera pas, quitte à vous traîner par les cheveux !

2. Dépression garantie

Sale temps en effet pour la conscience* perdue : vous avez rompu avec toutes vos anciennes valeurs, mais vous ne savez pas par quoi les remplacer !

Là, c'est le moment le plus redoutable, celui où il faut tenir bon. Alors agrippez-vous à Socrate ; le sage-homme vous tiendra la main dans les douleurs de l'enfantement !

Peu à peu, vous prendrez vos marques au milieu de ce savoir « plus réel » et vous saisirez les choses pour ce qu'elles sont.

3. Enfin prête pour la sortie de la Caverne

Mais attention au décollement de rétine ! Vous sortez de 15, 20, 30 ans, voire plus d'obscurité...

Munissez-vous de solaires hyperpuissantes et, malgré cela, gardez profil bas : habituez d'abord votre regard aux reflets et aux images : adaptez votre raison aux types d'objets qui lui sont propres.

Ensuite seulement vous pourrez contempler les Idées pures et, en paresseuse intelligente, vous dorer la pilule au soleil du Bien qui changera pour toujours votre vie.

Car, arrivée au sommet de la Caverne, parvenue à détourner le regard des préjugés vers la Vérité, vous pourrez vous dire... PHILOSOPHE !

4. Vous n'êtes pas encore au bout de vos peines !

Si personne ne vous avait « élevée », vous seriez toujours au fond de votre caverne à vous passer en boucle les enregistrements de *Santa Barbara* ! Aussi votre mission est-elle à présent de redescendre dans la Caverne afin de jouer vous-même l'éducatrice.

Nous ne vous cachons pas que cette entreprise est risquée.

Le philosophe a mauvaise presse dans la cité : on le trouve ridicule, inadapté, incapable de s'occuper des affaires sérieuses de l'existence, comme faire ses courses, démarrer sa voiture, ouvrir une fenêtre récalcitrante dans une salle de cours ou changer un robinet !

Au mieux, on ne vous écoutera pas, vous prêcherez dans le désert ; au pire, on vous condamnera à mort, comme Socrate.

LE TEST DES TROIS LITS

Lequel de ces trois lits préférez-vous ?

- **Le lit du peintre**
- **Le lit du menuisier**
- **Le lit du philosophe**

Solution :

Réponse 1 : le lit du peintre est une invite à la débauche et à la corruption. Il n'est qu'une imitation d'imitation : le peintre imite le lit fabriqué par le menuisier, qui a imité lui-même l'« Idée » de lit. L'artiste nous dupe en nous éloignant de la Vérité, il nous égare dans des illusions et mérite pour cela d'être exclu de la cité.

Réponse 2 : le lit du menuisier passe encore, bien qu'il ne soit qu'une imitation, comme tout ce que nous appelons « réel », de l'« Idée » de lit.

Réponse 3 : le bonheur est dans le lit du philosophe ; l'« Idée » de lit est le « vrai » lit que les autres ne font qu'imiter.

Alors, êtes-vous plutôt « préjugés » ou « Idées » ?

Les préjugés, le prêt-à-porter de la pensée

Les opinions, les « *pré*-jugés » sont le prêt-à-porter de la pensée : nous choisissons ceux qui semblent nous aller le mieux, sans examen approfondi de la qualité du produit. L'avantage de l'opinion, comme du prêt-à-porter, c'est qu'elle s'ajuste quasi sans retouche.

Ce drôle de shopping se pratique entre copines, en famille, à la radio, à la télé, dans la presse, sur un blog, bref : il est facile de se procurer une opinion partout où ça pense, ça discute, ça papote.

Il y en a pour tous les goûts : chic, bobo, kitsch, tendance, classique, rock, *people*, etc.

Il faut varier les styles car il est de bon ton d'avoir une « tenue » adaptée à chaque situation.

Le « prêt-à-penser » est idéal pour converser, un verre de vin à la main, du conflit israélo-palestinien, de la famine dans le monde, du dernier Prix Goncourt ou de n'importe quel sujet que nous ignorons mais sur lequel nous devons avoir une opinion.

Les Idées, la haute couture de la pensée

Osons le sur-mesure, la pensée, les Idées ! Cessons de piocher nos opinions n'importe où pour les faire nôtres de façon factice. Une opinion est une idée avec laquelle nous n'entretenons qu'un rapport extérieur et accessoire : nous ne l'avons pas pensée. De plus, cette tenue de « camouflage » ne fera pas illusion face à quelqu'un qui pense et notre abîme d'ignorance sera vite dévoilé ! La honte !

Alors osons penser par nous-mêmes ! Osons la haute couture !

Les moins

C'est plus coûteux : il est en effet laborieux de tisser une idée ou de filer une métaphore.

Au contraire, attraper une opinion sur le site d'une blogueuse qui sait tout sur tout est un jeu d'enfant : cliquez, c'est pensé ! Vous n'avez même plus à choisir, mais à prendre bonne note : le resto à la mode, l'expo incontournable, le dernier papier peint déco, le look *fashion*, le dernier Prix Femina – à lire ou à poser sur la table du salon.

Les plus

C'est plus raffiné, plus classe, et tellement plus gratifiant...

Et si soudain on vous appelait à la tête de l'État ?

Si vous êtes devenue philosophe envers et contre tout, vous ne devez rien à personne. Mais si l'État vous a conféré une éducation de qualité, en vous permettant par exemple d'étudier dans de bonnes universités, alors vous êtes redevable et l'État peut vous réclamer à sa tête !

À sa tête ? MOI ? Mais pourquoi ???

Car connaissant la nature du Bien, vous DEVEZ être utile à l'État.

Sachez que l'art royal du politique réside dans le tissage du lien social :

- cardage préalable ;

- choix des ouvriers : caractères vifs et énergiques pour la chaîne du tissu, plus modérés pour la trame ;
- élimination des mauvais éléments.

Ce métier ne vous sied pas ?

Chuuuut... ! Ne le clamez pas trop haut : moins vous en aurez le désir, plus vous serez désignée pour ce rôle. Votre mépris du pouvoir et votre préférence pour une autre forme d'existence sont justement censés garantir la paix de la cité !

Si vous n'êtes pas avide de pouvoir et d'abus de pouvoir, si vous ne fantasmez pas sur les avantages plus ou moins légaux dont vous allez pouvoir jouir, si vous ne prenez le pouvoir qu'à contrecœur et que vous êtes prête à le rendre avec joie, alors vous serez la femme d'État la plus honnête qui soit : une philosophe-reine !

UN CATCHEUR SUR LE RING DE LA PHILOSOPHIE

Tout jeune, Platon s'exerçait à la lutte (rien d'étonnant dans une civilisation éprise de beaux corps et de valeurs viriles !), et ce serait d'ailleurs son professeur qui lui aurait attribué le surnom de Platon, *platús* signifiant « large ». Lorsqu'on lit ses dialogues entre Socrate et les sophistes (de véritables joutes oratoires), on se dit que l'athlète philosophe n'a rien perdu de ses réflexes de lutteur !

Le sophiste : « intelligent comme un têtard de grenouille... » [1]

Tous les coups semblent permis : mauvaise foi, raisonnements fallacieux, voire propos insultants.

Dans les dialogues, le rôle principal est généralement tenu par Socrate, ses interlocuteurs se contentant de remarques du style : « Assurément, Socrate » ; « Par Zeus ! tu as raison, Socrate » ; « Il semble, Socrate... » ; « Parfaitement, Socrate » ; « Oui, Socrate »...

1. Platon, *Théétète*, 161 c, trad. É. Chambry, GF-Flammarion, Paris, 1967.

Si ses adversaires parlent davantage, ils se tournent en ridicule et tendent le bâton pour se faire battre.

Les sophistes, ces « professionnels de la parole », comme les nomme Platon, passent alors pour des bouffons !

Du coup, on en oublie, par exemple, que Prodicos de Céos était en réalité un linguiste de premier ordre ! Platon, dans le *Protagoras*, nous le présente « souffrant de cruelles douleurs », allongé sur un lit et drapé dans des peaux de moutons, parlant pour un petit groupe d'auditeurs d'une voix traînante et indistincte.

Socrate ironise encore dans le *Cratyle*, en déclarant que, s'il avait eu assez d'argent pour suivre le cours de Prodicos à cinquante drachmes, il serait un spécialiste de la justesse des noms ; malheureusement il n'a pu suivre que le cours à une drachme !

Hippias d'Élis, lui, était reconnu comme un érudit : astronomie, géométrie, arithmétique, musique, mythologie, histoire, questions morales, littéraires, rien ne semblait échapper à sa compétence. Pourtant, Platon en fait un personnage de prétentieux ridicule victime de l'ironie socratique !

Seul Protagoras, dans le dialogue qui porte son nom, est traité de façon plus équitable. Il fut – semble-t-il – un critique littéraire avisé, ayant fourni, par exemple, de précieux commentaires de l'*Iliade*. Platon reconnaît en lui un bon éducateur, qui sait échapper à la tentation du pouvoir personnel et se garder de toute compromission politique.

Une postérité paresseuse pour les pauvres sophistes

Le destin a servi les desseins de Platon ! Il n'existe pas de corpus sophistique et la plupart des textes qui nous sont parvenus sont extrêmement fragmentaires.

La tradition philosophique est injuste avec ces penseurs : nous avons au mieux retenu les noms de Protagoras, de Gorgias, de Prodicos et d'Hippias... Mais qu'en est-il d'Antiphon, de Thrasymaque, de Critias, d'Alcidamas ou encore de Lycophron ?

Et si nous secouions notre paresse pour enquêter, à la façon d'un Socrate, sur ces philosophes caricaturés par Platon : qui étaient les sophistes ? qu'est-ce que la sophistique ?

Et si on vous enseignait l'art de chasser les jeunes gens riches ?

Cet art, aussi utile qu'agréable, est manié avec brio par les sophistes. Et – tenez-vous bien – ils sont payés pour cela !

Allons donc trouver l'un d'entre eux et, à quelques drachmes seulement la leçon, apprenons à faire la paresseuse savante en toute circonstance...

Mais d'abord, qu'est-ce qu'un sophiste ?

Communément, un sophiste est un beau parleur, un ergoteur dont le discours habile et rusé est paré de l'apparence de la vérité.

Mais on parle aussi de « sophismes » et notamment des « sophismes du cœur » pour désigner les erreurs et les illusions dont nous nous berçons quelquefois :

« Docteur, qu'est-ce que c'est que le sophisme de l'éphémère ?

– C'est celui d'un être passager qui croit à l'immortalité des choses.

– La rose de Fontenelle qui disait que de mémoire de rose on n'avait jamais vu mourir un jardinier ?

– Précisément ; cela est léger et profond. » [1]

Les sophistes sont ainsi nommés par leurs contemporains car ce sont des « savants ».

1. Diderot, *Le Rêve de d'Alembert*, 1769.

Il est malaisé d'affiner une définition de cette catégorie de penseurs sans exclure certains d'entre eux ou en inclure d'autres que la tradition ne qualifie pas de « sophistes », mais de « philosophes ». Antisthène, par exemple, est considéré comme un sophiste, tout en étant un disciple de Socrate et le fondateur de l'école cynique.

Socrate lui-même passait pour le plus fameux des sophistes – ce qui n'est pas étranger à sa condamnation, étant donné que ces hommes étaient autant craints que vénérés.

Un *sophistès* était un professeur (le mot a désigné chez Pindare un poète, puis plus tard un prosateur). Il écrit ou enseigne, possède un savoir pratique dans les domaines de l'éthique, de la politique, des arts ou des techniques.

Du temps de Socrate, le mot *sophistès* en vint à désigner des professionnels qui fournissent une instruction aux jeunes gens contre de l'argent. On les accuse d'être des imposteurs, des « chasseurs rétribués de jeunes gens riches » !

Socrate en veut à leur professionnalisme : gagner sa vie en enseignant ne semble pas être une noble activité !

Le problème est épineux car les sophistes prétendaient enseigner l'*areté* : la vertu et l'art d'être citoyen – ce qui pour un Grec ne saurait s'apprendre...

Quelle est la différence entre l'homme, le porc et le cynocéphale ?

Contre une tradition philosophique déjà ancienne dont Platon hérite et qu'il transforme (antithèse radicale entre connaissance et opinion, intelligible et sensible), les sophistes affirment qu'il n'existe aucune vérité absolue* et universelle. L'homme est le seul juge de ses sensations et de ses croyances, qui restent vraies pour lui tant qu'elles lui apparaissent comme telles.

« L'homme est la mesure de toute chose », pense Protagoras.

Mais dans le *Théétète*, Socrate ironise : pourquoi la mesure de toute chose ne serait-elle pas le porc ou le cynocéphale (une sorte de singe à tête de chien !)... bref, n'importe quelle bête douée de sensation ? En effet, le monde tel que le perçoit le porc n'est-il pas la vérité du porc ?

Chacun vit ainsi dans un univers qui lui est propre : JE perçois chaque objet d'une façon et VOUS d'une autre. Impossible d'entrevoir et de comprendre l'univers de l'autre...

Rien d'étonnant à ce que nous ayons l'impression de venir d'une autre planète que celle de l'aimé : vous savez, Mars et Vénus, – hommes/femmes : mode d'emploi...

Mode d'emploi ? Mais il n'existe aucun mode d'emploi ! Aucune recette ! Vous faire croire le contraire relève du sophisme ! Tout est relatif à celui qui perçoit. Une chose peut être bonne pour moi et mauvaise pour vous ; bonne un jour, mauvaise le lendemain... Comment s'y retrouver ? On ne s'y retrouve pas ! Bienvenue dans un monde tragique !

Qui plus est : si chaque homme est sa propre mesure, à quoi bon apprendre ? à quoi bon suivre les cours de Protagoras lui-même et le payer grassement ?

Si tout le monde a raison, si aucune opinion ne vaut mieux qu'une autre, nous sommes condamnés à des bavardages sans fin, à nous « égosiller pour rien », constate Socrate !

Dialogue de sourds ? La preuve par l'exemple : vous faites les boutiques avec votre copine Sandrine, un peu à côté de ses pompes après avoir rompu avec son jules pour la énième fois...

« Penses-tu que les bottines rouges me vont mieux que les noires ?

– Ah ! Je portais des bottines noires comme celles-ci le jour où Laurent et moi avons – comment dirais-je ? – consommé notre relation pour la première fois.

– Les bottines rouges, c'est pas mal ! Et puis j'ai déjà 30 paires de chaussures noires... Alors justement, une de plus, une de moins...

– Nous avions dîné chez l'Italien du coin de la rue de...

– C'est décidé : je prends les noires ! Quoique les rouges iraient bien avec mon béret jaune... »

Résumons pour les plus paresseuses :

1. Il n'existe pas de vérité universelle.

2. S'il existait une vérité universelle, nous ne pourrions pas la comprendre car toute connaissance est d'emblée ruinée par l'ambivalence inhérente au discours.

Pour un Grec, le langage est profondément éthique et Platon lie de façon essentielle la parole à la recherche de la Vérité. Mais chez les sophistes, la Vérité s'effondre, le langage n'est alors plus qu'un leurre, un outil pour persuader du vraisemblable.

Ainsi, Protagoras affirme dans les *Antilogies* que, sur toute expérience possible, il existe deux *logoi*, deux « discours », aussi vraisemblables l'un que l'autre : en étant habile, on peut défendre une idée comme son contraire.

La connaissance et le langage sont minés par des antinomies redoutables. À chaque décision, des difficultés irréductibles nous prennent dans les filets de l'aporie.

Nos décisions sont irrationnelles et tragiques car faire un choix se révèle quasi impossible : telle est la leçon des sophistes.

Faut-il donc décider de ne plus jamais décider ? La vie exige pourtant de nous certaines résolutions. Qu'est-ce qui fera peser dans la balance une option plutôt qu'une autre ? Qu'est-ce qui va rendre possible la décision ?

LE *KAIRÓS*... QUÉZAQUO ?

Le *kairós* est le moment opportun, le temps favorable, l'occasion que nous devons sentir et saisir au vol. Avant il est trop tôt, après il est trop tard.

Notre existence et nos résolutions les plus fondamentales tiennent à cet irrationnel qui rend la décision possible.

Mais ce moment opportun est en partie un leurre, qui exerce sur nous une forme de persuasion. Imaginez : vous dansez tendrement enlacée par l'aimé ; si là, profitant de l'opportunité, il vous demande de l'épouser, vous seriez capable, captivée par le *kairós*, d'accepter ! Le lendemain, une fois le charme de l'instant rompu, vous devrez soit revenir sur votre décision, soit partir pour Rio !

Bref, le *kairós* est la puissance qui fait que l'un des deux termes d'une alternative (la demander en mariage / ne pas la demander en mariage, ou accepter de l'épouser / ne pas accepter de l'épouser) va s'imposer, de façon irrationnelle.

Quatre excuses à donner en cas de petit écart à la fidélité jurée

Si, comme la belle Hélène, vous vous laissez un jour séduire par un jeune Pâris, voici des justifications formidablement irréfutables :

1. « Je suis l'objet d'un châtiment divin (vous savez, comme dans les tragédies grecques : les dieux adorent insuffler à une jeune femme un amour passionnel – pour un taureau, par exemple !). »

2. « On a usé de violence sur moi (vous savez, comme dans certaines tragédies contemporaines !) »

3. « J'ai été victime de la puissance du *logos*, du discours, qui est un « grand potentat » (ce sont les mots de Platon : comprenez ici simplement que la tchatche, ça marche !), dont le charme et les incantations m'ont captivée et ont eu raison de moi ! »

4. « C'était nécessaire ! »

Voilà les quatre raisons qui ont pu, selon Gorgias, déterminer la belle et adultère Hélène à commettre l'acte fatal qui déclencha la guerre de Troie. Car il ne faut pas croire toutes les rumeurs : la guerre de Troie a bel et bien eu lieu...

Dans l'*Éloge d'Hélène*, Gorgias réhabilite cette grande figure dramatique : toute décision rationnelle lui était absolument impossible ; Hélène est innocente, elle n'est qu'une victime du tragique de la connaissance, du discours et de l'action.

QUINZE CONSEILS UTILES POUR BIEN DÉMARRER

1. Sautez dans le premier charter à destination d'Athènes

Sandales aux pieds, besace autour du cou, *Le Banquet* dans une poche et un paquet d'olives « à la grecque » dans l'autre, lancez-vous à l'assaut de l'Acropole.

2. Le cas échéant, lisez ou relisez *Le Banquet*

Installez-vous confortablement dans votre canapé après avoir vaporisé une légère brume d'oreiller « Sieste sous le figuier » ou « Paresse dans un verger ».

3. Apprenez à faire le taon ou la torpille

Bon, vous risquez de vous prendre des claques – il faut le savoir !

4. Soyez prudente

Vérifiez la composition et la date de péremption de toute nourriture terrestre ou spirituelle avant consommation.

5. Cultivez toujours au cas où, dans un jardin ou une jardinière, quelques plants de ciguë

Ça peut servir...

6. Initiez-vous à la lutte et au dialogue

Vous obtiendrez rapidement un niveau olympique.

7. Bannissez de votre vie tout poète

Sans oublier de brûler tous les recueils, comme Platon le préconise dans *La République*.

8. Recherchez la Vérité de tout votre être

Vous y verrez plus clair.

9. Pensez plus loin, pensez mieux

Autrement dit, acharnez-vous à penser.

10. Sortez palmes, masque et tuba pour nager platoniquement dans l'océan du Beau

Vous musclerez votre tête mais aussi votre corps.

11. Ou alors résignez-vous à surnager péniblement dans l'océan de l'irrationnel

Eh oui, pas si facile de faire la planche...

12. Gonflez votre bouée « *kaïros* »

Avant il est trop tôt, après il est trop tard.

13. Devenez travailleuse indépendante salariée

Vous seule serez maître à bord.

14. Spécialisez-vous si possible dans l'art politique

C'est la fortune garantie !

15. Faites-vous la mesure de toute chose

Vous ne pourrez vous en prendre qu'à vous-même.

chapitre 2

Comment être la reine de la pensée ? Merci, Aristote !

Et si vous faisiez un peu d'exercice... pour intellectuelle sédentaire bien sûr !

Surtout, ne sautez pas ce chapitre ! On ne vous propose pas de retourner au lycée mais d'être la reine de la pensée ! Comment ? Lisez ce qui suit...

Aristote a 16 ans lorsqu'il s'installe à Athènes, doté de la fortune léguée par ses parents. Il connaît sans doute déjà la ville pour l'avoir plusieurs fois traversée en se rendant de Stagire (la ville du père, où il naquit l'année de la 99e Olympiade, c'est-à-dire en 384 av. J.-C.) à Chalcis, en Eubée (terre de la mère où il mourut en 322 av. J.-C.).

Bien avant de fonder le Lycée, Aristote passa vingt ans de sa vie à Athènes, de 367 à 347, à l'Académie, où il apprit peu à peu de son maître Platon... comment ne pas être platonicien !

Inutile de voyager, pense alors le jeune Aristote, puisque tout peut s'apprendre dans les livres. Platon le surnomme d'ailleurs « le Liseur », en raison des longs moments de lecture silencieuse que le jeune Stagirite s'accorde.

Aristote est donc un sédentaire. Athènes est tout de même plus sûre que les eaux de la mer Égée ; et s'il faut vraiment faire un peu d'exercice, pourquoi ne pas se dégourdir les jambes en « se promenant » (en grec, *peripatein*) dans les rues de la ville tout en discutant entre amis ?

À son âge, Platon avait déjà vu du pays ; mais à quoi bon partir à l'aventure comme un jeune emporté alors que les vraies odyssées sont celles de l'esprit ?

Et sa pensée en effet déménage véritablement. Platon ne sait plus que faire de ce cheval fougueux qu'il peine à tenir en bride, qui se rue dans sa philosophie sans ménagement, tel « un poulain qui donne des coups de pieds à la mère qui l'a porté », écrit Diogène Laërce [1].

1. Diogène Laërce est un historien grec du début du IIIe s. ap. J.-C., auteur de *Vies, Doctrines et Sentences des philosophes illustres*.

Le « cerveau » a des allures de premier de la classe

Lorsque Aristote arrive à Athènes, Platon se trouve encore en Sicile auprès de son tyran Denys. Le jeune Stagirite prend alors ses premiers cours avec Eudoxe de Cnide, qui assure l'intérim à l'Académie. Bien qu'il admire l'étendue des connaissances de ce premier maître, Aristote a hâte de faire la connaissance de Platon, que sa renommée précède en tout lieu. Platon a en effet déjà publié *Le Banquet*, le *Phèdre* et le premier livre de *La République*. Il est en quête d'un fondement immuable pour la connaissance, et ça, c'est encore inédit. La théorie des Idées, fondée sur la distinction entre le sensible et l'intelligible, répond à ce souci. L'Idée est l'objet stable que la philosophie recherche vainement dans le sensible.

Platon remarque rapidement les qualités intellectuelles de celui qu'il surnommera *Noûs*, « Intelligence ». Aristote manifeste en effet un goût prononcé pour l'étude. Diogène Laërce raconte qu'il avait même imaginé une sorte de réveille-matin afin de se mettre au travail dès les premières heures de la matinée. Il plaçait une boule de bronze dans sa main avant de s'endormir et une bassine en dessous, afin d'être réveillé par le bruit de la boule tombant dans le récipient !

L'atmosphère studieuse et le régime néanmoins libéral de l'école – ni concours ni examen – laissent à Aristote tout le loisir de lire et de se cultiver ; et après quatre ou cinq ans à l'Académie, il est chargé de cours par le maître.

Encore un qui ne sait pas se taire...

Durant toutes ces années, Aristote n'a pas la langue dans sa poche. Il est philosophe et n'entend pas rester élève et disciple toute sa vie. Avec la prudence et la mesure qui le caractérisent, il critique tout de même ouvertement les idées de son maître. Lorsque la Vérité est en jeu, on ne reconnaît plus ses amis ! Plus exactement, c'est comme si dans votre cœur deux amitiés entraient en lice. Mais la Vérité est bien la plus exigeante, elle ne tolère aucune infidélité.

Et Aristote ne se contente pas d'ergoter sur quelque détail, il discute carrément la théorie des Idées... A-t-on idée justement ?

À la philosophie platonicienne, Aristote oppose une ontologie* (une science de l'être).

Si les deux hommes s'accordent pour dire que seul l'universel peut être objet de science, ils ne s'entendent pas sur son mode d'existence.

Alors que Platon réalise l'universel dans l'Idée, séparée du sensible, Aristote au contraire considère que l'idée ne peut être actuelle que dans l'individu. Car, si une idée existe quelque part dans un monde intelligible séparé du sensible, elle ne peut agir et produire une chose particulière, elle ne peut en être la « cause motrice ». Pour Aristote, les Idées platoniciennes ne sont qu'un redoublement inutile de la réalité et ne répondent pas aux besoins de l'explication physique.

À la mort de Platon, Aristote est bien placé pour reprendre la casquette de directeur de l'Académie. Mais c'est Speusippe, un autre disciple du maître et l'époux de sa nièce, qui obtient le poste. Sans doute était-il moins bavard et plus platonicien dans l'âme !

Aristote a 37 ans lorsqu'il quitte Athènes pour l'Asie Mineure. Son vieil ami Hermias, le tyran d'Atarnée, est prêt à l'accueillir et il a une bien jolie sœur, Pythias – ce qui ne gâte rien. Hermias installe son ami à Assos, petit port de la mer Égée au nord d'Atarnée, où Aristote va tranquillement élaborer la première philosophie systématique, qui torturera des générations d'étudiants en philosophie (le deuxième système sera celui de Thomas d'Aquin, le troisième celui de Hegel).

Et c'est parti pour des siècles et des siècles de métaphysique !

Nous vous convions à l'un des plus grands périples de l'esprit, à un voyage exaltant, plein d'intrigues et de rebondissements. Vous entendrez, dans cette épopée métaphysique, doutes et contradictions, débats et querelles. Nous vous promettons des passions, des crimes et des trahisons, orchestrés par les plus grands philosophes. Les scénaristes de *Santa Barbara* peuvent pointer à l'ANPE ! Mais qu'est-ce que la métaphysique ?

Sans métaphysique, vous ignorez *que vous* êtes et ce *que vous* êtes

Quoi, quoi, quoi ?

C'est très simple... Couramment, la métaphysique désigne la partie la plus fondamentale de la philosophie. Elle explique, avec un vocabulaire précis, des concepts appropriés, ce qui constitue notre réalité. La métaphysique cherche le sens de l'existence, de cette réalité faussement simple : « Je suis. »

Vous êtes-vous au moins une fois dans votre vie interrogée sur ce que cela pouvait signifier ? Car la vie de l'homme et la vie d'une moule ou d'un bigorneau ne s'accomplissent pas selon les mêmes modalités : l'homme, contrairement aux autres vivants, peut bien vivre ou mal vivre. Certes, un bigorneau peut bien finir (dans votre assiette, accomplissant ainsi sa finalité*, c'est-à-dire ce à quoi le destine sa nature) ou mal finir (mazouté par un pétrolier). Mais « bien vivre », être en quête d'un possible bonheur (rien ne vous interdit toutefois de rechercher un impossible bonheur) est spécifiquement humain.

Un truc transcendant

La pensée *méta-physique* va « au-delà » (*méta*) des phénomènes, du donné, du sensible ; c'est en cela qu'elle est transcendante.

Mais la métaphysique distingue également ce qu'il y a de singulièrement humain dans l'animal humain : ce besoin « tout-puissant et indélébile », comme l'écrira Arthur Schopenhauer, qui nous jette sur un chemin à l'issue toujours incertaine – la recherche d'un sens au-delà du paraître. Oui, parce qu'en apparence – vous en conviendrez – la vie n'a pas de sens. Prenez votre quotidien, par exemple : quelle signification et quel but assigner à tous ces événements qui se succèdent et se répètent indéfiniment ?

Le sens n'est jamais donné mais toujours à inventer. Première difficulté.

Comment l'inventer ? Seconde difficulté.

Si vous réfléchissez sur ce que vous êtes et sur ce que vous connaissez, vous pouvez déjà vous dire métaphysicienne. Classe, non ?

LA MÉTAPHYSIQUE AVANT ARISTOTE

D'Homère à Aristote, l'histoire de l'hellénisme est celle d'un formidable désir de vérité. Les philosophes que l'on appelle « présocratiques » vont peu à peu inventer une nouvelle façon de penser et de comprendre le monde. Faire route avec eux, c'est cheminer de la pensée mythique à l'avènement de la pensée rationnelle. Ce sont les Grecs qui vont forger le concept d'« être ». Lorsque la pensée coïncide avec celui-ci, elle atteint la Vérité. Et ce savoir vrai est nécessaire dans la mesure où l'ontologie fonde l'éthique : il faut connaître pour faire et bien faire. « Nul n'est méchant volontairement », dit Platon, seulement par ignorance ; aussi la faute est-elle avant tout une erreur (retenez l'idée, elle peut s'avérer utile pour se disculper : « J'chavais pas... »).
Héraclite d'Éphèse [1], que l'on appelle « l'Obscur », est le premier philosophe à s'interroger sur le sens de la vie humaine. Il montre l'unité de toutes choses, l'harmonie des contraires qui se limitent et s'unissent tels le jour et la nuit, l'hiver et l'été, la vie et la mort, dans un monde en perpétuel écoulement : « On ne se baigne pas deux fois dans le même fleuve. » Tout passe et rien ne demeure ; l'être est en perpétuel mouvement.
Pour Parménide [2] au contraire, l'être doit demeurer immobile afin d'être intelligible, c'est-à-dire connaissable en vérité. Tout ce qui est mobile *n'est pas* : étant en perpétuel devenir, il ne peut être saisi par l'intellect, mais seulement par l'opinion, source d'erreurs. Parménide inaugure une ontologie dualiste (l'intelligible / le sensible) qui va durablement marquer la pensée métaphysique.

1. Philosophe grec, v. 550 / v. 480 av. J.-C.
2. Autre philosophe grec, v. 515 / v. 440 av. J.-C.

Avez-vous la passion de connaître ?

Si ce n'est pas le cas, rendez-vous à la partie suivante. Sachez toutefois que vous vous privez d'un grand moment de philosophie.

Procédons de façon un peu paresseuse...

Nous mettons la charrue avant les bœufs car, dans le système aristotélicien, la logique vient en premier, avant la physique puis la métaphysique [1]. Logique ! Pour penser, il faut d'abord savoir raisonner.

Mais une fois que nous parvenons à la métaphysique, celle-ci devient première car elle fonde tout le reste : physique, logique, morale, politique, etc. La métaphysique est la condition de toute certitude (en philosophie, le fondement est souvent ce que l'on trouve à la fin) et l'aspiration suprême de l'homme.

Faisons donc comme si nous avions parcouru patiemment tout le système jusqu'à la métaphysique...

« Qu'est-ce qui fait qu'un être est ce qu'il est ? »

Quelle drôle de question, n'est-ce pas ? C'est néanmoins de cette interrogation que l'on appelle « première » que naît la métaphysique aristotélicienne.

« L'homme a naturellement la passion de connaître... » : ainsi s'ouvre la *Métaphysique* d'Aristote, pour des siècles et des siècles. Ce titre particulier vient de ses éditeurs : c'est Andronicus de Rhodes (Ier s. av. J.-C.) qui l'aurait utilisé pour désigner à la fois l'ensemble des textes qui font suite à la *Physique* et néanmoins une forme de recherche qui va effectivement « au-delà » de la physique.

La métaphysique est donc une « philosophie première » traitant d'un objet premier en soi : « l'être en tant qu'être », c'est-à-dire l'essence de l'être, ce qui est commun à toutes les choses qui sont.

1. En grec, *metà phusikà* signifie « ce qui vient après la physique ».

La plupart du temps, nous utilisons le verbe *être* pour marquer l'attribution : « Paul est beau. » Retirez l'attribut *beau*, pour ne garder que l'expression de l'existence ou de la réalité : « Paul est. » Ce que vous dites est alors tout différent : vous affirmez que l'essence de l'être, l'être en tant qu'être, se trouve réalisée dans l'individu « Paul ».

En arrachant l'essence à son immobilité et en revenant à l'individu oublié par Platon, Aristote assigne une tâche nouvelle à la métaphysique : déterminer les caractères communs de toute réalité. Grâce à lui, le domaine de la métaphysique n'est plus limité à la catégorie des choses intelligibles.

Comment devenir une vraie « dame Vertu » ?

1. Faites preuve de bon sens

Dans le domaine moral, les principes *a priori** et les règles abstraites du style « Tu aimeras ton prochain comme toi-même » sont propres à décourager toutes les bonnes volontés. Il est alors sage de tenir compte de l'expérience et des possibilités de la nature humaine – car à l'impossible nul n'est tenu. Lorsque votre prochain est le vicelard qui promène son chien sous vos fenêtres en vous épiant d'un œil concupiscent, vous n'avez pas vraiment le cœur à l'aimer comme vous-même !

Bref, les exigences morales se déterminent *in concreto* et il n'existe aucune formule mathématique de l'idéal moral.

2. Remplissez votre fonction propre

Vous êtes à la recherche d'un bien réalisable (la Vertu) et non d'un idéal (la Sagesse). Afin d'identifier clairement l'objet de votre quête, vous devez vous demander ce qu'est le propre de l'homme. Formulons la question autrement : quelle est l'activité que la nature nous a attribuée « en propre » ?

C'est l'activité de l'âme raisonnable. Telle est la fin, par excellence, que la nature nous a assignée. Aristote est « finaliste » : pour lui rien ne s'accomplit en vain, tout a une « fin », c'est-à-dire un but, une raison d'être. Et bien faire ce pour quoi nous sommes censés être faits, c'est réaliser son excellence.

3. Réglez-vous sur le cosmos

Pour Platon comme pour les pythagoriciens, l'univers est un cosmos lié par la proportion. Cette harmonie constitue un modèle pour l'activité morale de l'homme.

Faites-vous donc cosmique : de la tempérance en toutes choses ! De la mesure, une « juste » mesure dans les affections et la conduite, dans les appétits nutritifs et sexuels, entre dérèglement et insensibilité.

Comment trouver cette proportion ? Il n'y a pas de formule du juste milieu. Vous devez faire preuve de bon sens, tenir compte des circonstances et utiliser votre expérience. Deux repas par jour et un coït par semaine, proposeront les plus paresseuses.

Comment ???!!! C'est plus de la juste mesure, mais de l'indigence !

Lorsque vous aurez trouvé cette juste mesure, il vous faudra tenir le cap, marcher sur la ligne de crête qui sépare les pentes opposées du vice : éviter l'excès comme le défaut.

4. Un peu d'exercice

C'est à force d'accomplir des actions conformes à la vertu que l'on devient vertueux. Si la vertu demande un bon naturel, ce sont uniquement l'exercice et l'habitude qui en feront une disposition permanente à choisir le bien plutôt que le mal.

- Toujours agir en connaissance de cause car ignorer les raisons qui nous font agir, c'est cheminer à l'aveuglette. Alors, musardez en faisant les boutiques, mais pas dans la vie.
- Agir en vertu d'un choix réfléchi. Comme on dit couramment, il est prudent de peser le pour et le contre avant de prendre une décision. Penser, c'est peser !
- Préférer la bonne action, pour elle-même. Lorsque vous rendez service à une amie, évitez de songer qu'elle vous le rendra bien. La logique d'un prêté pour un

rendu ou du « donnant, donnant » ne révèle pas franchement une disposition à la vertu.

- Faire preuve en toute action d'une résolution ferme et inébranlable. L'acte vertueux est celui de l'individu « résolument » vertueux ; heureuse la paresseuse qui décide de jouer à la super-écolo, le jour où elle se détermine enfin à ne consommer que du 100 % bio, à ne plus prendre de bain, à ne jamais utiliser la clim' de sa voiture et à carrément revendre sa voiture !

Excluons donc du champ de la vertu toutes les actions impulsives, compulsives, irréfléchies, pétries de mobiles égoïstes et obscurs, et tous les coups de tête ou de cœur.

Si vous vous demandez ce qu'il reste alors, c'est que nous avons du pain sur la planche pour faire de vous une âme vertueuse !

« Puis-je prétendre au bonheur ? »

Nous sommes toutes des prétendantes au bonheur car il est le « souverain bien* », le bien parfait qui constitue la fin (à entendre dans le sens de « but » autant que de « terme ») dernière de toutes nos actions, celle que nous recherchons par-dessus tout. Tous les autres biens, comme les honneurs, le plaisir, l'intelligence, la vertu, ne sont choisis que comme moyens du bonheur.

QUIZ

Quel nom porte une doctrine morale qui fait du bonheur le souverain bien ?
1. Hédonisme
2. Eudémonisme
3. Épicurisme
Réponse : 2. Eudémonisme ; du grec *eudaimôn*, « heureux ».
L'hédonisme, du grec *hêdonê*, « plaisir », est la doctrine qui prend pour principe de la morale la quête du plaisir. L'épicurisme est un hédonisme (par paresse, nous vous renvoyons au chapitre 3).

« N'importe quelle vie peut-elle me rendre heureuse ? »

Ni la faveur divine ni le hasard, qui ne laissent aucune place à l'initiative humaine, ne peuvent garantir l'accès au bonheur. Et quelle injure ce serait faire à la nature, qui précisément ne fait rien « au hasard » ! Il est hors de question de vivre au petit bonheur la chance !

L'enseignement alors ? Peut-on apprendre à être heureux ? Sûrement pas. Le bonheur ne peut faire l'objet d'une étude théorique ou scientifique.

Enfin, si la luxure peut procurer certains plaisirs, elle ne fera pas de moi une femme heureuse. Car une femme heureuse est une femme vertueuse. Il n'y a pas de bonheur possible en dehors de la vie raisonnable à laquelle la Vertu nous dispose.

Pour être heureuses, soyons vertueuses, soyons ce que la nature nous destine à être : RAISONNABLES.

Petite cuisine pour les paresseuses : la recette du bonheur

« Une hirondelle ne fait pas le printemps, ni non plus un seul jour : et ainsi la félicité et le bonheur ne sont pas davantage l'œuvre d'une seule journée, ni d'un bref espace de temps. » [1]

1. De la vertu (beaucoup)

Soyez vertueuse : vous serez heureuse et le resterez.

Bien sûr, on connaît la chanson : le bonheur est précaire, blablabla... Mais une vertu parfaitement accomplie est la meilleure garantie contre la nécessaire fragilité des choses humaines. La paresseuse vertueuse saura se protéger des aléas de la vie.

2. De la prudence (surtout)

La sagesse est la plus haute vertu, celle de l'âme humaine qui a réalisé l'idéal de la vie contemplative. La sagesse, quasi divine, est relativement rare.

1. Aristote, *Éthique à Nicomaque*, trad. J.Tricot, éd. Vrin, Paris, 1959.

À tous ceux qui ne peuvent prétendre être sages, Aristote propose une vertu plus humaine, une sorte de sagesse de l'action adaptée à l'homme : la prudence.

L'homme prudent est celui qui a la connaissance de l'universel comme du particulier.

Par exemple : « Si, tout en sachant que les viandes légères sont faciles à digérer et bonnes pour la santé, on ignore quelles sortes de viandes sont légères, on ne produira pas la santé, tandis que, si l'on sait que la chair de volaille est légère, on sera plus capable de produire la santé. » [1]

La prudente paresseuse délibérera donc en connaissance de cause et s'efforcera d'atteindre, par la réflexion, le meilleur des biens réalisables. Elle préférera ainsi, sans doute, les ailes de poulet aux côtelettes de porc !

3. De la chance (un peu)

Le monde n'est pas parfait, mais c'est le seul que nous ayons et le bonheur humain ne peut s'inscrire que dans la contingence* et la précarité de cette existence. Il faut « faire avec », comme on dit...

Mais il serait illusoire de croire que la vertu suffise au bonheur et que l'homme juste puisse être heureux jusque dans les tourments. Aristote laisse le taureau de Phalaris aux Stoïciens [2] et affirme que la vertu requiert un cortège de biens extérieurs : avoir la chance d'être en bonne santé, d'être riche, d'avoir une famille, des amis ou encore un rang dans la société.

4. Ne boudez pas votre plaisir

Certes, nous trouvons parfois du plaisir dans des activités blâmables (avez-vous besoin d'exemples ?) et il existe des fins qui méritent d'être recherchées, abstraction faite de tout plaisir (à vous de trouver un exemple – paresseuse, va !).

Mais la vie vertueuse s'accompagne de plaisir, un plaisir comme vous n'en avez peut-être jamais connu, un plaisir « en soi », éprouvé du seul fait d'être vertueux. Il

1. *Ibid.*
2. Rendez-vous chapitre 3...

n'a rien à voir avec la possession d'un objet, la réalisation d'un dessein ou d'un résultat extérieur.

Le plaisir n'est pas un « plus », la cerise sur le gâteau d'une vie heureuse, mais le gâteau lui-même. Ce type de plaisir particulier, Henri Bergson, dans *L'Énergie spirituelle*, lui donnera le nom de « joie ». Elle « avertit que notre destination est atteinte, [...] que la vie a réussi, qu'elle a gagné du terrain, qu'elle a remporté une victoire ».

La philosophie élevée au rang d'un roi

Aristote précepteur d'Alexandre le Grand

La morale a pour but de s'épanouir en politique. Aristote a l'occasion de le prouver concrètement lorsque son ami Philippe de Macédoine le choisit pour être le précepteur de son fils Alexandre. Les prétendants au poste étaient nombreux mais Philippe avait déjà élu notre bon philosophe lorsqu'il lui avait écrit, plus de dix ans auparavant, pour annoncer la naissance du petit prince :

« Philippe à Aristote, salut. Apprends qu'il m'est né un fils. Je suis très reconnaissant aux dieux, non pas tant de me l'avoir donné que de l'avoir fait naître à ton époque. Car j'espère que, formé par tes soins et éduqué par toi, il sera le digne héritier de nous et de nos affaires. » [1]

Qui est ce petit Alexandre ? Ni plus ni moins que celui appelé à devenir Alexandre le Grand.

Aristote plie bagage, s'embarque pour la Macédoine et emmène avec lui Théophraste et sans doute Callisthène, deux disciples chargés de l'épauler dans cette mission ambitieuse et risquée (les Macédoniens ne sont pas commodes). Destination Pella...

1. D'après Aulu-Gelle, érudit latin du IIe s. ap. J.-C., *Nuits attiques*, IX, 3.

Ambiance bucolique

Alexandre a 13 ans et, à cet âge encore tendre, Aristote pense pouvoir l'éduquer à la vertu pour en faire un philosophe roi.

La petite troupe est installée dans la résidence de campagne du roi, à Miéza. L'enfant pourra ainsi gambader dans « les jardins de Midas », se dépenser et donner libre cours à sa nature exubérante. La Macédoine est un pays de montagnes aux vallées verdoyantes, domaine des Muses et des Bacchantes. Dans ses forêts profondes naquit Orphée et le vent porte encore le son de sa lyre. Sur la toile de fond du mont Olympe se jouent des scènes mythiques ou de grandes tragédies. Bref, si Athènes est éblouie et chauffée à blanc par le soleil de la philosophie, la Macédoine est un pays de légendes, ombreux et mystérieux. Ombrageux sont aussi les hommes qui naissent ici, comme Aristote, Philippe ou Alexandre, loin des Athéniens un peu insolents et hâbleurs.

Métamorphoser un animal sauvage en homme mesuré n'est pas de tout repos. Les jours se seraient écoulés paisiblement, loin des guerres qui secouaient le monde grec et des intrigues du palais royal, si ce n'était le caractère rebelle et provocateur du jeune prince.

Lui donner une instruction, soit, mais l'éduquer se révèle presque impossible. Atavisme familial sans doute. Comment bien tourner en effet lorsqu'on a pour père un tyran et pour mère une hystérique, Olympias, qui complote les meurtres les plus sordides et sanglants ?

Une triste nouvelle parvient alors à Aristote. Son ami Hermias a été renversé et tué par les Perses. Philippe s'emploie à faire venir à Pella la sœur d'Hermias, Pythias, afin de la soustraire à un traitement sans doute similaire. Aristote retrouve, non sans émotion, la jeune femme qu'il avait connue six ans auparavant et l'épouse. Il a alors 43 ans et Pythias doit en avoir 22. Ils s'installent à Miéza et ont bientôt une fille : Pythias (oui, l'originalité n'était pas de mise dans le choix des prénoms).

Mais qu'allait-il faire dans ce bordel ?

La cour de Philippe ressemble à un véritable harem et son goût pour l'ivresse et la débauche est de notoriété publique. Comment notre vertueux et mesuré philosophe pouvait-il supporter plus longtemps ce claque ?

Quant à Alexandre, il file un mauvais coton.

Aristote décide alors de quitter son élève – non qu'il juge sa tâche accomplie, il suffit d'observer les exploits du jeune homme en sa courte vie [1] : d'une cruauté sans borne, il dévaste les terres qu'il conquiert, il ne recule devant aucun affront, devient un véritable Sardanapale et épouse une « barbare », Roxane, la fille d'un satrape perse. Quel scandale pour les Grecs, auxquels il réclame, à la façon d'un despote oriental, soumission et vénération. Alexandre ne sait-il pas que les Grecs ne vénèrent que les dieux ?

Aristote se retire à Stagire avec ses deux Pythias. Ses efforts pour subordonner la politique à un idéal moral sont un fiasco.

La philosophie et la politique font-elles bon ménage ?

Vous n'êtes pas bavarde pour rien

La cité digne de ce nom a une visée hautement morale : le souverain bien.

C'est seulement dans la cité que l'homme peut réaliser sa nature propre car l'individu isolé est un être inachevé, qui tend à la vie politique pour y réaliser son bonheur.

Par conséquent, « l'homme est naturellement un animal politique » [2], appartenant à une cité et surtout destiné à y vivre. Celui qui de par sa nature vit isolé ne peut être

1. Alexandre le Grand meurt le 13 juin 323 av. J.-C., à l'âge de 32 ans.
2. On trouve cette célèbre idée dans la *Politique*, trad. Thurot, PUF, Paris, 1950.

qu'une créature dégradée ou un dieu, car la vie politique est la meilleure des vies humainement possibles.

Comment pouvons-nous en être sûrs ?

L'homme est le seul animal à être doté du langage et la nature ne fait rien en vain (toujours la finalité) : si l'homme possède la faculté de s'exprimer et de communiquer par concepts et propositions, c'est pour pouvoir mettre en commun ses idées et ses valeurs.

À quiconque vous reprochant de trop parler, rétorquez que la nature ne vous a pas donné l'usage de la parole pour vous taire !

Vous n'êtes pas super-copine pour rien

« Sans amis personne ne choisirait de vivre », écrit Aristote dans l'*Éthique à Nicomaque*. C'est naturellement que nous sommes portés à l'affection pour l'homme.

Mais l'amitié ne peut s'épanouir que dans la cité, où elle participe au « bien-vivre » ensemble, car, « quand les hommes sont amis, il n'y a plus besoin de justice » [1].

La *philia* désigne aussi bien l'amitié qui unit les citoyens que le lien d'amour unique et privilégié qui s'établit avec le *philos*, « l'ami », à la fois « autre que soi » et « autre soi » (*alter ego*).

Vous n'êtes pas féministe pour rien

Le foyer constitue la communauté de base dont le but est la satisfaction des besoins vitaux quotidiens. Les foyers se grouperont pour former ensuite des villages afin de satisfaire des besoins vitaux non quotidiens, comme les échanges, et enfin les villages se rassembleront en cités pour mener une vie bonne. Le foyer permet de vivre, le village de mieux vivre et la cité de bien vivre.

1. *Éthique à Nicomaque*, livre VIII, 1, trad. J. Tricot, Vrin, Paris, 2001.

Trois types de pouvoirs s'exercent dans toute maison :

1. Un pouvoir de type politique : celui qui s'exerce sur des êtres libres et égaux (du mari sur sa femme).

2. Un pouvoir de type royal : celui qui s'exerce sur des êtres libres et inégaux (du père sur ses enfants).

3. Un pouvoir de type despotique : celui qui s'exerce sur des êtres ni libres ni égaux (du maître sur ses esclaves).

Qui commande à la maison ? Désolée de vous décevoir... Le mari, père et maître évidemment.

Hommes / femmes : mode d'emploi

Si ça fricote pas mal sur les bancs de l'Académie, au Lycée on demande aux étudiants un peu plus de maintien.

Aristote a le mauvais goût de préférer les femmes. La beauté masculine, les amitiés amoureuses avec les jeunes hommes ne l'intéressent pas. Normal, diront ses camarades : c'est un provincial, un Macédonien... Bref, sympa Aristote, mais un peu rustique ; il méconnaît les subtilités de l'amour pédérastique et les finesses des pratiques athéniennes.

Un peu d'histoire naturelle...

De la nature du sperme

Aristote ignore sa composition, mais il peut affirmer avec certitude dans la *Génération des animaux* que ce n'est pas de l'eau car « le sperme ne se solidifie pas quand on l'expose en plein air en temps de gel ». Si ce n'est point de l'eau, c'est que ce doit être un composé de terre et d'eau, une écume... Poétique, n'est-ce pas ?

Mais Aristote a la passion de connaître et ses expériences ne s'arrêtent pas là. Peut-être avait-il un esclave noir se soumettant amicalement aux recherches de son maître, pour le progrès de la science ? Car notre philosophe découvre étonné que le sperme des Noirs n'est pas noir, corrigeant par là un préjugé colporté par Hérodote.

Plus surprenant encore : saviez-vous que la semence de l'éléphant ne donnait pas de l'ambre en durcissant ? Dommage ! Cela aurait pu valoir le coup d'aller au zoo pour se faire un joli collier.

Anatomie intime

L'appareil génital féminin est une sorte de récipient à l'envers, aux bords légèrement humides, comme « ces vases salis qui aspirent l'eau quand on les retourne le col en bas ».

Les menstrues ne sont qu'un surplus d'aliments non digérés, qui finit par s'écouler : « Tout se passe entre la semence virile et la sécrétion femelle comme entre la présure et le lait qu'elle coagule, et, en effet, lait et menstrues sont de même nature – des résidus de nourriture. » [1]

Mais la femme, cette sorte d'amphore retournée, est le réceptacle de la vie, qu'elle produit et reproduit inlassablement. On perçoit chez Aristote, à côté de ses travaux de biologiste froidement descriptifs, une certaine admiration face au mystère de la génération dissimulé au plus intime de la femme.

Votre homme est votre âme

Si vous dites à votre homme : « Oh ! ma vie, mon âme », vous lui faites une déclaration d'amour très aristotélicienne (précisez-le-lui, car il n'aura pas la finesse de s'en rendre compte).

Vous devez tout de même savoir ce que cela signifie vraiment. Pour Aristote, la femme n'est qu'une sorte de réceptacle passif, une matière informe. Le rôle actif,

1. *Génération des animaux*, II, 4.

celui d'une âme, est dévolu à l'homme dont la semence anime (*anima* signifie « âme »), donne vie.

L'homme apporte la forme à une matière informe – la femme – comme l'âme est la forme du corps. La forme est le principe intelligible qui fait l'essence d'une chose. La matière au contraire est une potentialité pure que la forme activera.

Bref, il est l'acte, vous êtes seulement la puissance, il est l'être qui bâtit, vous celui qui a la faculté de bâtir, il est celui qui voit, vous celle qui a les yeux clos. Laissez-vous donc guider, reconnaissez votre maître...

COMMENT TRAITER VOS ESCLAVES ?

Inutile d'alerter la Ligue des droits de l'homme !
En effet, la société antique traditionnelle est esclavagiste. C'est comme ça. L'esclave est exclu de la cité, privé de droits, mais c'est là une institution « naturelle ».
Aristote est un des rares penseurs à interroger cette notion et la réalité qu'elle recouvre, un peu à la façon de Socrate : qu'est-ce qu'un esclave ? se demande-t-il.
Par nature, c'est celui qui ne s'appartient pas à lui-même et qui est l'homme d'un autre. Étant moralement inférieur, il ne peut se commander seul. La servitude est par conséquent dans son intérêt mais aussi dans celui du maître. L'un sans l'autre, maître et esclave sont incomplets : ils ont besoin l'un de l'autre.
Aristote n'est pas l'adepte d'un esclavage sauvage : rien n'interdit qu'un maître et son esclave puissent être unis par des liens d'amitié.

Qu'apprend-on au Lycée ?

Les promenades-conférences

Avant de savoir ce que l'on enseigne dans cette nouvelle école ouverte à Athènes en 355 av. J.-C., il est important de savoir comment on y apprend.

Aristote installa son école certainement entre le mont Lycabette, où il demeurait, et la rive droite de l'Illisos, l'une des promenades préférées de Socrate. L'immense propriété ouvrait sur des cours bordées de grands arbres, où il faisait bon se promener d'un pas mesuré, au rythme des pensées échangées entre amis de la sagesse. Comme dans *L'École d'Athènes* [1], on imagine volontiers Aristote drapé dans une toge bleue dont les plis se balancent au gré de ses pas. Notre péripatéticien défend contre l'ami Platon les choses humaines, la terre, qu'il désigne de la main.

Préférez-vous les leçons ésotériques ou exotériques ?

Les premières ont lieu le matin et font l'objet de discussions dialectiques et métaphysiques ; on y étudie aussi l'histoire et la physique. Vous ne serez pas admise par hasard aux leçons ésotériques et devrez faire montre de qualités intellectuelles particulières.

Les secondes sont données l'après-midi et en soirée. On y apprend l'éloquence, la rhétorique, ainsi que la gestion des affaires publiques.

Que diriez-vous d'une petite leçon pour apprendre à réfléchir avec certitude ?

Petite leçon de logique

La réflexion philosophique a pour préambule la logique, qui étudie la forme du raisonnement indépendamment de son contenu. Elle est un véritable *organon* (« outil ») de la pensée et de la science. *Organon* est justement le titre qui désigne l'œuvre logique d'Aristote à partir du VIe siècle, dans laquelle on trouve la fameuse théorie du syllogisme.

Vous connaissez sans doute l'exemple classique :

« Tout homme est mortel, or Socrate est un homme, donc Socrate est mortel. »

On peut exprimer la forme de tout raisonnement valide ou concluant de la façon suivante : *« Tout x est y, or z est x, donc z est y. »*

1. Gigantesque fresque réalisée par Raphaël en 1511 et conservée au musée du Vatican.

Dotée de cette formule, vous devriez pouvoir penser de façon logique et éviter les erreurs de parcours. Mettez donc votre vie en équation, exposez vos pensées de façon syllogistique.

Toutefois, si le syllogisme est un outil qui permet justement d'exposer la vérité, il est inutile lorsqu'il s'agit de la chercher (et de la trouver quant à faire...). De surcroît, un syllogisme peut être valide sans être vrai et même exprimer un non-sens total. Bref, cela marche avec n'importe quoi et c'est problématique. Un exemple ?

Toute belle-mère est une vipère, Lucette est ma belle-mère, donc Lucette est une vipère.

Non, là, tout compte fait, ça marche... mais ce n'est pas toujours le cas :

Tous les hommes sont de bons compagnons en puissance, or votre jules est un homme, donc il est un bon compagnon en puissance.

Là, vous voyez, ça ne marche pas !

Le prince des philosophes : j'ai nommé Aristote

Si être philosophe du prince ne lui a pas réussi, l'influence d'Aristote sur la pensée occidentale fait de lui le prince des philosophes.

La philosophie aristotélicienne arrive en Europe après un long détour par le monde juif et arabe au cours du Moyen Âge.

La philosophie médiévale : post-scriptum à la pensée d'Aristote

Il existe une véritable philosophie au Moyen Âge ; tout n'y est pas théologie.

Tout d'abord, d'innombrables formes de discours philosophiques ignorent la théologie. Ensuite, les problèmes d'ordre religieux discutés par les théologiens médiévaux sont aussi, voire essentiellement, des problèmes pour la philosophie.

Mais un certain nombre de philosophes se sentent un peu écartelés : la tête à Athènes, le cœur à Jérusalem... Il faut réconcilier foi et philosophie. Pour les chevaliers de la foi, le croyant authentique doit croire et non raisonner. Pour les philosophes, il faut avant tout comprendre ce en quoi on croit.

C'est avec l'apparition des universités au début du XIIIe siècle que la métaphysique médiévale va peu à peu se constituer comme science. La *Métaphysique* d'Aristote en reste néanmoins la clé de voûte. En effet, jusqu'aux *Disputes métaphysiques* de Francisco Suarez [1], la pensée métaphysique s'épanouit dans les commentaires des textes aristotéliciens dont la totalité du corpus n'est finalement rassemblée que vers 1250.

Aristote chez les Maures

Avicenne [2] est l'auteur d'un commentaire systématique de la *Métaphysique* d'Aristote qui influencera grandement le Moyen Âge occidental. Il rappelle les propriétés de la métaphysique, telles qu'Aristote les avait définies, mais précise toutefois, démarquant ainsi la métaphysique de la théologie, que Dieu ne peut être l'objet de cette science.

L'originalité d'Avicenne est de donner à l'universel (à l'essence) un statut à part, entre le général et le particulier.

1. Francisco Suarez (1548 / 1617) est un philosophe et théologien espagnol.
2. Avicenne est une philosophe arabe (980-1037).

Prenons une paresseuse, par exemple. Qu'est-ce qui fait sa spécificité ?

Le caractère général de la paresseuse que l'on trouve dans le genre « paresseux » ? Non.

Le caractère particulier de telle ou telle paresseuse ? Non plus.

La spécificité de la paresseuse se trouve dans la paresse, c'est-à-dire dans quelque chose d'universel, entre le général et le particulier.

Averroès [1], dernière grande figure de l'aristotélisme arabo-musulman, entend restituer le véritable sens d'Aristote contre les déformations de ses interprètes. En parfait rationaliste, il affirme qu'il est impossible de penser que le monde ait pu être créé *ex nihilo*. Il faut bien créer à partir de quelque chose, de quelques matériaux au moins, qu'une Nature éternelle aurait mis à la disposition de Dieu.

Imaginez le scandale en plein Moyen Âge ! Les injures fusent et – croyez-moi – être traité d'averroïste revenait quasi à se faire insulter !

Aristote chez les juifs

Le *Guide des égarés*, de Moïse Maimonide [2], est un des sommets de la littérature philosophique médiévale, aussi imprégné de culture philosophique et théologique arabo-musulmane que profondément enraciné dans la tradition religieuse et intellectuelle du judaïsme. Il introduit la philosophie aristotélicienne dans le judaïsme et sera également une source capitale de la théologie médiévale chrétienne.

Dieu est compatible avec la raison. Maimonide le prouve en mettant en relation le judaïsme et la pensée d'Aristote : seule la méthode des philosophes peut prouver rationnellement les trois principes fondateurs de toute théologie : l'existence, l'unicité et l'incorporalité de Dieu.

Maimonide est très habile : c'est parce que l'homme obéit à Dieu librement et en toute intelligence, que cette obéissance a de la valeur.

Athènes et Jérusalem sont réconciliées : on peut être à la fois croyant et intelligent.

1. Averroès est un autre philosophe arabe (1126 / 1198).
2. Philosophe juif (1135 / 1204).

Aristote chez les chrétiens

Thomas d'Aquin [1], docteur officiel de l'Église, fait partie de ceux que l'on a appelés « les grands scolastiques* ». Avec eux, l'Université connaît un essor prodigieux, qui coïncide avec la découverte des corpus d'Aristote et d'Averroès. C'est à partir de 1230 que se forment les grandes problématiques médiévales de l'être. Fidèle en cela à la pensée médiévale, Thomas d'Aquin se préoccupe de démontrer l'existence de Dieu, thème fondateur, à l'intersection de la métaphysique et de la physique. La pensée de Thomas d'Aquin, ou « thomisme », est foncièrement réaliste : il part de l'existence, de la perception conçue comme l'appréhension d'une réalité atteignant Dieu, cause de cette réalité.

1. Philosophe latin (1225 / 1274).

QUINZE CONSEILS UTILES POUR DEVENIR ARISTOTÉLICIENNE

1. Mettez votre vie en équation

Vous penserez de façon logique et éviterez les erreurs de parcours.

2. Exercez-vous en cours de logique

La rigueur fonde la certitude.

3. Ne rejetez pas toute *doxa*

Contrairement à Platon, Aristote accorde de l'intérêt à cette forme de jugement qui manifeste ce qui est communément admis. Si la *doxa* n'est pas la vérité, elle est néanmoins de l'ordre du vraisemblable.

4. Désirez savoir

C'est ainsi que se dressera devant vous le chemin de la métaphysique.

5. Investissez dans une bonne paire de chaussures de marche

Rien de tel qu'une petite promenade pour rythmer ses pensées.

6. Trouvez un jeune prince (charmant de préférence) à éduquer

Vous aurez ainsi des sujets de conversation.

7. Faites-vous quelques amis

Un tyran, un roi (un peu tyrannique), des philosophes bien sûr.

8. Mariez-vous

Parmi les philosophes, le célibat est une tradition, à laquelle Aristote ne souscrit pourtant pas. Il se marie deux fois plutôt qu'une, avec Pythias tout d'abord et Herpyllis ensuite, de laquelle il aura un fils, Nicomaque, pour lequel il écrira sa fameuse *Éthique*.

9. Procurez-vous un ou deux esclaves

Vous les traiterez bien sûr en amis, comme Aristote.

10. Allez au théâtre et à l'opéra voir jouer des tragédies

En représentant une noble action qui vous fait éprouver fictivement pitié et frayeur, la tragédie vous purifie de ce genre de passions. C'est ce qu'Aristote nomme *catharsis*.

11. Osez le bonheur parfait

Osez la contemplation*, où l'esprit occupe la première place. La vie contemplative est agréable et offre l'avantage de pouvoir se pratiquer longtemps, sans fatigue.

12. Si vous échouez, contentez-vous d'être prudente

Ce sera déjà fort louable.

13. Entrez en politique

C'est nécessaire pour développer vos facultés morales.

14. Tout bien réfléchi, laissez tomber ce projet

C'est une mauvaise idée. La cité idéale de l'Antiquité n'est plus qu'un lointain souvenir.

15. Soyez tout simplement EX-CEL-LEN-TE

Commencez par relire ce chapitre !

chapitre 3

Et si la sagesse était une histoire de diététique ?
On dit oui aux Épicuriens, aux Stoïciens
et aux Cyniques !

Comment se reposer après tant d'efforts ?

Les deux premiers chapitres vous ont éreintée ? Vous devriez dans celui-ci être nettement plus dans votre élément...

Nous voilà rendus en pleine époque hellénistique. On désigne traditionnellement ainsi cette période de l'histoire grecque qui s'étend d'Alexandre le Grand (fin du IVe siècle av. J.-C.) jusqu'à la domination romaine (fin du Ier siècle av. J.-C.).

Les Grecs découvrent l'immensité du monde ; les échanges commerciaux et culturels vont bon train. Toutefois, l'âge d'or de la cité grecque est révolu, le rayonnement de l'instant athénien décline et les penseurs ont plutôt mauvaise presse dans une ville qui a condamné à la mort ou à l'exil Socrate, Aristote, Anaxagore, Protagoras, Alcibiade et bien d'autres. Les corruptions gangrènent la politique et les philosophes se sentent impuissants à trouver un remède.

Marc Aurèle, par exemple, l'empereur-philosophe, s'emporte contre la paresse de ses sujets. Devant tant de mauvaise volonté et d'espoirs déçus, nos penseurs d'élite jettent l'éponge ! Ils renoncent à toute ambition sociale, à tout espoir de concilier philosophie et politique, ils ne croient plus, comme Aristote, en un gouvernement qui aurait pour fin l'intérêt commun tout en permettant à l'homme de réaliser la perfection de sa nature.

Nos héros sont toutefois des Méditerranéens... Impossible de déraciner en eux le goût du bonheur, du bien-vivre et du mieux-vivre. Alors bonheur toujours, mais bonheur paresseux et solitaire, entre amis, à l'écart des éclats et des scintillements du pouvoir, voire dans le mépris des conventions et des opinions communes.

Trois écoles voient le jour : la Stoa des Stoïciens, le Jardin d'Épicure et le Cynosarge d'Antisthène le cynique. Elles se rassemblent autour de la volonté affirmée de vivre « sagement », en dépit du monde et des afflictions infligées aux hommes. Elles enseignent le courage du « laisser-faire », de la tranquillité dans l'autosuffisance, dans la conscience du monde tel qu'il est et l'acceptation du monde tel qu'il va. Les

Stoïciens, les Épicuriens, les Cyniques conseillent de « vivre conformément à la nature », comme l'écrit Zénon, mais chacun se distingue essentiellement toutefois par des choix existentiels spécifiques fondés sur des conceptions différentes de la sagesse. Chacun a son « mode opératoire » du bonheur et sa définition de l'*eudaimonia*, fin ultime de toute action.

Commencer par paresser dans un jardin

Comment fonder une communauté épicurienne ?

- Réunissez dans un jardin quelques amis, hommes, femmes, esclaves affranchis, anciennes prostituées.

Épicure [1] était d'avis que, « de toutes les choses que la sagesse nous procure pour nous aider à vivre heureux toute notre vie, la plus grande est de loin l'amitié ». Il recommandait de ne jamais manger seul. Demandez-vous plutôt AVEC QUI vous allez manger et boire, plutôt que CE QUE vous allez manger et boire !

- Prévoyez du pain, de l'eau, une poignée d'olives et un peu de fromage pour les orgies.
- Méditez.

Il n'existe pas de meilleur remède connu contre l'anxiété. La réflexion supprime au mieux le problème lui-même, au pire ses effets secondaires embarrassants – ce qui est déjà apaisant !

- Disciplinez vos désirs.

Voir plus loin « Atteindre le bonheur ».

- Libérez-vous et cultivez votre jardin.

1. Épicure (341 / 270 av. J.-C.).

Partez vivre en Ardèche ou adoptez la méthode du télétravail, afin de limiter les contraintes économiques et sociales. Vous disposerez peut-être de moins d'argent, mais vous serez libérée des langues de vipère qui, au bureau, empoisonnent dans l'œuf toute amitié ou toute entente au moins cordiale. Vous apprendrez à cultiver le *bliton* (« chou ») ou le *krommyon* (« oignon ») et vous n'aurez plus besoin de votre trench Armani pour frimer devant les copines.

- La pensée épicurienne est un exercice perpétuel beaucoup plus qu'un savoir. Détendez-vous, jouissez des plaisirs de l'âme et du corps.

A priori, tout cela vous paraît accessible, voire plutôt distrayant ? Très bien : toute attitude négative, toute mauvaise volonté manifeste ne nous mènerait à rien.

Toutefois – il y a un toutefois – il va falloir vous débarrasser de toutes les idées préconçues que vous vous faites sur « l'épicurien ».

L'épicurien n'est pas un pourceau d'Épicure...

Êtes-vous épicurienne ?

- **Cocoon**. En rentrant chez vous le soir, vous aimez vous préparer un petit plat rapide et sympa – une bavette à l'échalote, par exemple, accompagnée d'un verre de vin –, après vous être délassée dans la tiédeur d'un bain parfumé à la fleur d'oranger (qui vous rappelle vos vacances en Provence) ?
- **Flambeuse.** Vous faites la bringue tous les week-ends : resto, disco à gogo, galipettes avec votre ou vos jules (vous mettez une semaine pour vous en remettre) ; vous n'achetez pas de bouteille de vin à moins de 50 euros, ne vous habillez qu'au Bon Marché et ne pouvez envisager de partir en vacances pour moins de 3 000 euros ?
- **Mesurée.** Une tartine de pain (beurrée – on vous l'accorde !) vous rassasie, une douche plutôt qu'un bain vous convient et vous remplacez le gel douche à la fleur d'oranger par un pavé de savon de Marseille de 500 g (de manipulation malaisée, soit, mais allons : un peu de bonne volonté !) ?

Solution :

Si vous vous reconnaissez dans le portrait de la flambeuse, vous êtes une passionnée ou une débauchée qui ignore le souverain bien. On ne vous le cache pas : vous sauver de votre misère existentielle sera difficile. Ne zappez pas néanmoins ce chapitre : il vous est absolument nécessaire.

Quoi qu'il en soit, VOUS N'ÊTES PAS UNE ÉPICURIENNE.

Si vous êtes plutôt *cocoon*, vous passez pour une bonne vivante, mais vous ne deviendrez une épicurienne que si en période de disette vous pouvez vous contenter d'une tartine beurrée et d'un peu d'eau sans en souffrir... À vous de sonder votre âme après la lecture attentive de ce chapitre.

Si vous êtes mesurée, vous êtes soit de mauvaise foi, soit une épicurienne, car vous savez reconnaître ce qui est nécessaire et suffisant, bref : vous satisfaire du strict minimum. Vous pouvez passer directement au chapitre suivant.

POURQUOI TANT D'IDÉES FAUSSES SUR L'ÉPICURISME ?

Le jeune Épicure a fréquenté l'Académie et le Lycée, mais a été fort déçu par l'enseignement de ses maîtres. Il a 35 ans lorsqu'il fonde une école à Athènes, dans une grande maison avec jardin attenant, dont il fait l'acquisition, à quelques kilomètres du centre de la cité, dans le quartier de Mélite. Ses amis et disciples sont des hommes bien sûr, mais des femmes également, non seulement des femmes mariées, comme Thémista, mais aussi des courtisanes, comme Leontion (la Lionne), admises – oh scandale ! – à participer aux discussions philosophiques. Amitié donc, entre hommes, entre femmes, entre hommes et femmes. L'école se situe à l'écart de la ville et dès le début les rumeurs se répandent. Ce lieu serait un véritable bordel, théâtre d'orgies en tous genres. Ceci explique donc cela...

« Puis-je connaître le véritable plaisir épicurien ?... »

Si les philosophes du Jardin privilégient les plaisirs de la chair, c'est en un sens bien particulier. La chair est en fait l'individu, en tant qu'il éprouve douleur ou plaisir.

L'épicurien veut délivrer la chair de la souffrance en supprimant l'état d'insatisfaction qui vous absorbe – par exemple, dans la recherche vaine et insensée de la petite robe noire chic et cool. En renonçant à la quête de cet objet non naturel et non nécessaire, vous serez enfin libre !

À cette condition seulement vous pourrez atteindre un plaisir stable, c'est-à-dire :

- ne pas avoir faim ;
- ne pas avoir soif ;
- ne pas avoir froid.

« Comment être heureuse sans ma petite robe noire ? »

Voilà ce que vous vous dites :

« Pour être heureuse, je dois acheter LA petite robe noire.

Mais puis-je être heureuse sans petite robe noire ?

Je peux être heureuse en petite culotte à batifoler avec l'homme que j'aime.

Puis-je être malheureuse avec ma petite robe noire ?

Bien sûr, si je ne suis pas rassurée et émoustillée par le regard admiratif, voire concupiscent d'un amant (anciennement, celui qui aime et est aimé). »

Alors la petite robe noire n'est ni nécessaire ni suffisante au bonheur !

Elle ne peut procurer qu'un plaisir « en mouvement », « doux et flatteur » certes, mais éphémère et insatiable.

Vous le savez bien : dans une semaine, vous trouverez une petite robe blanche, in-dis-pen-sa-ble à votre bonheur...

Voilà le cœur du problème. Nous sommes le plus souvent inaptes à répondre à la question : « Qu'est-ce qui nous rendra heureux ? »

Atteindre le bonheur ?

Comment ? La réponse est simple : par une ascèse des désirs. Comment pratiquer cela, me direz-vous ?

Par l'art, encore une fois, de la distinction. Il faut savoir distinguer parmi ses désirs :

- les désirs naturels et nécessaires, qui relèvent de besoins élémentaires et d'exigences vitales (boire et manger) ;
- les désirs naturels et non nécessaires (boire du vin, manger un homard) ;
- les désirs non naturels et non nécessaires, produits par des opinions vaines et vides de sens (boire un vin à 150 euros et manger un homard chez *Maxim's* en compagnie de James Bond).

Où ranger le désir sexuel ?

Dans la seconde catégorie ! Le désir sexuel est naturel, certes, mais absolument pas nécessaire. On ne meurt pas d'une absence de rapport sexuel durant six mois. On devient peut-être frustrée, donc désagréable, irascible, insupportable, mais ce n'est pas mortel (enfin c'est peut-être mortel pour les autres mais pas pour nous... quoique...) !

Lucrèce, épicurien du Ier siècle av. J.-C., appelle dans son traité *De natura rerum* à une connaissance de la nature des choses. Connaître les choses pour ce qu'elles sont est la clé du bonheur. Aussi, comprendre le phénomène sexuel s'avère salutaire afin de déjouer l'illusion de l'amour, principale source d'angoisse et d'inquiétude. Apprenez donc que l'effusion séminale n'est pas de l'amour, seulement un mécanisme... bien huilé : « Pour faire jaillir la semence humaine du corps humain, il faut, impérativement, l'attraction d'un autre être humain. Voilà donc la semence chassée de ses demeures : elle part, elle traverse toutes les parties du corps [...] pour se concentrer précisément dans les zones sensibles ; c'est son but : éveiller, aussitôt, le sexe même. Excité, il se gonfle de ce sperme ; naît alors le désir de l'éjaculation, l'envie de le répandre dans l'objet vers lequel nous transporte un terrifiant désir. »

Terrifiant désir en effet que nous prenons pour de l'amour !

Ne nous égarons pas dans les illusions de Vénus et dans le corps de l'aimé, « labyrinthe aux détours incertains » où nous risquerions de nous consumer, « rongés d'une invisible blessure ».

Évitons à tout prix les affres de la passion, car « une tête froide prend, à l'acte amoureux, un plaisir plus pur qu'un cœur transi » [1].

Mais comment faire face à l'adversité ?!

Tout se complique en effet quand les événements se bousculent et ébranlent cette belle tranquillité durement acquise.

Imaginez :

- Un jeune éphèbe peut débarquer au bureau pour remplacer Josiane, partie en cure d'amaigrissement après la naissance de son cinquième.
- Votre mère peut venir s'installer chez vous pendant que votre époux est au Japon pour affaires, afin de vous aider avec les enfants (enfin, c'est ce qu'elle dit !).
- Mais vous pouvez aussi soudainement éprouver l'angoisse de la mort (votre mère regarde les infos tous les soirs – et franchement, comment ne pas se sentir angoissée ?).
- Enfin, vous pouvez (plus rarement certes) vous mettre à craindre les dieux. Ce n'est pas si étrange : imaginez-vous 300 ans avant Jésus-Christ...

1. Lucrèce, *La Nature des choses*, livre IV, trad. C. Labre, éd. Arléa, Paris, 1995.

Épicure, que Nietzsche appelait « le grand consolateur de l'Antiquité », analyse ces menaces à la paix de l'âme dans trois textes célèbres : la *Lettre à Hérodote*, et les *Lettres à Pythoclès* et *à Ménécée*.

Épicure nous invite à penser que la mort n'est rien pour nous. Elle n'existe ni pour les vivants (tant que nous vivons, la mort n'est pas), ni pour les morts (ils ne sont plus vivants pour souffrir de la mort).

Considérons simplement la mort comme la décomposition de ce que les hasards des rencontres avaient composé. L'âme est, comme le corps, composée d'atomes qui se désagrègent lors de la mort. La mort n'a donc plus rien à voir avec nous.

En ce qui concerne les dieux, ils existent : c'est une évidence. Mais pourquoi les craindre alors qu'ils n'ont, selon Épicure, aucune action sur le monde ? On pourrait dire que les dieux se désintéressent des hommes, trop occupés qu'ils sont à la contemplation éperdue de leur bonheur, de leur beauté et de leur plaisir. Les dieux sont un modèle de sagesse épicurienne et de paresse !

Ils jouissent, indolents, d'un pur plaisir d'exister, sans trouble, sans besoin, dans la plus divine des compagnies... Faisons-nous donc les égales des dieux !

Les 4 formules magiques pour gagner le bonheur

Tout individu est mû par la recherche de son plaisir et de son intérêt. Voilà le constat mais aussi le choix épicuriens. Mais cette quête doit rester raisonnable et raisonnée ; nous devons savoir que le seul plaisir véritable et véritablement divin est le pur plaisir d'exister. Le malheur ne vient alors que de notre ignorance de ce plaisir, qui nous égare dans la quête de ce qui est hors de notre portée et dans la crainte perpétuelle de perdre ce que nous avons, de telle sorte que nous n'en jouissons jamais.

La souffrance dérive de l'âme et des opinions vides qui la rendent malade.

La potion d'Épicure est le *tétrapharmacon*, ou « quadruple remède », qui résume l'essentiel de sa philosophie :

1. Les dieux ne sont pas à craindre.
2. La mort n'est pas à redouter.
3. Le bien est facile à acquérir.
4. Le mal est facile à supporter.

La méditation de ces 4 principes, la limitation de ses désirs, les réunions entre amis de la sagesse et l'art de jouir des plaisirs de l'âme et des plaisirs stables du corps nous conduiront sûrement à la tranquillité de l'âme et à l'absence de trouble, sans effort démesuré ni dépense inconsidérée, dans la pratique d'une joyeuse paresse.

C'est le nirvana !

Non, soyons précis : c'est l'ataraxie*. Voilà encore un mot impossible !

L'ataraxie désigne le calme, l'absence de trouble de l'âme et de souffrance du corps.

MAIS AU FAIT, QU'EST-CE QUE LE NIRVANA ?

Dans la pensée bouddhiste, le *nirvana* représente la fin du cycle des réincarnations (*samsara*). La vie d'un individu est faite d'une longue série d'actions (*karma*) se succédant au cours de ses multiples existences. La nature de la réincarnation d'un individu dépend de son karma, c'est-à-dire de la valeur morale de ses actes. La conduite morale peut se résumer en 5 préceptes : ne pas tuer, ne pas voler, ne pas se livrer à la fornication, ne pas mentir, ne pas boire de boissons alcoolisées. Le nirvana constitue l'éveil à la contemplation et le calme auquel mène le chemin du milieu. Concentration mentale et sagesse permettent d'en finir avec les passions qui conduisent aux actions nocives et avec les opinions erronées de soi qui nourrissent le désir et la haine. Parvenir au nirvana, c'est éteindre le feu du désir et de l'ignorance, ces deux combustibles qui ne cessent d'alimenter le samsara.

Restez stoïque

Du pain, des figues et un peu d'eau

Un jeune Phénicien originaire de Chypre, Zénon de Kition [1], arrive à Athènes vers 314 av. J.-C. à la suite d'un naufrage. Chez un libraire athénien, il s'enthousiasme pour *Les Mémorables* de Xénophon et demande au marchand si l'on trouve encore dans la ville des Socrate. Comme le hasard fait bien les choses – et le sage est celui qui sait les comprendre et en tirer le meilleur profit –, Cratès le Cynique passait justement par là. C'est ainsi que Zénon commence par devenir son disciple, avant de fonder, six ans après Épicure, l'école stoïcienne, du nom du lieu où il choisit de l'installer : *Stoa Poikilê* (le Portique aux Peintures).

L'école s'apparente à un cabinet de médecin. Zénon y prescrit un régime sévère : celui de la faim ! Du pain, des figues et un peu d'eau suffisent au bonheur stoïcien.

En quittant le cabinet, « c'est de la douleur que vous devez éprouver, non du plaisir », proclame Épictète [2].

Cela vous semble contradictoire ? Pourtant, pouvez-vous légitimement en vouloir à votre dentiste si vous sortez de son cabinet avec la tête en forme de ballon de rugby après l'extraction de dents de sagesse ? En fait vous lui en voulez, mais ce n'est ni légitime ni raisonnable.

L'aspirant stoïcien se devrait tout d'abord de supporter stoïquement ce désagrément. Soit ; mais comment ?

On ne vous demande pas de manifester autant de zèle qu'Épictète, auquel son maître aimait parfois infliger quelques tortures. Un jour, alors que celui-ci lui tord la jambe sadiquement, le petit esclave le met en garde : « Attention ! Tu vas la casser ! » et ajoute après coup : « Je te l'avais bien dit : la voilà cassée. »

1. Zénon de Kition (v. 335 / v. 264 av. J.-C.).
2. Épictète est un autre stoïcien, plus tardif celui-ci : v. 50 / v. 130 ap. J.-C.

La prescription du médecin stoïcien

- Vivre en harmonie avec soi-même et en conformité avec la nature (attention ! cela n'a rien à voir avec la position des écolos d'aujourd'hui).
- Supporter et s'abstenir.
- Savoir qu'il y a des choses qui dépendent de nous et des choses qui ne dépendent pas de nous.

Le monde est un cosmos, c'est-à-dire un tout organisé (que sont nos cosmétiques si ce n'est des moyens de mettre de l'ordre ?). C'est le Destin qui y préside et qui donne à chacun sa part, son lot, son rôle dans l'harmonie du Tout. Le Destin distribue les rôles et il revient à chacun de jouer au mieux celui qui lui a été assigné.

Ainsi le stoïcien voit-il dans de nombreux faits la marque du Destin assimilé à la Providence.

Zénon ne se révolte pas lorsque, sortant de l'école, il tombe et se casse un doigt. Un signe du Destin ? Sans doute pour notre vieux Maître, qui frappe alors la terre de la main et lui dit : « Je viens ; pourquoi m'appelles-tu ? » Sur quoi il s'étrangle de ses propres mains et meurt !

À quoi bon se fatiguer ?

Si le Destin est une fatalité, si le Destin décide de notre sort, à quoi bon ?!

Voilà en effet un argument bien paresseux, auquel Chrysippe (un autre stoïcien) répond que Destin et liberté ne sont pas contradictoires car la volonté individuelle participe du Destin. Il y a d'une part les événements, contre lesquels je ne peux rien, et d'autre part ma volonté, qui est en mon pouvoir et que je dois exercer à vouloir les choses telles qu'elles sont.

La liberté consiste à vouloir les choses comme elles arrivent et non comme il me plairait qu'elles arrivent.

Vous êtes forcée d'aller déjeuner chez Belle-Maman ? Faites contre mauvaise fortune bon cœur, cela ne dépend pas de vous ; et répétez : « Je le veux, je le veux, je le veux » !

Bref, il ne faut pas prendre vos désirs pour des réalités, mais les réalités pour vos désirs.

Faites au mieux avec ce qui vous est donné d'être et d'avoir.

Vous êtes paresseuse et vous devez préparer à l'improviste un dîner pour quatre avec une salade verte, des yaourts natures à 0 % et une boîte de thon ? Faites donc preuve d'imagination ! Composez une salade que vous appellerez « salade grecque »... ou téléphonez à SOS Pizzas.

Ce ne sont pas des révolutionnaires ces stoïciens !

Choix de vie paresseux, direz-vous ? Pourquoi pas ! La paresse contemplative de celui qui sait ne pas pouvoir infléchir la réalité : « Changer ses désirs plutôt que l'ordre du monde », dira plus tard Descartes, dans un accès de sagesse stoïcienne.

LE COSMOPOLITISME OU COMMENT JUSTIFIER STOÏQUEMENT VOTRE POLYGAMIE

Être citoyen du monde entraîne un refus délibéré des racines familiales, sociales ou patriotiques. Les Stoïciens vivent en effet à l'écart de la cité et des préoccupations politiques, entre amis de la sagesse. Pour être citoyen du monde, il faut renoncer à tout attachement particulier. Voilà comment justifier vos amants auprès de votre compagnon : « Je pratique le cosmopolitisme ! M'attacher exclusivement à toi, c'est renoncer à l'universel ! »

Alexandre le Grand met en œuvre sur le plan politique le cosmopolitisme stoïcien : être citoyen du cosmos, à savoir d'un monde qui forme un Tout dans lequel nous devons vivre en harmonie. Puisque toutes les choses et tous les événements sont liés entre eux, il doit en être de même des hommes.

Les grandes expéditions d'Alexandre favoriseront les développements scientifiques et techniques, ainsi que les rencontres entre de grandes idées. De grands penseurs accompagnent Alexandre dans ses expéditions, notamment Pyrrhon le Sceptique, qui sera très impressionné par le mode de vie des sages hindous, que les Grecs appellent « les gymnosophistes » ou « les sages nus ».

Taoïsme, stoïcisme : même combat ?

Des similitudes fascinantes existent entre les pensées grecques et les pensées indo-sino-orientales.

La doctrine du Tao, par exemple, véritable métaphysique, conception du réel dans son ensemble, ressemble beaucoup à la Nature des philosophes présocratiques, et l'idée de conformité au Tao se retrouve dans la vie conforme à la Nature préconisée par nos philosophes hellénistiques.

Le taoïsme philosophique est fondé par le « vieux philosophe » Lao-tseu dans son *Tao-te king*, le livre de la Voie et de la Vertu.

Le sage taoïste, grâce à une parfaite entente avec la nature, débarrassé de ses désirs superflus, d'un ego toujours trop exigu, en domptant sa « force virile » (*yang*) et en cultivant sa « douceur féminine » (*yin*), trouvera la voie du *wu wei*, du « non-agir ».

C'est la « faiblesse » (*yin*) qui permet d'être efficace dans le non-agir, de devenir « maître de l'Empire ». Le sage est celui qui retourne à l'état de nouveau-né, force spirituelle souple et douce, contre laquelle la force physique ne peut rien.

« Je suis vague comme la mer ; je flotte comme si je ne savais où m'arrêter », écrit Lao-tseu.

Laisser faire, lâcher prise, retourner à des plaisirs minuscules loin de tout affairement, flotter, glisser au gré des courants, tel Lao tseu surpris dans son bain par Confucius, cheveux épars, flottant « comme un arbre mort », n'est-ce pas là une belle leçon de sagesse paresseuse ?

PETITE PROMENADE PARESSEUSE AU MUSÉE GUIMET

Musée national des Arts asiatiques à Paris, le musée Guimet rassemble des collections de sculptures, peintures, objets d'art, mobilier, couvrant toutes les grandes civilisations asiatiques, de l'Inde au Japon, sur plus de cinq millénaires. À travers ce voyage exceptionnel dans le temps et l'espace, c'est toute la philosophie bouddhique, sous ses formes les plus diverses, qui vous est rendue évidente et sensible.

L'idéal d'ataraxie des Stoïciens ressemble à s'y méprendre à la quiétude et à l'indifférence au monde par la méditation, qui caractérisent la pensée bouddhiste, notamment le bouddhisme zen, venu au Japon par la Chine à la fin du XIIe siècle. Cette réflexion, fondée sur l'acceptation de la précarité des choses, a fortement influencé la culture et les arts japonais : la

sobriété des intérieurs, la fragilité des matériaux, légers et amovibles, comme les paravents, les jardins flottants, le nô – drame lyrique apparu au XIVe siècle, se rapprochant de la tragédie grecque et des mystères où les acteurs, des hommes uniquement, évoluent masqués dans des décors généralement fort dépouillés. Tout témoigne d'une nécessaire conscience de la fragilité d'un monde flottant et évanescent.

Êtes-vous stoïque ?

Les cellules adipeuses commencent à s'attacher à vous. Que faire ?

1. Il vous plairait de trouver une crème hyperefficace qui réglerait le problème... sans effort. Paresseuse, va !
2. Désespérée et furieuse, vous décidez de faire du sport et de vous mettre au régime.
3. Vous vous résignez : « C'est comme ça !! »
4. Vous vous plaignez : « Pourquoi le sort s'acharne-t-il sur moi ? »
5. Vous acquiescez à l'ordre du monde et vous VOULEZ votre cellulite !

Si vous avez répondu 1 ou 2 : vous êtes folle car vous prenez vos désirs pour des réalités.

Si vous avez répondu 3 : en plus d'avoir de la cellulite, vous renoncez à votre liberté.

Si vous avez répondu 4 : en plus d'avoir de la cellulite, vous vous affectez de ce qui ne dépend pas de vous (90 % des femmes ont de la cellulite : c'est hormonal – ni vous, ni moi, ni les Stoïciens n'y pouvons rien).

Si vous avez répondu 5 : bravo ! Vous prenez la réalité pour votre désir, mieux encore : pour votre volonté ! Vous n'êtes ni dans la plainte, ni dans le déni de la réalité, ni dans l'acceptation résignée du sort. Vous êtes libre, car vous voulez ce qui vous arrive.

Vous méritez de revêtir la tunique des Stoïciens. Peut-être vous honorera-t-on, comme Zénon, d'une couronne d'or ou vous fera-t-on construire un tombeau aux frais de la cité... enfin, du contribuable ?

L'harmonie, c'est à quel rayon ?

Si l'harmonie était facile à trouver, ça se saurait. Alors, comment y parvenir ?

Rappelez-vous tout d'abord que les événements ne dépendent pas de nous. En revanche, ce qui dépend de nous, c'est la façon dont ils nous affectent et le sens que nous leur donnons.

Vous pensez parfois que le monde entier vous en veut, que toutes les catastrophes pleuvent sur vous ? Votre ado a perdu l'usage de la parole, il ne s'exprime plus que par borborygmes lorsque vous croisez son grand manteau noir dans l'appartement ; votre petit dernier, votre petit poussin, vous dit : « Maman, chuis plus un poussin » ; votre meilleure amie fait du charme à votre cher époux ; votre patron veut vous muter à Rouperroux-le-Coquet ; et votre belle-mère a loué pour tout le mois d'août une grande ferme pour la « *Dallas* Party » de la décennie.

Persuadez-vous que le monde n'est pas votre ennemi (pas même votre belle-mère). Ce ne sont pas les événements qui vous tracassent, mais la façon dont ils vous affectent.

L'homme est malade de lui-même. Vous le savez bien, vous qui souffrez de ces petites maladies redoutables que l'on appelle « psychosomatiques ».

Socrate nous avait déjà enseigné que le mal vient de l'ignorance et des jugements que les hommes portent sur les choses. Changeons donc nos jugements, notre manière d'être et de penser. Une seule chose nous appartient et ne peut, quoi qu'il advienne, nous être enlevée : notre volonté de faire le bien et d'agir conformément à la raison.

Édifions donc une citadelle intérieure contre vents et marées ! Soyons indifférents à ce qui ne dépend pas de nous. Là seulement nous trouverons la liberté, l'indépendance, la tranquillité, l'harmonie et la cohérence, car « ceux qui vivent dans l'incohérence sont malheureux », écrit Zénon.

Il faut pour cela s'élever jusqu'à la Sagesse, le genre de connaissance de celui qui sait ce qu'il veut et le fait.

Petite gestuelle pour être sage :

1. Ouvrez votre main doigts étendus.
2. Contractez légèrement les doigts.
3. Fermez la main et serrez le poing.
4. Enveloppez le poing serré de votre autre main.

Ce sont là, de façon imagée, les 4 degrés de la connaissance : la représentation, l'assentiment à la représentation, la compréhension et la science que seul possède le sage.

L'essentiel, c'est d'essayer !

Savez-vous tirer à l'arc ? Non ? Vous manquez toujours la cible ?

Peu importe ! Comme on dit, l'essentiel est de participer, de viser en l'occurrence. La sagesse réside dans cet acte. Même si vous manquez la cible, la fin de l'action résidant dans le fait même de viser est déjà atteinte. Le bien suprême consiste à tout faire pour parvenir au but, même si la flèche peut ne jamais l'atteindre. La sagesse consiste alors à tendre vers la sagesse, de tout son être, de façon mesurée et raisonnable. Cela signifie que vous ne pouvez la manquer sous aucun prétexte à partir du moment où vous faites tout pour l'atteindre.

Vous pouvez donc être tranquille ! Heureuse, même dans le taureau de Phalaris.

Phalaris était un tyran qui faisait rôtir ses victimes dans un taureau de bronze creux.

Le sage stoïcien est celui qui accepte de rôtir tranquillement, d'une âme égale.

Alors, imaginez une situation digne du taureau de Phalaris...

Vous faites prudemment réviser votre voiture avant de partir en vacances et elle tombe néanmoins en panne en plein causse, un dimanche, à 13 heures, par une température d'au moins 40 °C (un peu moins que dans le taureau de Phalaris – réjouissez-vous).

Ne vous agitez pas (vous auriez d'autant plus chaud) : APATHIQUE, restez apathique ! Tout cela n'est plus votre affaire, puisque cette panne ne dépend pas de vous.

Ouf ! Vous pouvez avoir l'esprit tranquille ! Et ça repose !

C'est l'ataraxie !

« Encore ! » vous exclamerez-vous.

Oui. L'ataraxie est l'idéal de la Sagesse stoïcienne et épicurienne, même si le terme ne recouvre pas exactement la même réalité et que le chemin pour y parvenir s'avère fondamentalement différent.

ET SI LA PHILOSOPHIE ÉTAIT UN ŒUF ?

Bizarre ? Pas tant que cela.

La philosophie se divise en 3 parties. Voilà la raison d'être de l'œuf !

1. La coquille, douce au toucher, courbe et ferme, fragile mais néanmoins résistante, protège la vie qui croît à l'intérieur. C'est la logique. Une logique de la souplesse, qui connaît les choses pour ce qu'elles sont, en mouvement perpétuel. Ainsi le stoïcien ne dira pas : « L'arbre est vert », mais « L'arbre verdoie ».

2. Le jaune est la substance riche et nourrissante de l'œuf, l'élément central et vital. Les Stoïciens disent que c'est la physique, c'est-à-dire l'étude de la nature, de tout ce qui vit suivant les plans de la Providence.

3. Le blanc est la substance filante qui lie le jaune à la coquille, l'élément de cohésion du Tout. Les Stoïciens y voient la morale, identifiée à la recherche du bonheur, qui réside dans la connaissance de la logique et de la physique. On ne saurait comment se conduire pour atteindre le bonheur, sans une connaissance du Tout.

Et le sexe dans tout ca ?

On ne vous le cache pas : il va falloir résister aux tentations ! Pas d'abstinence, certes, mais de la modération en toutes choses.

Les Stoïciens s'en tiennent à la réalité sans y ajouter quelque jugement inspiré des passions, des désirs vains, des conventions. Inutile de vous dire qu'il est impératif de faire taire tous vos fantasmes ! Quelle est donc la réalité de l'union des sexes ?

« C'est le frottement d'un boyau et l'éjaculation, dans un spasme, d'un peu de morve », écrit Marc Aurèle, dans *Pensées pour moi-même*. Êtes-vous toujours tentée ?

Qu'en pensent les cyniques ?

Qu'est-ce qui vous empêche de vous masturber au bureau, en plein dîner de famille ou au jardin public ?

Pudeur, direz-vous, conventions sociales, règles élémentaires de savoir-vivre ? Autant de choses dont les Cyniques se moquent éperdument.

Ils se placent dans une rupture radicale avec le monde, avec les non-philosophes comme avec les philosophes.

Socrate fait descendre la philosophie dans la rue, les Cyniques la clochardisent !

Le cynisme est un choix de vie, celui de la liberté, et un exercice, celui de l'ascèse vers un idéal d'ataraxie (oui, encore), c'est-à-dire d'absence de trouble. Le chemin ascétique conduisant à ce bonheur tranquille s'avère toutefois fondamentalement différent de ce que nous avons rencontré chez les Stoïciens et les Épicuriens.

Ce parti pris existentiel ne va pas sans une certaine dose de paresse... contestataire et politique.

Une vie de chien

Si la tradition philosophique retient Diogène de Sinope [1] comme la figure la plus marquante de cette école philosophique, son fondateur est Antisthène, ami intime de Socrate et l'un de ses plus brillants disciples. Il restera fidèle à la pensée du Maître, dont il admirait l'endurance et l'impassibilité, à défaut de pouvoir l'imiter. Antisthène était – paraît-il – un grand coléreux.

Il fonde son école dans la banlieue d'Athènes, au Cynosarge, « le Chien blanc ». Avec fierté et arrogance, nos philosophes vont endosser le nom de « chiens ».

Tout d'abord, parce que, comme ces hors-la-loi, le chien vit selon la nature, supérieure à toute convention, mange et fornique en public, nu et sans besoin superflu.

1. Diogène de Sinope (v. 410 / v. 323 av. J.-C.).

Vivre à la manière des bêtes ! Voilà l'idéal cynique du cynique idéal, de celui qui, tel Diogène, se trouvera conforté dans son mode de vie en voyant une souris grignoter quelques miettes dans un coin.

Puis le cynique est bel et bien celui qui aboie contre toute forme de convention et d'oppression, et chique volontiers les mollets des passants, fussent-ils ceux d'Alexandre le Grand.

On raconte en effet qu'Alexandre vint un jour trouver le fameux Diogène dans son amphore (la tradition veut que ce soit un tonneau, mais le tonneau est d'invention celtique) pour lui accorder une faveur, n'importe laquelle. Diogène lui répondit : « Ôte-toi alors de là ; tu me fais de l'ombre ! »

Le cynique montre les crocs aux vaniteux et aux pédants.

Socrate devenu fou

C'est ainsi que Platon appelait Diogène, barbe et chevelure hirsutes, bure et besace, déambulant en plein jour une lanterne à la main et vociférant : « Je cherche un homme », ou traînant derrière lui un hareng.

Diogène recueille en effet la « manière de Socrate », mais infléchit toutefois son message philosophique. Alors que Socrate passait ses journées à discuter sur l'agora, sous les portiques, à l'ombre des temples, Diogène invective, interpelle grossièrement, provoque sans argumenter.

La grande opposition entre nature et convention est l'objet de nombreuses discussions philosophiques à l'époque. Mais chez les Cyniques, cette opposition est un choix de vie, un exercice permanent, qu'aucun discours philosophique ne justifie. Bien sûr, il y eut des discours publics, des entretiens entre maîtres et disciples, mais il ne nous reste aucun texte. En revanche, une kyrielle d'anecdotes nous rappellent que la philosophie est une discipline qui se pratique avant tout et qu'une démonstration simple vaut bien mieux parfois que de longs arguments. Ainsi, au cours d'une discussion laborieuse sur l'existence ou la non-existence du mouvement, Diogène se contenta de se lever et de marcher...

LE CYNIQUE : UN ROI FAINÉANT

Le cynique pourrait bien être l'un des personnages de la « saga » en huit romans et cinq nouvelles des *Rois fainéants*, d'Albert Cossery. Cet écrivain Égyptien de langue française élève le fainéant, va-nu-pieds, voleur, mendiant, au rang de roi. Cossery, comme ses personnages, fait de la paresse un art de vivre et une contestation d'un monde décadent, décervelé et inique. Tel Diogène dans son amphore, Cossery décide de faire fi de toutes les contraintes domestiques en vivant dans une chambre d'hôtel. Ne se levant jamais avant midi, il fit reporter la remise d'une décoration que devait lui décerner le ministre de la Culture !

Comment être cynique ?

L'apprenti cynique doit cultiver :

1. L'autarcie

Il est nécessaire de se suffire à soi-même. Diogène vous apprendra, par exemple, comment, en l'absence de votre homme, vous satisfaire vous-même sexuellement.

Regrettons avec lui qu'il ne suffise pas, de même, de se frotter quelque peu le ventre pour satisfaire la faim...

Les Cyniques aussi préconisent une hygiène de la faim : supporter la faim et la soif, les intempéries également, afin d'être libre et autonome.

2. La simplicité

Foin des mets délicats et compliqués ! Contentons-nous d'un simple poulpe cru (la cuisson est déjà la marque de la culture... la gastronomie ? n'en parlons pas !). Nous vous recommandons toutefois une grande prudence. Prenez le temps de mâcher correctement votre poulpe afin de ne pas mourir étouffé par la bête, comme Diogène. Quelle mort cynique !

3. L'absence de vanité

Les artifices et les luxes de la civilisation pervertissent l'homme, amollissent le corps et l'esprit.

« Sans cité, sans maison, sans patrie, miséreux, errant, vivant au jour le jour », voilà le cynique. Un S-D-F, qui aurait choisi de l'être.

Les artifices de la pensée ne sont pas moins redoutables et les Cyniques les dénoncent avec beaucoup d'humour. Platon définit l'homme, dans l'un de ses dialogues, comme un bipède sans plume. Diogène lance un poulet plumé au milieu de la foule en déclarant : « Voici l'homme de Platon. »

4. L'absence de pudeur

Pourquoi serions-nous pudiques ? Les animaux se cachent-ils pour copuler ? Pour les Cyniques, se masturber ou faire l'amour en public, comme Diogène ou Cratès et Hipparchia, participe du mépris des conventions sociales et de l'opinion.

QUINZE CONSEILS UTILES POUR ÊTRE HEUREUSE

1. Disciplinez vos désirs

Vous vous éparpillerez moins.

2. Pour vivre heureuse, vivez cachée

Ce n'est pas moi qui le dis, c'est Épicure !

3. Dans l'affliction, souvenez-vous des jours heureux

Il faut un temps pour tout.

4. N'oubliez jamais votre *tétrapharmacon*

Vous savez : ces 4 mantras pour atteindre le nirvana...

5. Faites tout comme si Épicure vous voyait

Non, promis, ce n'est pas un fantôme !

6. Vivez en conformité avec la nature

Ce n'est pas écolo, c'est utopique !

7. Cultivez la patience et l'abstinence

C'est faire preuve de stoïcisme.

8. Sachez distinguer ce qui dépend de vous et ce qui ne dépend pas de vous

Vous serez moins malheureuse.

9. N'abusez point des frottements masturbatoires

C'est fatigant à force !

10. Faites-vous citoyenne du monde...

... ou de l'Europe pour commencer.

11. Promenez-vous avec un hareng au bout d'une ficelle

Non, c'est une blague ! Laissez cette attitude à Diogène.

12. Jetez gobelets et écuelles

Les enfants s'en passent bien si Maman ne veille pas au grain !

13. Refaites votre garde-robe

Virez tout et ne conservez que les basiques.

14. Faites le vide dans les placards de votre cuisine

Foin de Nutella, Chipster, Coca et autres calamités de la société de consommation : vous DEVEZ avoir faim.

15. Faites un effort : apprenez à avoir du chien !

Vous deviendrez cynique en moins de deux !

chapitre 4

Comment penser, donc être ?
Suivez Descartes !

Que diriez-vous d'un hiver à Stockholm ?

Les touristes préfèrent plutôt y aller en été, car les hivers y sont rigoureux, comme l'expérimenta René Descartes à ses dépens. Que diable cet homme né dans les jardins de Touraine allait-il faire « au pays des ours et des glaces » ? Il fallut tout le charme et la douce autorité d'une reine pour l'attirer sous des cieux si hostiles.

Des cours particuliers

Christine de Suède sollicita M. Descartes par l'intermédiaire de Pierre Chanut, ami du philosophe et ambassadeur de France en Suède. Elle attisa sa curiosité par des interrogations sur l'amour, la haine et le souverain bien. Les réponses de Descartes furent claires : dans une lettre datée du 20 novembre 1647, il écrit que chacun peut résister à la violence des passions par la fermeté de sa volonté et que le contentement que l'on éprouve dans cette maîtrise est le véritable souverain bien. Qu'on se le dise !

Le philosophe se laissera néanmoins tenter par la reine. Christine, quant à elle, est captivée par la correspondance de cet homme qu'elle tient en « grande estime » et l'invite à répondre de vive voix aux questions qui tourmentent son royal esprit. Bref, elle lui demande de devenir son philosophe particulier et envoie l'amiral Flemming le chercher.

Les volontés de Sa Majesté sont pour Descartes des « commandements très absolus ». Il met en ordre ses affaires et s'embarque, non sans quelques réticences, pour sa dernière odyssée. Ah, le chant des sirènes... Et Christine est une si jolie reine !

Les leçons de philosophie ont lieu tous les matins à 5 heures dans la bibliothèque du palais. Fallait-il qu'il soit charmé par cette femme admirable « si éloignée de toutes les faiblesses de son sexe et si absolument maîtresse de toutes ses passions » pour se lever de si bon matin, partir en carrosse et traverser à pied le petit pont qui donnait entrée au palais, dans la nuit et le froid d'un hiver suédois ! Mais comment refuser quoi que ce soit à une jeunette de 23 ans, qui danse à l'occasion quelque ballet pour vous [1] ?

Christine n'attisera pourtant pas suffisamment la flamme. Descartes confesse que son esprit est gelé comme les eaux ; il rêve de retourner à son « désert » afin de poursuivre sa vie de libre penseur solitaire. « Je ne suis pas ici dans mon élément, avoue-t-il dans l'une de ses dernières lettres, le 15 janvier 1650. Je ne désire que la tranquillité et le repos. »

Le 1er février, au retour du palais, il est pris de frissons et la fièvre le gagne quelques jours plus tard. Le 11 février 1650, à l'âge de 53 ans, meurt René Descartes, sans doute fort confiant en la bonté de Dieu.

Et si nous faisions halte dans un poêle ?

Que diriez-vous d'une nouvelle pratique de la paresse ? Une méthode évidemment très cartésienne, dans la chaleur et la solitude reposantes d'une petite chambre chauffée où vous pourriez à loisir dormir dix heures par nuit et rêvasser tranquillement.

Il faut savoir que c'est dans une pièce telle que celle-ci, autrefois appelée « un poêle », que naquit la pensée moderne. Descartes apprécie tout particulière-

1. Christine joue le rôle de Diane dans *Diane victorieuse de l'amour*, lors des fêtes qui coïncident à peu près avec l'anniversaire de ses 23 ans. Descartes a alors un peu plus de 50 ans.

ment la saine chaleur dégagée par les poêles de faïence, qui évitent les désagréments des fumées et des courants d'air des cheminées à la française.

Cela se passe au cours de l'hiver 1619-1620, vraisemblablement sur les bords du Danube, dans la principauté catholique de Neuburg. Descartes n'a alors que 23 ans, il est plus ou moins engagé dans les troupes du duc de Bavière et, les premiers froids arrivant, il se demande où il lui sera donné de faire halte. Par chance, il ne trouve « aucune conversation qui le divertît vraiment » et se sent assez serein, sans souci ni préoccupation particulière, si ce n'est celle de trouver un lieu calme et paisible. Il loue une chambre chez l'habitant, dans laquelle il pourra passer l'hiver à l'abri du froid et des visites inopportunes.

Confort, paresse et tranquillité sont nécessaires pour bien penser.

La paresse est mère de toutes les vertus

Au matin, lové au creux de son lit jusqu'à 10 heures, mais l'esprit revigoré par une longue nuit de repos, Descartes méditait une philosophie nouvelle. Il eut alors la révélation des « fondements d'une science admirable » et de la voie qu'il devrait suivre désormais pour parvenir à la vérité.

Nous avons été enfants avant d'être hommes et nous sommes longtemps laissé gouverner par nos appétits ainsi que par des maîtres dont les enseignements ont souvent été contraires les uns aux autres. Il est alors impossible que nos jugements soient aussi purs et aussi certains que si nous avions eu l'usage de la raison dès notre plus jeune âge.

Au vu de ce peu d'assurance, la seule solution est de faire table rase de toutes nos opinions afin de les analyser et de les ajuster au niveau de la raison.

Faites preuve de bon sens : ne vous lanceriez-vous pas dans un régime si plus aucun de vos vêtements ne vous allaient afin de ne pas devoir racheter toute votre garde-robe ?

Ainsi, c'est à ces matinées de paresse que nous devons les idées les plus importantes du cartésianisme. Toutefois, Descartes se donnera encore dix-sept ans de réflexion avant de dévoiler ses méditations dans son fameux *Discours de la méthode*, où il expose, en français (donc en langue vulgaire) et non plus en latin, l'essentiel d'une nouvelle méthode inspirée des mathématiques.

LA PARESSE EST DIVINE

À l'époque classique, la paresse arrive en bonne place dans la liste des défauts les plus graves. Elle constitue une faute religieuse et l'un des sept péchés capitaux. Rappelons à toutes fins utiles les six autres : avarice, colère, envie, gourmandise, luxure et orgueil... De ces sept péchés suprêmes naissent tous les vices.

Pourtant, au paradis, Adam et Ève n'avaient rien d'autre à faire que de jouir béatement d'une paresse divine. Le travail symbolise la chute de l'homme : il est la punition infligée par un Dieu, qui, ayant travaillé six jours durant, Se repose pour l'éternité – à moins qu'Il ne doive « soutenir » Sa création et assurer une sorte de service après-vente, *ad vitam aeternam*...

Les rêveries d'un dormeur solitaire

Était-il bleu le beau Danube, avant que Johann Strauss ne compose sa fameuse valse à trois temps ? Chacun sait bien, en effet, depuis Oscar Wilde au moins, que « la nature imite l'art » ! Notre regard recrée dans la réalité ce qu'il a contemplé en art. Ainsi la nature peut-elle nous offrir chaque jour des ciels de Tiepolo, des jardins de Corot ou des couchers de soleil de Turner[1]. Cela ne réenchante-t-il pas le monde ?

Dans la nuit du 10 au 11 novembre 1619, Descartes fit trois rêves successifs. C'était la veille de la Saint-Martin, où l'on avait coutume en France de s'adonner à la débauche (le philosophe affirme néanmoins qu'il n'a pas bu de vin depuis trois mois). On raconte qu'en Touraine se déroulaient aussi des processions

1. William Turner (1775 / 1851) est le peintre anglais dont la nature « imite » les couchers de soleil jusqu'à la nausée, affirme Oscar Wilde.

nocturnes en souvenir des disparus (les Américains n'ont rien inventé avec Halloween).

Le 1er songe

Quoi qu'il en soit, Descartes aperçoit en songe des fantômes épouvantables et le collège de La Flèche où il a été élève. Il se dirige vers l'église pour prier Dieu lorsqu'un vent violent – l'esprit du mal, interprétera Descartes à son réveil – le pousse contre l'édifice. Des gens se trouvent là « droits et fermes sur leurs pieds » ; ils parlent : l'un dit qu'il doit donner quelque chose à un certain M. N., et Descartes pense que c'est un melon... (Sigmund Freud, à qui l'on a rapporté ce rêve, donnera au melon une connotation sexuelle... évidement !).

Souvent comparé à la pomme, le melon pouvait aussi signifier l'audace de Descartes voulant consommer le fruit de l'arbre de la Connaissance et rivaliser avec Dieu. Descartes évoque d'ailleurs dans sa correspondance la tentation biblique de « souhaiter être Dieu ». Ne veut-il pas en effet réinventer une science totale (totalité sphérique, comme le melon !), seul, à la façon dont Dieu crée le monde (sphérique lui aussi) ?

Le 2e songe

Tandis qu'il se rendort de ce premier songe, Descartes prie pour ne pas être puni de ce péché d'orgueil. C'est alors qu'il se réveille de nouveau avec une hallucination : il entend un grondement de tonnerre et voit des étincelles partout dans sa chambre... Foudres divines, sans doute !

Le 3e songe

Enfin, dernier volet de ce songe en triptyque : Descartes se voit à sa table de travail avec une encyclopédie. Mais lorsqu'il tend la main pour la saisir, il prend un autre livre : le *Corpus poetarum* (ouvrage de poésie qui lui était familier depuis le collège), l'ouvre au hasard et tombe sur ce vers du poète latin Ausone : « Quel chemin suivrai-je en la vie ? »

Au matin, il se réveille gaillard et plein d'entrain, animé d'un terrible amour de la vérité, dont la quête sera désormais toute sa vie, et bien décidé à employer toutes les forces de son esprit à choisir le chemin qu'il devra emprunter.

Fort d'une telle certitude, il quitte la solitude de son poêle souabe pour se jeter dans le monde, l'âme vaillante et le cœur à croiser le fer. « Car c'est véritablement donner des batailles que de tâcher à vaincre toutes les difficultés et les erreurs qui nous empêchent de parvenir à la connaissance de la vérité », écrira Descartes dans le *Discours de la méthode*.

Aussi, « l'hiver n'était pas encore bien achevé que je me remis à voyager ».

La recherche de la vérité dans le « grand livre du monde »

Ayons l'âme mousquetaire

Descartes reprit le mousquet afin de continuer à voir du pays.

Il s'était résolu, dès sa sortie du collège de La Flèche, en 1615, à passer sa jeunesse à voyager, « à voir des cours et des armées, à fréquenter des gens de diverses humeurs et conditions, à recueillir diverses expériences », afin de s'éprouver lui-même et de mettre à l'épreuve l'enseignement de ses maîtres.

Car les sciences et la philosophie en particulier lui semblaient n'être qu'un champ de bataille sur lequel s'affrontent les esprits les plus illustres. Leurs contradictions lui avaient brouillé le cerveau : « Il me semblait n'avoir fait autre profit, en tâchant de m'instruire, sinon que j'avais découvert de plus en plus mon ignorance. »

Peut-être trouverait-il plus de vérité dans le monde ? Il fréquenta alors les cours des princes, s'engagea dans l'armée de Maurice de Nassau, et partit pour Breda, aux Pays-Bas, dans le but de « recueillir diverses expériences » et d'étudier de près les usages et les mœurs propres à chaque peuple.

Descartes apprit de la lecture du « grand livre du monde » que les choses les plus extravagantes et ridicules pour nous peuvent paraître normales à d'autres et qu'en matière de vérité il fallait se défier des coutumes et des traditions.

Ah ! Il fait un bien curieux mousquetaire ce philosophe qui s'engage dans l'armée en touriste et commence une campagne en cherchant un endroit où se reposer pour l'hiver !

« Descartes : à poêle ! à poêle ! » [1]

Non, mesdames, au risque de vous décevoir, M. Descartes n'ôtera pas le masque !

Comme les comédiens, « au moment de monter sur ce théâtre du monde où, jusqu'ici, je n'ai été que spectateur, je m'avance masqué ». Solitaire et discret, Descartes préfère se protéger des curieux et demeure toujours à bonne distance du spectacle du monde, refusant de participer aux comédies qui s'y jouent.

D'ailleurs, s'il voyage, c'est aussi pour échapper aux contraintes sociales et politiques de son pays et assurer sa liberté de penser.

À Paris, il ne connaît aucun répit. Son petit refuge du faubourg Saint-Germain est vite découvert et il est « accablé de visites ». Ce serait toutefois une erreur de rompre avec toute vie mondaine. Il se lie d'amitié avec les plus grands mathématiciens français de l'époque et retrouve le père Marin Mersenne, camarade de ses années d'études à La Flèche et grand savant de son temps, avec lequel il entretient une abondante correspondance.

Ces amis constitueront une sorte de « plaque tournante » du cartésianisme, lorsque notre « Richelieu intellectuel » [2] ne pourra plus sentir la France et tirera sa révérence.

1. Nous devons cet irrévérencieux jeu de mots à Raymond Queneau.
2. L'expression est de Paul Valéry, « Le retour en Hollande », *in Variétés II*.

De l'air, de l'air !

L'air de Paris ne le disposant qu'« à concevoir des chimères au lieu de pensées de philosophe », Descartes va prendre l'air en Hollande à l'automne 1628.

Le cannabis n'est pas encore en vogue mais l'esprit de liberté et d'indépendance souffle déjà sur le pays. La Hollande est par conséquent la destination idéale de celui qui, comme Descartes, veut être libre de cheminer vers la vérité.

Toutes les conditions semblent à présent réunies pour mettre en œuvre le projet hardi qu'il avait entrevu des années auparavant sur les bords du Danube : « Bâtir dans un fond où tout est à moi. » Il possède une grande expérience du monde, une nécessaire maturité – il a 33 ans – et jouit de la quiétude d'une solitude bien gardée et d'une demeure bien chauffée.

Et il a compris ce que toute paresseuse devrait méditer : la source de toute connaissance se trouve dans l'esprit. Inutile de se fatiguer à aller chercher plus loin ! Si vous savez juger et raisonner sur les choses, si vous avez reçu, comme Descartes, l'éducation d'un « honnête homme », alors vous pouvez quasi vous reposer sur vos oreillers !

Soyez philosophe !

Avez-vous une bonne réputation ?

Ah ! le bon air de Hollande est décidément une bénédiction. « Je deviens si philosophe, que je méprise la plupart des choses qui sont ordinairement estimées », écrit Descartes à l'écrivain Guez de Balzac. Au diable les honneurs et la renommée : rien ne vaut la recherche tranquille de la vérité ! Et en Hollande, « chacun y est tellement attentif à son profit, que j'y pourrais demeurer toute ma vie sans jamais être vu de personne » [1], se réjouit Descartes.

1. *Lettre à Guez de Balzac*, du 5 mai 1631.

Donc, « le repos vaut mieux que la gloire »...

Soyez convaincue que le souci de votre réputation vous apportera plus de désagréments que de bonheur car « elle diminue toujours en quelque façon la liberté et le loisir de ceux qui l'acquièrent », confie Descartes à son ami Mersenne.

Regardons de plus près :

1. Comment se fait une réputation ?

Les critères paraissent flous et incertains. Tout ce que l'on peut suggérer, c'est que l'on ne maîtrise pas ce phénomène constitué en grande partie d'apparence, de jugements hâtifs et de « on-dit ».

2. Comment se maintient une réputation ?

Difficile à dire compte tenu de l'obscurité du premier point. On peut toutefois remarquer que cela demande beaucoup d'efforts et un travail acharné...

Premièrement, il faut être attentive à ce qui se dit de vous : « une peau de vache hautaine et méprisante, prête à croquer tous les hommes qui s'approchent d'elle », par exemple.

Deuxièmement, il faut se montrer à la hauteur de sa réputation. Donc :

- fini de sortir de chez soi non maquillée et mal sapée ;
- la hauteur et le mépris, ça se travaille physiquement ;
- se procurer les guides de la mante religieuse et de la garce au bureau (au hasard, *Comment être boss... sans être garce ?*, *Les Hommes préfèrent les garces*, tous deux aux Éditions Marabout).

3. Comment se défait une réputation ?

Beaucoup plus vite que vous ne le pensez et en moins de temps qu'il n'en faut pour le dire. Soyez sympa une seule fois et c'est fichu !

Pour résumer :

Une réputation se fait on ne sait comment, se tient difficilement et se défait en un tournemain.

Cela en vaut-il la peine ? Non.

Premièrement, c'est beaucoup trop laborieux, surtout pour une paresseuse.

Deuxièmement, vous risquez de devenir ce que vous n'êtes pas en cherchant à vous conformer à votre bonne ou mauvaise réputation.

Au contraire, se moquer comme d'une guigne de ce que les autres pensent de vous vous ôtera maints sujets d'inquiétude. Votre esprit en repos pourra alors s'appliquer aux choses vraiment importantes : VOUS et comment conduire VOTRE vie.

Savoir se reposer est la meilleure façon de travailler !

Ne commencez-vous pas à croire que Descartes, honnête homme et homme honnête, tranquille, sincère, paresseux juste ce qu'il faut, constituerait... le Prince Charmant ?

Un esprit sain dans un corps sain

Préparez-vous psychologiquement

Vous connaissez les expressions : « Sain de corps et d'esprit », « Un esprit sain dans un corps sain », etc. Loin des idées reçues, tous les philosophes ne méprisent pas le corps au profit de l'âme, et Descartes nous invite à penser l'union de ces deux substances* de natures si différentes. L'âme ne loge pas dans le corps comme un pilote dans son navire, nous prévient-il. Les deux sont unis, pour le meilleur et pour le pire – enfin pas tout à fait car l'âme est immortelle. Pouvez-vous imaginer une belle âme dans un navire en décrépitude ? Mais un navire flambant neuf serait-il mené à bon port s'il était mal gouverné ? Non, pour sûr, il finirait par s'abîmer en mer.

Avoir un corps de rêve, c'est bien ; avoir un esprit de rêve, c'est mieux ; et harmoniser l'être et le paraître, c'est parfait. Souvenez-vous, les Grecs appelaient cela : être *kaloskagathos*, c'est-à-dire « bel et bon ».

Faites en sorte que les apparences ne soient pas trompeuses, car, si un homme vous aborde, attiré (quoi qu'il en dise) par des « arguments » peu spirituels, et qu'il prend congé dès que vous engagez la conversation, vous ne « conclurez » jamais. Par ailleurs, si vous n'avez aucun « argument », vous ne conclurez pas non plus.

Soyez *kaloskagathos*...

Pour cela, inutile de vous « remplir » l'esprit : il faut au contraire le former, apprendre à penser, c'est-à-dire à naviguer en évitant les naufrages. Bref, il vaut mieux une tête bien faite plutôt qu'une tête bien pleine.

Mais pour rendre les actes intellectuels plus faciles, exercices et habitudes sont INDISPENSABLES. Rassurez-vous : cette gymnastique peut être pratiquée au lit, le matin entre 8 heures et 10 heures.

Trouvez la motivation

1. Dans quel but pratiquer cette discipline ?

Le *Discours de la méthode* est clair sur ce point : il s'agit de transformer l'homme et le monde, « de se rendre comme maîtres et possesseurs de la nature ».

2. Si vous ne le faites pas ?

Vous vous comporterez soit comme ces personnes trop sûres d'elles-mêmes qui se hâtent sans prudence et se plantent, soit comme celles qui se sous-estiment et s'en remettent toute leur vie aux opinions des autres.

3. Choisissez votre coach

Un homme très rationnel et méthodique s'impose. Quelqu'un de calme, de mesuré, à la volonté inébranlable, qui saura vous tenir dans le droit chemin. Bref, quelqu'un de cartésien.

Ça ne pouvait pas mieux tomber étant donné que nous avons Descartes sous la main !

Ne négligez pas l'hygiène

Règle n° 1 : dormez tout votre soûl

« Je dors ici dix heures toutes les nuits, écrit Descartes à Guez de Balzac le 15 avril 1631, et sans que jamais aucun soin ne me réveille ; après que le sommeil a longtemps promené mon esprit dans des buis, des jardins, et des palais enchantés, où j'éprouve tous les plaisirs qui sont imaginés dans les fables, je mêle insensiblement mes rêveries du jour avec celles de la nuit ; et quand je m'aperçois d'être éveillé, c'est seulement afin que mon contentement soit plus parfait. »

Règle n° 2 : détendez-vous

« Je puis dire, avec vérité, que la principale règle que j'ai toujours observée en mes études, et celle que je crois m'avoir le plus servi pour acquérir quelque connaissance, a été que je n'ai jamais employé que fort peu d'heures, par jour, aux pensées qui occupent l'imagination, et fort peu d'heures, par an, à celles qui occupent l'entendement* seul, et que j'ai donné tout le reste de mon temps au relâche des sens et au repos de l'esprit. » [1]

---

1. Descartes, *Lettre à Élisabeth*, 28 juin 1643.

Optimisez votre potentiel

« Le bon sens est la chose du monde la mieux partagée »... C'est sur cette idée très optimiste, une conception presque démocratique de la raison, que commence le *Discours de la méthode*.

Ce « bon sens » est sans doute le plus extraordinaire potentiel dont nous disposons. Mais – car il y a un mais – imaginez-vous une clef à molette entre les mains... sans aucune idée des subtilités de son maniement, c'est-à-dire sans mode d'emploi : ce précieux outil ne vous sera d'aucune utilité.

Il en va de même pour la raison : les règles de son usage ne nous sont pas données à la naissance. Sans compter que l'éducation peut déformer le précieux instrument ou l'atrophier en prenant l'habitude de ne l'utiliser qu'occasionnellement – sans doute de peur qu'il ne s'use... En effet, comme le remarque Descartes, on nous apprend davantage des pensées qu'on ne nous apprend à penser. Car, pour cela, il faut une excellente méthode, et personne ne semble juger important de nous l'enseigner.

Comment devenir une personne accomplie ?

Prenez conscience de votre médiocrité

Comme Descartes, vous êtes consciente de la courte durée d'une vie humaine et vous savez que vous n'êtes pas douée de qualités exceptionnelles mais seulement médiocres (ne vous vexez pas ! *médiocre* signifie étymologiquement « moyen » et non « mauvais »). Pendant toute votre scolarité, vous n'avez pas particulièrement brillé et, pendant des années, vous avez lu sur vos carnets de notes : « Passable, peut mieux faire. »

Oui ; mais comment faire mieux ? comment optimiser vos possibilités ? comment apprendre à se servir de sa raison ?

Soyez ordonnée et méthodique

« J'ai formé une méthode, par laquelle il me semble que j'ai moyen d'augmenter par degrés ma connaissance, et de l'élever peu à peu au plus haut point, auquel la médiocrité de mon esprit et la courte durée de ma vie lui pourront permettre d'atteindre. »

Il est regrettable que nous devions attendre au mieux l'année de Terminale pour découvrir enfin le remède de tous nos maux, la méthode infaillible du bon développement de l'individu et de l'accomplissement harmonieux de la personnalité.

Ayez une pensée émue et reconnaissante pour le professeur de philosophie que vous accusiez injustement de vous perdre dans les labyrinthes obscurs de sa pensée ! S'il vous perdait, c'était pour mieux vous guider, mon enfant, telle Ariane déroulant sa bobine de fil pour l'ingrat Thésée – il l'abandonne ensuite, comme vous avez abandonné votre « Maître à penser » : conclusion nécessaire de toute bonne éducation [1]...

LES 4 RÈGLES DE LA GYMNASTIQUE SUÉDOISE

C'est une méthode universelle dont les préceptes sont inspirés de la démonstration mathématique. Pour bien diriger votre esprit, rien ne vaut cette gymnastique dont les règles claires et distinctes sont énoncées par Descartes dans la première partie du *Discours de la méthode*. Voici quelques positions simples et rationnelles utiles en toutes circonstances [2] :

1. Sachez que, pour la même raison, vos enfants vous abandonneront. Il vaut mieux être prévenue : ils sont tous comme les fils d'Œdipe, Étéocle et Polynice, abandonnant leur géniteur qui vient de se crever les yeux pour n'avoir pas « vu » qu'il tuait son père et épousait sa mère. Mais vous pouvez avoir la chance, comme Œdipe, d'avoir une fille comme Antigone, qui guide son papa dans sa fuite aveugle.

2. Nous attirons votre attention sur le fait que la gymnastique suédoise existe bel et bien. Cette méthode du Suédois Ling (1776 / 1839) est enseignée à l'Institut de gymnastique de Stockholm et a été connue en France à partir du XIXe s.

1. « Ne recevoir aucune chose pour vraie que je ne la connusse évidemment être telle. » Refusez de donner votre assentiment à ce qui n'est pas évident.
2. « Diviser les difficultés en autant de parties qu'il se pourrait. »
A-na-ly-sez, décomposez et voyez comment les causes et les effets s'enchaînent. Plusieurs petites difficultés sont plus simples à résoudre qu'une grosse.
3. « Conduire par ordre ses pensées, allant par degrés du simple au composé. »
Avant de courir, apprenez à marcher.
4. « Faire des dénombrements si entiers et des revues si générales que je fusse assuré de ne rien omettre. »
Vérifiez chaque étape de votre raisonnement afin de vous assurer de sa solidité.

Lorsqu'on est paresseux, il faut bien se donner une discipline ! Descartes en sait quelque chose, lui qui avoue à son ami Mersenne qu'il « passe si doucement le temps », si agréablement dans sa langueur, en s'instruisant tranquillement lui-même, qu'il faut qu'il se contraigne pour écrire. Bref, il ne va à sa table de travail que d'une fesse !
Analysez donc à la lumière de cette méthode toutes les questions qui obscurcissent votre esprit, même les plus existentielles, et vous verrez vos horizons s'éclaircir considérablement.

Expérimentez un exercice d'endurance : le doute

Cette gymnastique suédoise vous conduira le plus sûrement du monde à la vérité – à vous d'en faire bon usage. Comment procéder ? Il faut avant toute chose établir des principes certains sur lesquels vous pourrez ensuite bâtir l'édifice de la philosophie.

Du calme ! Pas d'inquiétude, pas d'angoisse ! On ne va pas faire de vous un pauvre hère limite cinglé, du style « Qui suis-je, d'où viens-je, où vais-je ?... ».

Nous allons rechercher tranquillement votre identité en pratiquant un doute pépère et méthodique. Descartes est-il un sceptique ?

QUIZ SUR LE SCEPTICISME

Un sceptique est quelqu'un :
1. qui croit que tout est faux ?
2. qui passe son temps à tout critiquer ?
3. qui suspend son jugement ?
Réponse 3 : qui suspend son jugement.

Les sceptiques (littéralement « les interrogateurs ») déclaraient que nos opinions ne sont ni vraies ni fausses. Nous ne pouvons jamais décider, alors autant pratiquer l'*épochè*, c'est-à-dire l'« arrêt », la « suspension » du jugement. Pyrrhon, le sceptique le plus célèbre de l'Antiquité, affirmait très sérieusement qu'il n'y a ni beau, ni laid, ni juste, ni injuste, que rien n'existe, que rien n'est vrai ni faux non plus. Seule certitude : nous devons douter de tout.

Le doute cartésien n'a rien à voir avec le scepticisme à l'antique, ni même avec le scepticisme classique d'un Montaigne qui s'arrête à la question : « Que sais-je ? » Si entre toutes les réponses possibles le cœur de Montaigne balance, Descartes doute résolument mais finit par affirmer clairement et distinctement des réponses indubitables.

Nous ne devons pas nous contenter de suivre Descartes dans sa démonstration, mais expérimenter nous-mêmes le doute. Toutefois, les considérations qu'il expose dans la quatrième partie du *Discours* sont « si métaphysiques et si peu communes qu'elles ne seront peut-être pas au goût de tout le monde ».

Procédons avec ordre et méthode

1. Mettons en doute les sens

Au moins une fois dans notre vie, nous devons prendre résolument la décision de détacher notre esprit des choses sensibles. En effet, une grande partie de nos connaissances vient des sens, qui peuvent parfois nous tromper. L'incertitude des données sensorielles n'est plus à démontrer et nous en avons tous fait l'expérience.

Toutefois, comment douter, par exemple, à moins d'être folle, que vous êtes assise là, sur votre canapé ou dans le métro, vêtue d'une petite robe noire, ayant ce livre entre les mains ? Vous ne pouvez douter que ces mains et ce corps soient à vous !

Mais, objecterait Descartes, n'avez-vous jamais rêvé que vous étiez tout habillée, assise sur votre canapé ou dans le métro, quoique vous fussiez toute nue dans votre lit ? Vous ne pouvez le nier, car les impressions du rêve ne sont parfois pas moins « réelles » que la réalité elle-même. Alors, qu'est-ce qui vous dit que vous ne rêvez pas ?

Allez hop ! Les sens sont trompeurs : on les vire ! Et d'un !

DESCARTES VU PAR MICHEL FOUCAULT

Sommes-nous comme ceux-là qui « s'imaginent être des cruches ou avoir un corps de verre » ? « Mais quoi, s'exclame Descartes, ce sont des fous ! » Il n'y a que des fous pour nier l'évidence sensible immédiate.
Dans l'*Histoire de la folie*, Michel Foucault a vu dans cette formule cartésienne l'expression du partage entre raison et folie. Ce que dit vraiment Descartes, c'est que le sujet qui pense ne peut pas être fou : on ne peut pas supposer, « même par la pensée, qu'on est fou car la folie justement est condition d'impossibilité de la pensée », écrit Foucault. Selon lui, l'argument de la folie invoqué par Descartes dans la première des *Méditations métaphysiques* cristalliserait dans le domaine de la pensée ce que le XVIIe s. mettait en place sur le plan social avec « le grand renfermement » qui excluait les fous de la société. C'est en 1656 que l'on fonde en effet à Paris l'Hôpital général, destiné à isoler les individus asociaux au comportement « déraisonnable ».

2. Révoquons en doute les mathématiques

Les raisonnements mathématiques peuvent aussi nous conduire à des erreurs. Bien sûr, ce n'est pas parce qu'un étourdi se trompe que les mathématiques sont fausses. Mais imaginons que Dieu ou, mieux encore, un malin génie, « non moins rusé et trompeur que puissant », nous induise en erreur chaque fois que nous posons 2 + 2 = 4.

Il nous faudrait alors conclure que ce sont les fondements mêmes de cette science qui se trouvent sapés.

Les mathématiques sont fausses : au panier ! Et de deux !

Voilà du beau travail ! Nous sommes au point hyperbolique du doute : tout ce qui m'a donné, une fois seulement, l'occasion de douter doit être considéré comme ABSOLUMENT FAUX !

Le monde n'est qu'un songe, la pensée n'est qu'une illusion...

Non, non ! Descartes n'a jamais fumé de *laughing philo* [1] !

Sur quel oreiller nous reposer alors ?

Si nous remettons en doute toutes nos certitudes, que nous faisons table rase de toutes nos croyances, sur quel mol oreiller allons-nous pouvoir nous reposer ?

Nous sommes dans une phase critique du processus : nous voguons sur l'océan du Doute et aucune terre ferme ne se dessine à l'horizon que nous scrutons pourtant attentivement.

Mais pendant que nous cherchons la vérité, la vie continue. Il nous faut agir, choisir sans réfléchir indéfiniment, car être irrésolu pourrait se révéler fatal. La connaissance est une chose, l'action en est une autre. Elle ne laisse pas toujours à l'homme la possibilité d'évaluer clairement une situation.

1. Variété d'herbe que vous pouvez choisir sur la carte des consommations d'un *coffee shop* à Amsterdam.

C'est là que nous aurions besoin de quelques règles simples à suivre en toutes circonstances... Cela tombe bien : Descartes a ce qu'il nous faut en stock.

Kit de survie pour gérer prudemment toute difficulté pratique :

- « Obéir aux lois et coutumes de son pays. » Surtout ne faites pas de vague, suivez toujours les opinions les plus modérées en tout.
- « Être le plus ferme et le plus résolu en mes actions que je le pourrai. » Il faut toujours gérer fermement l'incertitude.
- « Tâcher plutôt à me vaincre que la fortune et à changer mes désirs que l'ordre du monde. » Renoncez pour votre tranquillité à tout désir irréalisable.

Descartes nous propose une morale assez conventionnelle, certes, mais qui a l'avantage de ne provoquer aucun trouble. Faite de prudence, de détachement et de recul critique, elle vous laissera tout loisir de vous consacrer paisiblement à la recherche de la vérité. Avec une telle méthode, chaque problème trouve une solution juste et rapide sans tergiversation ni expectative.

Descartes, au secours !

Pour la pratique, O.K. ! nous possédons un kit de survie. Mais pour la théorie... nous nageons toujours en plein doute. Nous avons fait passer par-dessus bord toutes nos certitudes mais nous ne voyons toujours rien venir à l'horizon : le fondement inébranlable que l'on nous promet ne serait-il qu'un miroir aux alouettes ?

En revanche, nous voyons s'éloigner notre cavalier français parti d'un si bon pas [1]. Il nous laisse le champ libre, car c'est dans la solitude de notre conscience que nous devons faire l'expérience qui suit...

1. « Descartes, dans l'histoire de la pensée, ce sera toujours ce cavalier français qui partit d'un si bon pas », écrit Charles Péguy (1873 / 1914).

Que se passe-t-il justement dans votre conscience ?

Le champ libre ! Tu parles : c'est un champ de bataille !

Expérimentez le doute, disait-il... Mais c'est quasi se mettre à l'épreuve du feu !

Résultat : je ne crois plus en rien ! Toutes mes certitudes, toutes mes opinions, tout ce que j'ai appris péniblement jusqu'alors (même les tables de multiplication – le calvaire de mon enfance), pff... envolés, révoqués en un doute « hyperbolique » comme dit l'autre...

Sans compter les heures de suédoise : exercices simples et rationnels – mais tout de même, c'est fatigant !

Vous êtes épuisée et dépitée mais vous allez comprendre à quel point il est important d'avoir l'esprit bien fait. Les heures de gymnastique spirituelle n'ont pas été vaines et vous allez enfin en récolter les fruits. Sur l'océan du Doute surgit un îlot de Certitude et ce n'est pas un mirage. Inutile de scruter l'horizon : c'est sous votre nez (enfin, façon de parler).

Pour fonder la philosophie de façon inébranlable, je consens à faire encore un petit effort. Je doute parce que JE LE VEUX... Volontaire, je suis volontaire et méthodique : je rejette « la terre mouvante et le sable pour trouver le roc et l'argile ».

1. Il n'y a aucune chose qui est telle que nos sens nous la font imaginer.
2. Je suis faillible, aussi dois-je rejeter toutes les raisons que j'avais prises jusqu'alors pour démonstration.
3. Toutes mes pensées ne sont pas plus vraies que les illusions de mes songes...

... Mais pendant que je veux ainsi considérer que tout est faux, il faut bien que moi, qui le pense, je sois quelque chose : *Cogito, ergo sum*, « Je pense, donc je suis » !

Alléluia ! Voilà la première certitude émergeant du doute !

Votre bouée existentielle

Voilà votre première certitude : « Je suis. » Le *Cogito* est votre bouée existentielle, le premier principe, la première vérité fondée sur la clarté et la distinction, marques infalsifiables du vrai. Vous pouvez dire en étant sûre de ne pas vous tromper :

1. « Je doute. »
2. Il existe un « je », qui doute.

Le *Cogito ergo sum* est une intuition, une saisie immédiate par l'esprit d'une évidence indubitable. La pensée est la seule expérience à ne pas pouvoir être mise en doute. Cette idée est assez audacieuse car elle va à l'encontre d'une opinion selon laquelle les choses sensibles sont les plus évidentes à connaître. Pourtant, alors que je peux douter de mon propre corps, je ne peux douter de ma pensée : la pensée est plus aisée à connaître que le corps.

RATIONALISME ET EMPIRISME* : DESCARTES CONTRE LOCKE

Le rationalisme cartésien s'oppose à l'empirisme de John Locke[1], qui pense l'âme comme une table rase que l'expérience va peu à peu graver. Locke affirme, contre Descartes, la primauté de l'observation des phénomènes : ces derniers fournissent à notre esprit les matériaux de toute pensée et la réflexion ne vient qu'après la sensation.
Pour David Hume[2], disciple de Locke, les perceptions qui constituent la matière de notre esprit sont de deux genres distincts : les impressions (sensations, passions, émotions) et les idées. Ces dernières ne sont que les images laissées dans la pensée par les impressions. Cela signifie par conséquent que toutes nos connaissances viennent directement ou indirectement des sens. L'empiriste, contrairement au rationaliste, ne croit qu'à l'expérience.

1. John Locke (1632 / 1704) est le véritable instigateur de l'empirisme anglais.
2. David Hume (1711 / 1776) est le grand philosophe empiriste du XVIIIe s. anglais.

Expérience : faites fondre un morceau de cire

Si vous pensez encore que les choses matérielles sont les plus faciles à connaître et que votre esprit est un vagabond qui se plaît à vous égarer, cette expérience vous prouvera votre erreur :

1. Prenez un morceau de cire « qui vient d'être tiré de la ruche ». Il a encore la douceur du miel qu'il contenait et l'odeur des fleurs dont il a été recueilli. Il est dur, froid et maniable. Toquez dessus : il rendra quelque son.

2. Approchez la cire d'une flamme et observez : la saveur de la cire s'exhale, son odeur s'évapore, sa couleur change, sa forme se perd. Elle devient liquide ; et si vous essayez de taper dessus, vous n'entendrez plus rien et surtout vous vous brûlerez les doigts.

Que reste-t-il des qualités de la cire que vous aviez remarquées par l'entremise des sens (vue, toucher, odorat, ouïe) ? Rien. Pourtant – vous en conviendrez – la cire demeure. Ce qui vous permet donc d'affirmer que cette matière fondue et informe est encore de la cire, c'est uniquement une « inspection de votre esprit ».

Conclusion : les qualités sensibles d'une chose sont variables et seul l'esprit peut découvrir la permanence de sa nature.

« Suis-je, vous demandez-vous parfois, ou tout cela n'est-il qu'illusion ? »

« Je suis, puisque je pense...

Mais que suis-je ? interrogez-vous encore. Je suis une *res cogitans*, une "chose pensante", c'est-à-dire une chose qui doute, qui conçoit, qui affirme, qui nie, qui veut, qui ne veut pas, qui imagine aussi et qui sent » [1]. Voilà de quoi calmer vos angoisses métaphysiques, non ?

Quel que soit l'objet visé par votre pensée, en tant que « sujet pensant », vous en êtes toujours le centre. Que vous pensiez une chèvre ou une chimère, il n'est pas moins vrai que VOUS pensez l'une et l'autre. Vous êtes par conséquent « une chose dont toute l'essence réside dans la pensée », vous êtes un esprit.

Le doute s'arrête devant la certitude immédiate de la conscience de soi, symbole de la métaphysique cartésienne et fondement de la philosophie moderne. Descartes définit en effet la pensée par la conscience, c'est-à-dire par le savoir immédiat de soi-même : « Par *pensée*, je comprends tout ce qui est tellement en nous que nous l'apercevons immédiatement par nous-mêmes et en avons une connaissance intérieure ; ainsi toutes les opérations de la volonté, de l'entendement, de l'imagination et des sens sont des pensées. »

Descartes affirme que la conscience est l'essence de la pensée et c'est à cette conviction que se rattacheront certains philosophes du XXe siècle, comme Jean-Paul Sartre, qui refuseront l'idée d'une pensée inconsciente.

DOCTEUR FREUD CONTRE DESCARTES

Sigmund Freud, neurologue et psychanalyste viennois, découvre un continent obscur et encore inconnu avant lui : l'inconscient, dont il deviendra le plus grand explorateur. En bons cartésiens, nous pensions être en mesure de nous « gouverner » avec clairvoyance. Si notre volonté est toute-puissante, nous ne maîtrisons pas pour autant les raisons inconscientes qui agissent sur cette volonté et qui motivent nos choix. Nous sommes aveugles et ignorants des mobiles qui nous font agir et la plus grande partie de notre psychisme est inconsciente. Songez à la vexation que le grand prêtre de la psychanalyse inflige alors à l'humanité ! Nous avions déjà dû supporter Galilée, démontrant que la Terre n'est pas le centre de l'univers, et Darwin, révélant notre peu glorieuse ascendance : le singe ! Mais Freud ne recule devant rien afin d'éclairer la conscience sur son inconscience ! Il ne craint pas de l'affirmer : « Le Moi n'est pas maître dans sa propre

1. Descartes, *Méditations métaphysiques*, II.

demeure. » Il vit en colocation avec deux instances opposées et tyranniques : le Ça (réservoir de pulsions inconscientes) et le Surmoi (qui surveille et punit). Vous ne pouvez satisfaire le Ça sans que le Surmoi vous étouffe par un sentiment de culpabilité insupportable, et vous ne pouvez répondre scrupuleusement aux exigences du Surmoi sans que le Ça se déchaîne : rêves, actes manqués, symptômes ou encore phénomènes compulsionnels de toutes sortes.

Vous vous sentez un peu seule ?

On dit que la pensée cartésienne est solipsiste [1]. C'est en effet dans la solitude de sa pensée et de son poêle que Descartes découvre le *Cogito*, c'est-à-dire la réalité d'un sujet pensant qui semble être seul au monde. Autrui ne joue aucun rôle dans la prise de conscience de soi.

Le *Cogito* est la première vérité conquise grâce au doute méthodique : ce qui reste lorsque tout fout le camp, constituant quelque chose de stable et de permanent sous le changement.

Mais le « moi » du *Cogito* reste temporel et contingent, il « connaît peu de chose » et « en ignore beaucoup », confesse Descartes au début de la *Troisième Méditation*.

La certitude de mon existence ne me permet pas de conclure l'existence de quoi que ce soit à l'extérieur de moi... On finit par se sentir un peu seul !

C'est ici que Descartes nous fait faire un bond vers Dieu, comme fondement nécessaire de la certitude. Désirez-vous une preuve de son existence ?

Nous vous proposons la preuve ontologique de l'existence de Dieu, que Descartes reprend de saint Anselme [2] en la modifiant toutefois quelque peu.

---

1. *Solipsisme* signifie littéralement « seul avec soi-même ». C'est l'idée selon laquelle il n'y aurait pour un sujet d'autre réalité que lui-même.

2. Théologien et philosophe, abbé en Normandie et archevêque de Canterbury, saint Anselme (1033 / 1109) chercha à interpréter rationnellement la foi chrétienne. Il découvrit notamment l'existence de Dieu à partir de la seule réflexion sur Son idée. Si vous pensez réellement l'idée de Dieu, vous ne pouvez que conclure à Son existence.

Vous avez en vous, comme Descartes, l'« idée » de Dieu, c'est-à-dire d'un être absolument parfait. Mais vous-même êtes imparfaite : la preuve en est, entre autres, que vous doutez. D'où peut bien venir alors la représentation que vous vous faites d'un être parfait, si ce n'est d'un être au moins aussi parfait que cette représentation ?

L'idée d'un Dieu parfait ne peut avoir été mise en vous que par cet être parfait lui-même.

Conclusion : la présence de l'idée de Dieu en vous implique l'existence de Dieu. CQFD !

MISEZ SUR LE BON CHEVAL

Pascal[1] nous engage à considérer la foi comme une sorte de pari beaucoup moins risqué que tous les autres jeux de hasard. Il veut inspirer aux libertines que nous sommes le désir de pénétrer dans le domaine de la foi. *Grosso modo*, vous ne perdez rien à parier sur l'existence de Dieu, mais vous risquez gros en pariant sur Sa non-existence : une éternité de damnation, ce doit être long ! Plutôt que de jouer cela à « croix ou pile » (les monnaies portaient alors une croix sur le côté face), réfléchissons et pesons les arguments de Pascal : parions, côté croix, que Dieu existe. « Si vous gagnez, vous gagnez tout ; si vous perdez, vous ne perdez rien. Gagez donc qu'Il est, sans hésiter », affirme Pascal dans ses *Pensées et Opuscules*.

Et les passions dans tout ça ?

La philosophie cartésienne est une philosophie dualiste : Descartes s'applique à distinguer l'âme (substance pensante) du corps (substance étendue). Ce sont deux substances hétérogènes dont Descartes ne pense pas vraiment l'union en des termes très clairs.

1. Blaise Pascal (1623-1662) souligne la misère de l'homme privé de Dieu, qui se dissimule, par le divertissement, le tragique de son existence.

La publication des *Méditations métaphysiques* soulève beaucoup d'objections dans le petit milieu de la philosophie et ces années sont marquées par les interminables querelles d'Utrecht, qui ennuient profondément Descartes. Voetius, recteur de l'université d'Utrecht, ainsi que son disciple, Martin Schoock, accusent Descartes de déclarer la guerre aux livres et à la lecture, de corrompre les jeunes gens en les détournant du travail et des études pour instiller en eux le venin de la paresse. Il est athée, assurément, ce philosophe qui prône une méthode qui rend fou !

Vous comprenez pourquoi Descartes vit en Hollande... Il n'a pas la vocation de martyr et laisse volontiers la ciguë à Socrate.

Fort heureusement, la vie réserve toujours d'heureuses surprises et notre philosophe fait la rencontre de la princesse Élisabeth, fille de Frédéric V, roi de Bohême, en exil en Hollande depuis 1620. La jeune fille admire le philosophe, elle lui demande toutes sortes d'explications, dont certaines touchent au nerf de la philosophie cartésienne : comment l'âme, si elle est pensée pure, peut-elle mouvoir le corps et s'exercer sur la volonté ? La question est embarrassante et contraint Descartes à éclaircir et développer des théories nouvelles au fil de sa correspondance avec la jeune princesse. Il va alors beaucoup réfléchir sur les passions et leurs effets sur l'âme.

Comment soigner vos maladies psychosomatiques ?

Descartes se présente ainsi à nous comme le penseur de ce que nous appellerions volontiers aujourd'hui « une médecine psychosomatique », dont la devise pourrait être : *Soigner par l'art de bien raisonner.* Descartes n'entend pas, comme on le croit souvent, tenir les passions en bride, nier les douleurs et les tourments, mais les penser. Bref, il nous convie à pratiquer une sorte de « cogitothérapie ».

1. Sachez écouter votre corps

Dans un texte relativement court intitulé *Experimenta*, Descartes nous livre le résultat d'une observation : « Si je suis triste, ou si je me trouve en danger, ou si des affaires graves me préoccupent, je dors profondément et je mange avec une très grande avidité. Si au contraire la joie me détend, je ne mange ni ne dors. »

Il est rassurant de constater, même si pour vous il se produit le phénomène inverse, que M. René Descartes lui aussi grossit ou maigrit en fonction de ses états d'âme. Car c'est bien de cela qu'il s'agit : le corps est le miroir de l'âme et il faut savoir diagnostiquer les maladies de l'âme par leurs manifestations sur le corps.

2. N'ajoutez pas la culpabilité à vos douleurs

Combien de fois votre médecin vous a-t-il déjà dit : « Vous n'avez pas mal au dos, c'est dans votre tête » ? Quant à votre mère, ne vous rebat-elle pas les oreilles de propos tels que : « Tu n'as aucune raison d'être triste, tu as tout pour toi », et autres fadaises propres à vous faire culpabiliser ?

Descartes est plus subtil que cela. Il se montre toujours d'un grand réconfort pour la petite Élisabeth, souvent souffrante et déprimée. Plutôt que de nier sa souffrance réelle, il la rassure en affirmant qu'elle est malheureuse parce que des malheurs l'accablent, tout simplement : « L'opiniâtreté de la fortune à persécuter votre maison vous donne continuellement des sujets de fâcherie ; [...] c'est en cela que consiste la principale cause de votre indisposition. »

3. Ne jouez pas les héroïnes

Descartes n'invite nullement Élisabeth à surmonter ses indispositions en « serrant les dents » ou en faisant « contre mauvaise fortune bon cœur », comme le préconisent toutes les maximes d'inspiration plus ou moins stoïcienne. L'impassibilité stoïque est impraticable. Il est normal de souffrir et de lutter aussi contre cette souffrance.

Il existe bien des remèdes radicaux : rester célibataire, ne pas avoir d'enfant, ne pas chercher fortune, vivre retirée du monde, etc. Songez à tous les désagréments que vous éviteriez !

Prenez toutefois en considération les effets secondaires : diminution considérable du taux de plaisir et de bonheur, fragilisant dangereusement votre organisme. Et Descartes n'est pas homme à bouder son plaisir ou à s'infliger d'inutiles châtiments. Pour cela il y a Dieu. Chacun son boulot.

Comment agir sur ses passions ?

Le problème des passions est au cœur du psychosomatique. Descartes les situe à l'intersection de l'âme et du corps : les passions sont des mouvements du corps subis par l'âme.

Ce sont les interrogations de la jeune Élisabeth qui conduisent Descartes sur ce terrain et c'est en grande partie pour éclairer son amie qu'il rédige son *Traité des passions*. Comment expliquer, demande Élisabeth, qu'une âme, habituée à bien raisonner, se laisse emporter à l'occasion par « quelques vapeurs » ?

Descartes connaît bien cet étrange emportement passionnel, lui qui tomba amoureux dans son enfance d'une fille un peu louche (entendez : souffrant d'un léger strabisme). Les yeux « égarés » de la jeune fille éveillèrent en lui la passion de l'amour et, jusqu'à ce qu'il eut reconnu que c'était là un défaut, il se sentit attiré par les femmes louches !

Mais est-ce forcément un défaut : le strabisme de Christophe Lambert ne contribue-t-il pas à son charme ?

ÊTRE PASSIONNÉE TOUT EN DEMEURANT LIBRE

Vous pouvez bien éprouver de nombreuses et puissantes passions en restant libre. Il suffit de :

1. Les connaître et apprendre à vous en dégager en les observant à bonne distance, comme si vous étiez au spectacle.

2. Savoir bien user de votre libre arbitre en ayant la ferme intention de soustraire l'âme à leur emprise. La fermeté de votre volonté est un souverain bien car la vertu réside dans notre force d'âme.

La pensée est votre assurance-vie : un ticket gratuit pour l'au-delà

Une autre bonne raison de prendre soin de votre âme est que celle-ci constitue votre seule assurance contre la mort.

À son ami Constantin Huygens qui vient de perdre son frère, Descartes écrit qu'il a trouvé un remède puissant pour supporter patiemment la mort de ses proches et ne pas craindre la sienne : penser que ceux qui meurent passent à une vie plus douce et plus paisible que la nôtre.

Seule cette pensée fit supporter à notre philosophe la mort de sa fille Francine, à l'âge de 5 ans. La petite fille qu'il avait eue avec Hélène Jans, jeune servante d'un libraire d'Amsterdam, mourut le 7 septembre 1640 d'une fièvre éruptive, laissant à son père « le plus grand regret de sa vie », dira Adrien Baillet, le premier biographe du philosophe.

Le remède consiste donc « en la considération de la nature de nos âmes, que je pense si clairement devoir durer plus que les corps, et être nées pour des plaisirs et des félicités beaucoup plus grandes que celles dont nous jouissons en ce monde » [1].

Une assurance pour l'au-delà, c'est bien, mais si vous avez parié avec Pascal sur la non-existence de Dieu, vous préféreriez sûrement une assurance-vie ici-bas.

Alors souvenez-vous que cogiter est la plus sûre des médecines. Penser vous permet d'éviter de commettre toutes sortes d'erreurs et fait de vous une femme sage et vertueuse.

---

1. *Lettre* du 10 octobre 1642.

En effet, tout jugement appelle le concours de la puissance de connaître, à savoir l'entendement, et le concours de la puissance d'élire, à savoir la volonté. Il faut savoir que l'erreur naît d'un hiatus entre la finitude de l'entendement et l'infinité de la volonté : je peux tout vouloir alors que je ne connais que peu de chose et en ignore beaucoup.

Par conséquent, pour vous garder de toute erreur, ne donnez votre assentiment qu'à ce que l'entendement vous permet de connaître clairement et distinctement et suspendez votre jugement devant toute notion confuse. L'évidence seule peut nous garder de l'erreur.

Bien juger, c'est faire bon usage de notre liberté et en cela réside notre principale perfection.

Vous avez bien mérité l'estime de vous-même

Socrate affirmait déjà que la faute est une erreur et que l'on est méchant uniquement par ignorance. À sa suite, Descartes, très sage, nous convainc qu'« il suffit de bien juger pour bien faire ». Le rationalisme cartésien est une philosophie pratique parce que la recherche du vrai s'identifie à la recherche du bien et ouvre à la vertu.

Mais le meilleur des jugements a des limites. Bien juger, c'est « juger le mieux qu'on puisse », c'est-à-dire avoir toujours la ferme résolution de suivre ce que conseille la raison. C'est ce que Descartes appelle « la générosité ». Vous pouvez vous estimer vous-même lorsque vous faites bon usage de votre volonté. De là « résulte toujours le plus grand et le plus solide contentement de la vie », même en cas d'échec, car à l'impossible nul n'est tenu. « Il suffit que notre conscience nous témoigne que nous n'avons jamais manqué de résolution et de vertu, pour exécuter toutes les choses que nous avons jugées être les meilleures. »

Dans la vie, le parfait n'existe pas : il faut savoir se contenter du meilleur, en n'oubliant jamais que rien n'est totalement en notre pouvoir, à l'exception de nos pensées.

QUINZE CONSEILS UTILES POUR DEVENIR CARTÉSIENNE

1. Faites donc un pèlerinage dans la bonne ville de La Flèche, en Sarthe

C'est dans les murs de ce qui est devenu le Prytanée militaire que Descartes fit son collège chez les jésuites.

2. Une fois sur les lieux, exercez-vous aux joutes oratoires

Engagez avec votre homme quelques « disputes » (le thème pourrait être : « Que venons-nous faire dans cet endroit perdu ? »), en hommage au philosophe qui louait leur vertu formatrice : elles exercent le jugement et forment à la clarté.

3. Rendez-vous au Louvre

S'y trouve le portrait de Descartes par Frans Hals. Alain prétendait qu'en cette image, le philosophe semblait dire : « Encore un qui va se tromper ! » Cela pourrait faire l'objet d'une nouvelle *disputatio* avec votre homme sur le thème : « C'est pas fini, tes dingueries ? »

4. Avancez lentement mais sûrement

« Comme un homme qui marche seul et dans les ténèbres, je me résolus d'aller si lentement, et d'user de tant de circonspection en toutes choses, que, si je n'avançais que fort peu, je me garderais bien au moins de tomber. »

5. Laissez-vous aller au charme de l'évidence

Dans un monde où la complexité et l'ambiguïté semblent être un gage de valeur, l'évidence cartésienne est reposante.

6. Ne soyez pas bornée, faites preuve de bonne volonté

Car, prévient Descartes, « je ne puis faire voir ce qui est au fond d'un cabinet à des gens qui ne veulent pas entrer dedans pour le regarder ».

7. Penchez-vous à la fenêtre

Que voyez-vous passer : des chapeaux et des manteaux ? Pourquoi jugez-vous néanmoins que ce sont de vrais hommes ? Parce que vous interprétez, par la seule puissance de votre esprit, ce que vous voyez.

8. Dessinez un arbre

Les racines seraient la métaphysique, le tronc la physique et les branches les sciences diverses.

9. Ne vous détournez pas lâchement de vos responsabilités

Songez en effet que l'on ne peut légitimement refuser la responsabilité du mal tout en réclamant celle du bon.

10. Cultivez la générosité

« La vraie générosité, qui fait qu'un homme s'estime au plus haut point. »

11. Aimez-vous !

« Prenez soin de vous, de votre mise ; riez et cachez-vous un peu ; continuez à travailler à proportion de vos forces, mais journellement, et opérez tranquille. »

12. Ne rejetez pas l'usage des passions

En lui seul se trouvent « toute la douceur et la félicité de la vie », écrit Descartes au marquis de Newcastle en mars ou avril 1648.

13. Pensez inlassablement

Dans dix ans, vous direz comme Descartes : « Il me semble que je suis maintenant plus loin de la mort que je n'étais en ma jeunesse. »

14. Aimez-donc la vie sans craindre la mort.

Profitez du temps présent... en vous la coulant douce, par exemple.

15. Lisez *Le Discours de la méthode*

Entendez le son de cette voix insolite et inouïe. Pour la première fois, le *Je* et le *Moi* nous introduisent « à des manières de pensée d'une entière généralité, voilà mon Descartes », vous exclamerez-vous éblouie, à la manière de Paul Valéry.

chapitre 5

Une vie pépère à Königsberg,
c'est bien : c'est Kant !

Comment ne pas vous soumettre à l'urgence du rendement ?

À laquelle de ces deux catégories de femmes croyez-vous appartenir ?

- Celles qui courent toujours après le temps
- Celles qui ne se laissent jamais rattraper par le temps

Il serait si agréable de faire partie de la seconde catégorie ! Mais avouez que nous sommes presque toutes de la première : affairées en permanence à nos occupations – rendement oblige !

Cessez de toujours vous « rendre utile »

Nous menons une existence où chaque action, chaque parole, chaque pensée doit être soumise à l'exigence d'une finalité, d'un but précis et identifiable : travailler pour gagner sa vie ou l'estime toujours aléatoire de son patron, faire les courses pour nourrir sa tribu, pratiquer du sport pour lutter contre la culotte de cheval qui s'incruste depuis la trentaine (ou qui s'incrustera à la trentaine), laver, repasser, plier le linge pour ne pas être harcelée par sa « mère intérieure », s'épiler les jambes ou les sourcils, passer chez le coiffeur, afin de toujours paraître « impeccable ». Bref, si par mégarde on vous trouve sur le canapé un livre à la main, on s'inquiète de cette inhabituelle inaction : « Qu'est-ce que tu fais ? »

La question est plus difficile qu'il n'y paraît ! Vous levez sur votre interlocuteur un regard étonné et navré... Que peut-on faire en effet avec un livre ouvert entre les mains ? « Tu vois, j'enfile des perles ! »

Mais vous voilà agacée par un problème redoutable qui stoppe tout net votre lecture : toute action est-elle donc soumise à l'exigence d'une fin ? tout doit-il nécessairement être utile ? Votre emploi du temps, rationalisé en vue d'un rendement maximal, semblerait induire une réponse affirmative... Pourtant tout en vous se révolte contre cela !

Alors imaginez... vous prenez vos clefs, votre sac à main et, là, vous annoncez résolument :

« Je pars à la recherche d'une satisfaction désintéressée, d'une finalité sans fin, libre, universelle et sans concept. » Et toc !

Réclamez de la beauté : version théâtrale

Mais grand désarroi une fois la porte claquée derrière vous... Où trouver cela ?

En pleine forêt ? Dans le parc le plus proche ? Pourquoi pas dans un musée ? Tenez, allez revoir, par exemple, *La Belle Jardinière* [1] et soumettez-vous à l'influence du Beau, à l'admiraaaable expérience de la Beauté...

Qu'est-ce qu'on est bien ! Vous savez pourquoi ? Parce que c'est un dévoilement, un émerveillement ! Sans doute aviez-vous oublié le sentiment entièrement désintéressé d'un jugement esthétique pur, la divine harmonie de vos facultés : imagination et entendement, jouant librement dans votre âme ravie.

Seul le beau suppose une finalité sans idée de fin, à savoir une satisfaction échappant à « l'utilitaire » et au souci du « rendement ». Toutefois, si le beau n'a pas à être utile, cela ne signifie pas pour autant qu'il soit inutile : n'est-il pas essentiel de réenchanter le monde ?

« C'est beau ! vous exclamerez-vous alors, exaltée...

– Bof ! » ose votre voisin.

1. *La Belle Jardinière* est un tableau de Raphaël (1483/1520), que vous pouvez admirer au musée du Louvre.

Votre sang ne fait qu'un tour, vous voici prête à déclamer, genre Cyrano commentant son nez, votre tirade sur le Beau :

« Sachez, Monsieur, que le Beau plaît universellement !

Tout subjectif qu'il soit, le sentiment de beauté

Dépasse, pour devenir universel, notre propre intérêt !

Juger une œuvre belle, n'est-ce pas réclamer

Que les autres aussi y voient de la beauté ?

Certes, le Beau est "sans concept", aucune règle

Ne semble déterminer ce qu'il doit être.

Vous pouvez énumérer les caractéristiques

D'une marmite parfaite ;

Mais celles d'une parfaite œuvre d'art ?

Tapez-vous sur la tête !

Impossible ! Pas de règle ! et pourtant,

Le Beau est UNIVERSEL !

Point de contradiction.

Vous ne sauriez réduire le Beau

À une sensation

Simplement « agréable », Monsieur !

La Belle Jardinière peut ne pas vous agréer

Mais elle est BELLE !!! »

Votre interlocuteur reste sans voix, et c'est tant mieux ! Pff ! Pas belle, *La Belle Jardinière* !!! Non seulement cet individu ignore Kant mais il se fourvoie dans une aporie socratique ; souvenez-vous : les belles marmites, les belles cavales et les belles filles qui ne sont pas belles...

Sublimez le monde : version romanesque

La demie de 15 heures sonnait à l'horloge de la cathédrale. Un brouillard humide et froid enveloppait les toits de la ville. Le vieux Lampe, un parapluie sous le bras, marchait d'un bon pas, l'air vigilant et inquiet. Vraiment, son maître n'était pas raisonnable : sortir par un temps pareil, on n'avait pas idée ! Et avec sa constitution fragile, Dieu sait s'il n'allait pas attraper quelque vilain rhume...

Mais le bon serviteur savait que rien ne pouvait distraire M. Kant de sa promenade quotidienne.

Vêtu de son habit gris, l'homme d'aspect malingre filait le long de la petite allée bordée de tilleuls, jonc d'Espagne à la main, vers la forteresse de Friedrichsburg. Le rythme de la marche imprimait un mouvement ample et régulier au cours de ses pensées. Les troncs noirs, pareils à des guetteurs infatigables, levaient au ciel des membres nus et décharnés se fondant dans la brume. Ce spectacle était sublime, effrayant...

Un sentiment étrange le saisit soudain, comme un « arrêt momentané des forces vitales » face à quelque chose d'absolument grand, d'infini, de chaotique, qui l'arracha à ce monde pour un instant. Cela dépassait l'entendement...

Le sublime ne se trouvait dans aucune chose sensible. L'entendement même ne pouvait le concevoir ; seule la raison en avait la capacité, nous donnant accès à un peu d'absolu. Ainsi, le sublime nous révèle notre destination suprasensible, donc essentiellement morale ! Il nous fait pressentir notre transcendance.

Aimer ou transcender : il faut choisir !

Arrivait-il parfois à Emmanuel Kant, lors de ses promenades vespérales, de songer à la dame qui captiverait son cœur ? C'est peu probable. Kant ne se maria point et on ne lui connaît qu'une seule aventure amoureuse.

La masturbation alors ? Vous plaisantez ! C'est immonde, c'est indicible même ! Chassez ce mot que je ne saurais prononcer ! « On tient pour immoral d'appeler un tel vice par son nom » [1], s'exclame Kant dans un texte où le mot en effet n'apparaît pas une seule fois !

En fait, l'aimée, celle à laquelle il voua de façon austère et acharnée sa vie, se nommait Philosophie, une maîtresse exigeante et exclusive qui le garda bien des problèmes cardiaques propres aux amours tumultueuses ! « On prouverait difficilement, écrit-il dans la *Critique de la faculté de juger*, que des personnes devenues très âgées aient été la plupart du temps mariées. » Et Kant mourut en effet à l'âge de 80 ans, le 12 février 1804, en soupirant : *Es ist gut*, « Tout est bien »...

Que reste-t-il de Kant ?

Ses habitudes immuables le firent passer pour un philosophe austère et ennuyeux. Certes, Herr Kant était un professeur rigoureux et scrupuleux, mais il n'était pas dénué d'humour ; « d'une gaieté et d'une joie inaltérables », affirmera Herder[2]. D'ailleurs, ses cours avaient un succès fou – ce qui flattait son ego et arrangeait bien ses finances, à une époque où les universités allemandes engageaient leurs enseignants comme *privat-docent*, c'est-à-dire professeurs rémunérés par leurs élèves.

1. *Fondements de la métaphysique des mœurs*, 2e partie : « Doctrine de la vertu », § 7.
2. Herder (1744-1803) fut l'élève de Kant pendant deux ans.

Aimons Kant pour la mesure qui le caractérise et qui nous repose de la vie mouvementée que nous feront mener d'autres philosophes !

Ne vous êtes-vous jamais en effet follement éprise d'un « intellectuel » que vous admiriez pour la finesse de son esprit et son formidable débit oratoire qui ne vous permettait pas d'en placer une ? Souvenez-vous : il réclamait un café et un Kafka à la terrasse des bistrots et vous a fait faire un été le tour de France des librairies ! À la moindre occasion, il se lançait dans une tirade à la Cyrano, que rien ni personne ne pouvait alors plus arrêter.

Kant est au contraire l'image même du philosophe discret et laborieux consacrant toutes ses forces à l'élaboration solitaire d'une pensée grandiose.

Sa vie est aussi réglée que du papier à musique : « Je ne crois pas que la grande horloge de la cathédrale de Königsberg ait accompli sa tâche avec plus de régularité que son compatriote », écrit le poète Heinrich Heine [1].

Kant se levait chaque jour cinq minutes avant 5 heures. Il travaillait jusqu'à 7 heures en buvant du thé et en fumant sa pipe, puis partait donner ses cours à l'Université. Il rentrait déjeuner à 13 heures précises, avec quelques convives qui avaient pour consigne de ne jamais parler de philosophie. On raconte qu'il envoya un jour son serviteur Lampe inviter un hôte inconnu, choisi au hasard dans la rue, afin de ne pas déjeuner seul. Un bon repas en bonne compagnie n'est-il pas la forme proprement humaine du bien-être ?

N'A-T-IL PAS UNE ARAIGNÉE AU PLAFOND, CE KANT ?

Pas du tout ! Mais un grillon dans la tête, oui !
Kant souffre en effet de *Grillenkranheit*, littéralement « maladie des grillons », comme il l'écrit dans son *Anthropologie*. Qu'est-ce exactement ? Hypocondrie : un mal qui enveloppe l'âme d'un souffle mélancolique, pouvant aller même jusqu'au dégoût de vivre, observe Kant. Sa poitrine plate et étroite, qui laisse peu de place au mouvement du cœur et du poumon, le dispose à ce genre d'affection.

1. Heinrich Heine est un poète allemand (1797/1856).

L'hypocondriaque est le genre d'homme à éviter ! Il sent l'hallucination de presque toutes les maladies dont il entend parler, ne parle lui-même que de cela, son livre de chevet est le *Vidal* et il craint par-dessus tout la contagion, au point de se sentir un peu fiévreux dès que vous êtes souffrante, même si vous n'êtes qu'« indisposée » !
Il faut être malade pour se soucier ainsi de sa santé !

À la table d'Emmanuel Kant

Ça ne vous a pas échappé : les dîners ou déjeuners à thème littéraire sont à la mode. L'important est de bien choisir son style.

- Inviter « à la table de Jean Cocteau », par exemple, fait très jet-set : « prince frivole », mondanités, palace...
- Inviter « à la table de Virginia Woolf » fait plutôt « bobo-Bloomsbury » : pétanque et pique-nique, nappe Liberty, Proust et Darjeeling pour le dessert.

Alors, pourquoi ne pas convier quelques amis à un déjeuner « philosophico-abstrait » à la table d'Emmanuel Kant ?

Choisissez bien vos convives

Il est « impératif » d'observer les règles suivantes :

1. Sélectionnez des personnes suffisamment dissemblables pour qu'elles aient quelque chose à échanger et suffisamment semblables pour qu'elles puissent se le dire sans injure et sans en venir aux mains – cela ferait désordre.

2. Invitez à votre table beaucoup d'hommes, pour une conversation véritable !

3. Ne fixez pas le nombre d'invités à la légère : en aucun cas inférieur à celui des Grâces (3) et ne dépassant jamais celui des Muses (9). La conversation pourrait

se trouver ruinée par une invitation « de dernière minute », intempestive et irréfléchie.

Choisissez votre menu

Certains, comme Kant, n'apprécient guère la cuisine compliquée, tout en ayant un solide coup de fourchette (normal, direz-vous : un seul repas par jour, ça creuse !) – Méfiez-vous de ceux qui vous rassurent en apparence : « Ne te tracasse pas : quelque chose de simple, c'est parfait... » Faux amis ! On les entend médire le lendemain : « Magret de canard à la gelée de vin... elle ne s'est pas fatiguée ! »

J'entends déjà bruisser dans votre esprit frémissant d'excitation une idée qui vous semble lumineuse... Une table kantienne ? Bière et choucroute bien sûr !

Bannissez cela immédiatement, malheureuse ! Kant n'aimait que la viande tendre ; quant à la bière... Ah, vous n'y songez pas ! Voulez-vous empoisonner l'assemblée avec cette boisson de Prussien ? Sans compter que les beuveries de bière sont bien souvent grossières... Si vous souhaitez voir votre déjeuner kantien se terminer sur des blagues olé olé et des rires gras, servez de la bière ! Non, non... rien ne vaut le vin pour animer les conversations d'une prolixité enjouée ! Disposez donc élégamment à côté de chaque convive une petite carafe (en cristal de préférence) d'un médoc léger, que vous aurez préalablement pris soin de dékanter... pardon, de décanter !

Suggestion pour les plus paresseuses :

Bouillon de veau

Cabillaud

Viande rôtie lentement, accompagnée de moutarde

Petits gâteaux

Vin chaud de Hongrie légèrement sucré, aux écorces d'oranges amères

Et si tous ces hôtes spirituels ont abusé de spiritueux, songez que « la permission laissée à un homme de transgresser légèrement et un court moment, dans l'entrain de la réunion, la ligne frontière de la sobriété suppose de la bienveillance » ; ne vous départissez pas de votre sourire et de votre calme : appelez un taxi si nécessaire, mais surtout ne les laissez pas cuver sur votre canapé !

Prévoyez une promenade digestive

Lorsque Emmanuel Kant sort de chez lui afin de « respirer par le nez », comme il le dit, ses voisins peuvent parier qu'il est 15 h 30 ! L'allée bordée de tilleuls devient le théâtre de méditations grandioses au cours desquelles notre philosophe poursuit la construction de l'immense édifice de la philosophie, entreprise jusqu'alors inachevée, mais qu'il ne désespère pas de mener à bien.

Il ne dérogea guère à cet emploi du temps précis que ce jour de l'été 1789 où on le vit courir au-devant du courrier qui apportait les nouvelles : une révolution venait d'éclater en France, et Kant était pressé de lire ce qu'en rapportaient les gazettes.

En ce qui vous concerne, une petite promenade vous aidera à calmer le tumulte des idées échangées à table.

Un révolutionnaire sédentaire

Il n'est nullement nécessaire de bouger afin de connaître. Cette idée que Kant applique à sa vie, mesdames, est ré-vo-lu-tion-nai-re... un coup de tonnerre dans le ciel de la philosophie traditionnelle. Kant renverse l'ordre de la connaissance : ce n'est pas le sujet connaissant qui doit se soumettre aux objets à connaître mais les objets qui doivent s'adapter au sujet.

Kant prend pour modèle le décentrage que Copernic avait opéré avec succès en sciences : « Voyant qu'il ne pouvait venir à bout d'expliquer les mouvements du ciel en admettant que toute la multitude des astres tournait autour du spectateur, il chercha s'il ne serait pas mieux de supposer que c'est le spectateur qui tourne et que les astres demeurent immobiles. »

Kant accomplit lui aussi sa « révolution copernicienne » : il est inutile de s'agiter pour connaître, il suffit presque d'attendre, tranquillement installé auprès de son poêle, que les objets viennent se régler sur l'entendement. Voilà un philosophe que vous commencez à particulièrement apprécier.

L'INVENTEUR DU PORTE-JARRETELLES INTELLIGENT !

En voilà une vraie révolution ! Fini le laborieux réglage des jarretelles : bas qui tombent en raison d'une tension insuffisante ou porte-jarretelles sur les hanches en raison d'une tension excessive... Kant, comme tous les hommes de sa condition au XVIIIe siècle, portait des bas. Soucieux à l'extrême, comme nous le savons, de sa santé et de son confort (nous connaissons toutes les jarretières qui fonctionnent comme de véritables garrots !), il inventa un système infaillible pour tendre correctement le fil qui entourait ses bas. Le tout était d'insérer celui-ci dans un boîtier de montre muni d'un ressort et de coller un boîtier sur chaque cuisse. Kant avait ainsi inventé le seul bas qui épouse chacun de vos mouvements, avec seulement deux boîtiers de montre, deux ressorts et un peu de fil ! On ignore toutefois si ces montres donnaient encore l'heure !

Un long sommeil paresseux

Imaginons au départ notre philosophe installé, comme dans un cocon, dans le vaste système assuré et cohérent du rationaliste Leibniz [1], à l'abri des doutes critiques et des contradictions, « dans le meilleur des mondes possibles ».

Kant se trouve encore dans sa période « pré-critique », c'est-à-dire celle qui précède la publication en 1781 de la *Critique de la raison pure*.

Kant est réveillé de ce qu'il appelle son « sommeil dogmatique » par l'empirisme sceptique de Hume : on ne peut atteindre aucune vérité absolue, il n'y a aucune métaphysique, et toute connaissance repose sur l'habitude. Cette pen-

1. Wilhelm Leibniz (1646/1716) est un philosophe allemand, considéré comme l'ancêtre de la logique moderne ; nous lui devons, par exemple, l'idée du calcul infinitésimal.

sée sape sans scrupule le rationalisme classique et la toute-puissance de la raison en affirmant qu'il n'y a pas de connaissance en dehors de l'expérience.

Toutefois, si la lecture de Hume éloigne Kant du rationalisme pur, l'empirisme ne le satisfait pas pour autant et il élabore rapidement une solution médiane : certes, toutes nos connaissances commencent avec l'expérience mais elles requièrent le pouvoir *a priori* (indépendant de l'expérience) de l'esprit.

L'Absolu existe : nous le pressentons, mais nous ne pouvons prétendre l'atteindre car il n'est pas de l'ordre du savoir.

Somnolent mais grand agitateur...

Kant, avec sa « révolution copernicienne », renverse ni plus ni moins la métaphysique traditionnelle sous les hauts cris de protestation de ses contemporains. « Broyeur universel », lui lancera Mendelssohn [1], scandalisé !

Kant va passer la raison au crible, examinant scrupuleusement ses limites et ses pouvoirs, la soumettant à l'injonction socratique : « Connais-toi toi-même. »

Les difficultés rencontrées dans cette démarche minutieuse et fondamentale conduisent Kant à rejeter la métaphysique traditionnelle, à cause de l'incertitude de ses conclusions et de la faiblesse des arguments qui la fondent.

La métaphysique ! Vous parlez d'une science ! Depuis des siècles elle « en reste à tourner en rond sur place, sans avancer d'un pas ». Ridicule, songe Kant !

Pourtant, ce ne peut être en vain que la raison nous ramène continuellement à elle « comme à une amante avec laquelle on s'était brouillé » [2].

1. Moses Mendelssohn (1729-1786), philosophe allemand (grand-père de Félix) qui modernisa la culture juive traditionnelle en lui insufflant l'esprit des Lumières.

2. *Critique de la raison pure*.

Ayez l'esprit critique !

La *critique*, maître mot de la philosophie kantienne, désigne précisément « l'examen des conditions qui rendent possible la connaissance ».

L'entreprise critique va limiter notre faculté de connaître à l'expérience possible, mettant ainsi un frein aux prétentions de la métaphysique. Pour autant, elle ne la ruine pas car il reste essentiel de « penser » ce que la raison ne peut pas « connaître ». Si la raison humaine cherche ses limites, c'est pour échapper au chaos et au non-sens de l'existence. Penser se révèle donc être une activité plus pratique que théorique : la pensée est notre boussole dans l'action.

Avoir l'esprit critique ne signifie donc pas « se montrer toujours insatisfait et aigri », mais « savoir éviter deux impasses redoutables pour la pensée » :

1. Le dogmatisme* : croire que notre raison peut tout connaître et que rien ne nous est inaccessible. C'est l'attitude détestable de celui qui tient plus que tout à ses certitudes et qui ne converse avec ses semblables (terme purement rhétorique car plus il fréquente les hommes, plus il aime son chien !) que pour s'assurer de sa supériorité.

2. Le scepticisme : renoncer à penser ce que l'on ne peut pas connaître. C'est l'attitude d'un Pyrrhon ou de « l'à-quoi-boniste ». La philosophie ? À quoi bon : elle pose trop de questions ! Quoi, le sens de l'existence ? Pff, à quoi bon ! Vanité, vanité, tout n'est que vanité ! Nous sommes condamnés à attendre, sans savoir ce que nous attendons... Destin de cloporte ! « M'enfin ! »... Cela ne vous rappelle pas un personnage de bande dessinée ?

« Que puis-je savoir ? »

Partisane du moindre effort ?

Il y a des choses que nous ne pouvons pas connaître et dans lesquelles notre esprit nous perd pourtant facilement. Et si nous adoptions une prudence toute kantienne qui nous éviterait bien des efforts inutiles ? Déterminons les limites de la connaissance afin de ne pas nous égarer.

Demandons-nous, comme Kant dans la *Critique de la raison pure* : « Que puis-je savoir ? »

Établissons des limites au-delà desquelles nous ne nous risquerons pas ! Tranquillité garantie !

Car, si dans la sphère des phénomènes nous sommes libres de connaître à peu près tout (la science étant bornée de fait mais pas limitée de droit), s'aventurer au-delà se révèle périlleux : baignade non surveillée !

Les noumènes (ce qui est au-delà des phénomènes) sont inconnaissables ; nous devons nous contenter de les penser.

Exemple : votre cher et tendre est-il fidèle ?

Vous pensez que oui... Si vous lui posez la question, il répondra nécessairement par l'affirmative et vous n'attendez pas autre chose. Ne vous épuisez pas en argumentations ou fantasmes inutiles et simplifiez-vous la vie : osez la fameuse question kantienne « Que puis-je savoir ? ».

En ce domaine « métaphysique » qui dépasse toute expérience possible, la réponse est : « Rien du tout ! »

Vous vous aventurez au-delà des limites de la connaissance : la fidélité de votre jules est une réalité nouménale et non phénoménale. À défaut de « savoir », vous êtes condamnée à « croire »... ou pas.

TEST : PHÉNOMÈNE OU NOUMÈNE ?

- **Dieu ? Noumène.**
- **La géométrie euclidienne ? Phénomène.**
- **Le monde ? Noumène.**
- **La météo ? Phénomène.**
- **La liberté ? Noumène.**
- **La mécanique de votre auto ? Noumène !**
- **Les états d'âme de votre jules ? Noumène !**
- **Sa fidélité ? NOUMÈNE !**

Simplissime, vous ne trouvez pas ? Adieu toute tergiversation !

« L'espoir m'est-il permis ? »

L'incertitude des questions qui dépassent notre entendement n'entrave pas la croyance, et nous pouvons espérer parvenir à la plénitude, au souverain bien dans le domaine moral.

Ainsi, la connaissance des phénomènes ne nous interdit pas de croire que Dieu existe, que l'âme est immortelle et l'élu fidèle, croire que nous sommes libres et que l'existence a un sens...

« Comment puis-je savoir ? »

Comment la science est-elle possible ? se demande Kant. Qu'est-ce qui nous permet de considérer ses résultats comme nécessaires et universels ?

Est-ce l'expérience ? C'est ce que pensent les empiristes.

Impossible, rétorque Kant : la connaissance va plus loin que toute expérience et aucune expérience ne peut fonder une certitude équivalente à la certitude mathématique.

En disant, par exemple, que l'eau bout à 100 °C, la science ne se contente pas d'un constat de fait mais affirme que cela est nécessaire, partout et toujours.

La raison explique-t-elle alors à elle seule le succès des sciences ?

Pour les rationalistes l'esprit tire effectivement tout de son propre fond.

Mais Kant est embarrassé. Il est rationaliste en ce sens que pour lui le fondement de la connaissance doit être *a priori* : inscrit dans la faculté de connaître elle-même, dans ce que l'esprit apporte avec lui dès qu'il se met à penser. Mais toute connaissance a besoin d'une matière que l'esprit reçoit et met en forme.

Cela signifie que la connaissance a deux sources : la sensibilité qui reçoit les impressions et l'entendement qui les pense.

Kant va chercher dans le sujet :

1. les formes *a priori* de la sensibilité qui perçoivent et organisent l'objet à connaître en tant que tel ;

2. les formes *a priori* de l'entendement qui rendent possibles les jugements synthétiques *a priori* dont la science est faite (NDLR : pas de panique, vous allez comprendre...).

Comment fonctionne une sensibilité, même paresseuse ?

L'espace et le temps sont les deux formes *a priori* de la sensibilité qui déterminent toute connaissance. Pour connaître, il faut que quelque chose nous soit donné dans la sensibilité à travers le filtre des formes *a priori* qui immédiatement organisent ce que nous percevons.

Cela signifie que l'appareil perceptif impose un ordre aux sensations dans l'espace et le temps. Par exemple, même si parfois nous ne voyons pas ce qui est sous notre nez, en général nous percevons plus grand ce qui est devant nous que ce qui est éloigné.

Espace et temps sont à la fois des réalités constitutives de toute expérience (des réalités empiriques) et des idées appartenant à l'esprit (des idéalités transcendantales), indépendantes de toute expérience. (Vous allez vous marrer, mais sachez que, par conséquent, le réalisme empirique est un idéalisme transcendantal !)

Conséquence : nous connaissons les choses *telles qu'elles nous apparaissent* mais non *telles qu'elles sont*, car le monde qui s'offre à notre sensibilité est un monde de phénomènes et non de noumènes.

Nous ne pouvons toutefois en conclure que les apparences sont illusoires. Au contraire, elles sont bien réelles – même si elles peuvent être pour d'autres raisons cruellement trompeuses !

Comment fonctionne un entendement, même paresseux ?

L'entendement est ce qui fait la synthèse des impressions sensibles ordonnées dans l'espace et dans le temps par la sensibilité. Il est l'esprit actif (oui, oui, même chez la paresseuse !), la faculté que nous avons de produire des représentations au moyen de concepts, que Kant appelle « des catégories » (structures de l'entendement qui réalisent l'unité d'un objet donné dans la sensibilité).

Ainsi, « sans la sensibilité, nul objet ne nous serait donné ; sans l'entendement, nul ne serait pensé ».

Pour résumer : la sensibilité est ce qui vous permet de rassembler un certain nombre de faits – relatifs, par exemple, à la fidélité ou l'infidélité supposée de l'élu – ; l'entendement va synthétiser tout cela afin de produire, grâce à ses catégories, un jugement : coupable ou non coupable ! Joli travail d'équipe, non ?

Comment fonctionne une raison, même paresseuse ?

Attention ! Car le propre de la raison est de s'égarer ! Voilà un bon prétexte pour nos crises aiguës de paresse !

La raison est la faculté de synthèse « suprême » qui dépasse l'entendement et exprime notre besoin essentiel d'unité et de totalité. À la recherche d'un absolu, la raison forme des idées qui dépassent l'expérience (Dieu, par exemple).

Mais si ces idées sont « régulatrices » (elles orientent notre recherche), elles ne peuvent être « constitutives » d'un objet de connaissance.

Or, nos égarements viennent du fait que nous croyons que les idées de la raison pure (l'idée de Dieu, par exemple) déterminent les choses en soi comme objet de connaissance (Dieu comme réalité « intelligible »). Bref, pensez Dieu à votre guise, mais ne croyez pas pour autant pouvoir en faire un objet de connaissance. Car passer ainsi d'une idée à l'existence de ce dont nous avons l'idée nous perd dans des erreurs que Kant appelle « des illusions transcendantales ».

Ne nous berçons pas d'illusions

Les illusions transcendantales sont en fait limitées au nombre de 3 :

1. L'âme : idée d'une totalité des phénomènes intérieurs

Nous parlons d'elle comme si elle était un objet de connaissance, mais nous ne faisons jamais l'expérience de notre âme !

2. Le monde : idée d'une totalité des phénomènes extérieurs

Prétendre posséder une doctrine du monde dans sa totalité dépasse les limites de la faculté de connaître et nous fourvoie dans des antinomies redoutables : des contradictions dans lesquelles s'enferre notre raison pure lorsqu'elle prétend atteindre des vérités métaphysiques.

Kant prend un exemple : si on me demande si un cercle carré est rond ou carré, je peux prouver qu'il est carré en faisant appel au concept de carré et prouver qu'il est rond en faisant appel au concept de cercle. Le problème est que j'opère sur un pseudo-concept : celui de « cercle carré ».

Essayons : « Mon jules est fidèle ; mon jules est infidèle » – telle pourrait être la formulation d'une « antinomie de la fidélité » ! Nous pouvons prouver aussi bien la thèse (« Mon jules est fidèle ») que l'antithèse (« Mon jules est infidèle »), mais nous raisonnons là aussi sur un pseudo-concept : celui de fidélité !

3. Dieu enfin : idée d'une totalité du réel et du possible

Encore une fois, pour faire de Dieu un objet de connaissance, il faudrait qu'Il soit un phénomène. Or, Il n'est qu'une idée de laquelle nous ne pouvons rien affirmer. Il nous est impossible de connaître Dieu ou de prouver Son existence car l'existence n'est pas un attribut logique de l'ordre de la pensée pure. Kant ôte ainsi toute validité à la fameuse preuve ontologique de l'existence de Dieu conçue par saint Anselme et reprise par Descartes.

Mais que devons-nous faire ?

J'entends l'interrogation angoissée de celle qui a tout perdu, sauf la raison ! Telle est également la question que pose Kant à l'orée de la *Critique de la raison pratique* et qu'il précise immédiatement : « À quelles conditions une décision morale est-elle en général possible ? »

Qui ne peut légitimement reprocher à ses contemporains leur égoïsme foncier, leur âpreté au gain, leur absence de scrupule et d'humanité ? Qui peut se vanter de n'avoir à son actif aucune action regrettable ? aucune mauvaise pensée ? La plupart du temps nous nous arrangeons avec notre conscience ! Mais M. Kant est pétri de rigueur morale : nul compromis, nulle compromission !

L'ÉDUCATION PIEUSE ET RIGORISTE D'ANNA-RÉGINA KANT

Emmanuel, quatrième d'une famille de 11 enfants, est né le 22 avril 1724 à Königsberg, petite ville de Prusse orientale rebaptisée aujourd'hui Kaliningrad. Son père était un artisan sellier, puritain, honnête et laborieux, et sa mère, tout imprégnée de piétisme protestant, lui donne une solide éducation morale. Honnêteté, courage et véracité étaient les valeurs essentielles de la demeure paternelle. Avant de mourir, Anna-Régina Kant inscrivit son fils au collège Frédéric, dont le directeur veillait à la formation scientifique et littéraire de ses élèves, dans un esprit profondément piétiste. En 1740, Kant entrera à l'université de Königsberg où il sera formé à « la méthode sévère de l'illustre Wolff[1] », philosophe leibnizien à l'esprit mathématique et rigoureux.

Faites votre devoir !

Plus facile à dire qu'à faire

« *Devoir !* Mot grand et sublime », s'exclame Kant !

Faites votre devoir ! Référez-vous, dans chaque situation concrète, à votre « volonté » d'agir par devoir. Car obéir à la loi morale en tant que telle relève d'une décision ferme et inébranlable, indépendante de toute inclination ou calcul d'intérêt.

Il est sage, bien sûr, de tenir compte des conséquences de ses actes, mais la valeur d'une action se juge uniquement à l'intention.

Ainsi seule votre bonne volonté peut être moralement bonne lorsqu'elle agit *par* devoir et non *conformément* au devoir.

Vous faites chaque année un don déductible de vos impôts à une œuvre caritative et cette bonne conscience vous rend fort aise ? C'est bien : votre action est *conforme* au devoir mais ne constitue pas une véritable action morale car votre don n'est pas entièrement désintéressé. Votre déduction d'impôt et votre plaisante bonne conscience constituent autant d'intérêts sensibles qui entachent la pureté du devoir.

1. Christian von Wolff (1679/1754).

Kant va plus loin : le devoir doit nous coûter, nous ne devons pas l'accomplir plaisamment, car tout plaisir serait suspect. Le devoir, c'est comme payer ses impôts : cela coûte – c'est le cas de le dire ! Ce n'est toutefois pas encore l'exemple d'une action accomplie par devoir. Pour quelle raison ?

Allons ! Vous acquittez-vous de ce devoir *parce que c'est votre devoir* ou par crainte de voir débarquer dans vos comptes un inspecteur du fisc ?

Ce n'est pas joli, joli ! Suivez la leçon kantienne jusqu'au bout !

Bref, une action accomplie par devoir montre que nous sommes capables d'agir raisonnablement, indépendamment du plaisir, de l'intérêt ou du bonheur. Nous ne devons pas agir pour être heureux, mais seulement pour nous rendre dignes de l'être.

La question est de savoir alors si le fait d'être dignes du bonheur nous rend heureux.

Le jeu en vaut néanmoins la chandelle...

Faites votre devoir et vous gagnerez l'Absolu ! S'il nous est refusé au niveau théorique (on ne peut le connaître), l'Absolu reste une quête morale essentielle. L'Absolu demeure la conviction intime du Moi conscient de soi et l'action morale nous hisse au-delà des phénomènes vers cet idéal, sorte de trophée d'une raison qui flirte avec les limites assignées à la connaissance.

Quand agissons-nous par devoir ?

Lorsque le « principe » de notre action peut devenir « un principe universel ».

Application : « Suis-je autorisée à mentir ? »

Ne pouvons-nous pas nous accorder parfois ce privilège sans conséquence... Un petit mensonge par omission, par exemple, qui pourrait nous le reprocher ? Personne, étant donné que tout le monde est censé l'ignorer ! Notre conscience ? Allez, nous en faisons notre affaire...

Mais comment justifier ce droit ? C'est facile... par le simple fait que nous tenons à notre ego, que nous représentons à nos propres yeux une « exception » : en toute mauvaise foi, nous justifions pour nous ce qui nous semblerait injustifiable pour autrui !

Alors en toute bonne foi, avouons : « Je puis certes vouloir le mensonge, mais non point du tout une loi universelle ordonnant de mentir. »

L'IMPÉRATIF CATÉGORIQUE

Il n'y a qu'une seule loi morale, c'est l'impératif catégorique : « Agis uniquement d'après la maxime qui fait que tu peux vouloir en même temps qu'elle devienne une loi universelle. » Le principe auquel nous nous référons lorsque nous devons prendre une décision a-t-il encore un sens logique si tous les hommes le suivent ? Telle est la question que nous devons nous poser avant d'agir.

Récapitulons : êtes-vous capable d'agir par pur amour ?

Si oui, tant mieux pour vous et pour nous !

Sinon, cela signifie que choisir le bien ne peut être l'objet que d'une décision CATÉGORIQUE, ABSOLUE et INCONDITIONNELLE.

Pour combien peut-on vous acheter ?

« Mais enfin, je n'ai pas de prix, j'ai une dignité », vous insurgerez-vous légitimement !

Les « choses » ont un prix, les « personnes » une dignité, sans équivalent, en monnaie ou en nature.

Ce qui fait cette dignité ? La liberté... Le fait de n'avoir ni Dieu ni maître !

En effet, la question « Comment dois-je agir ? » nous renvoie à l'intimité de notre conscience morale. Ni Dieu, ni prêtre, ni roi ne peut poser et imposer la loi morale qui est du domaine exclusif de la raison, d'une raison libre et autonome, qui se donne à elle-même sa propre loi, indépendamment de tout mobile extérieur.

« La moralité et l'humanité en tant qu'elle est capable de moralité, c'est donc ce qui seul possède de la dignité. » [1]

Vous êtes une fin en soi !

Une personne est *toujours* « une fin en soi » : elle possède une valeur « absolue » *en elle-même* et non *relative* à sa possible utilité. Elle invite par là au respect et interdit que l'on fasse usage d'elle, qu'on l'utilise comme un moyen.

Bref, vous n'êtes pas un objet, sexuel ou autre !

Entraînez-vous donc à voir des « fins en soi » en soi partout :

- votre boulangère a une valeur *en elle-même* et non *relative* au fait de vous vendre votre pain quotidien ;
- votre patron vaut « pour lui-même » et non pour le salaire qu'il vous verse chaque mois ;
- Paul est un excellent amant... mais ce n'est pas l'essentiel ;
- votre copine Myriam a une si beeeelle maison à Dinard... mais on s'en moque !

Il est si facile de se laisser aller à considérer les gens uniquement pour ce qu'ils nous apportent... C'est mal : honte à nous ! Aimons-les plutôt, en bonnes kantiennes, pour ce qu'ils sont.

Admettons toutefois que ces considérations, d'une rigueur morale impeccable, pourraient porter à confusion... Si vous vous rendez chez votre dentiste deux à trois fois par semaine, pour monsieur-le-dentiste-en-tant-que-fin-en-

1. Kant, *Fondements de la métaphysique des mœurs*, 1785.

soi et *accessoirement* pour les soins qu'il peut vous délivrer, vous aurez peut-être les dents blanches, mais certainement aussi quelques démêlés conjugaux !

Secouez votre paresse : on vous prend pour un bœuf !

Allez-vous retourner au prêt-à-penser ?

« J'entends de toutes parts lancer cet avertissement : "Ne raisonnez pas" ! » [1]

Nous lisons des livres où « ça pense » ; préceptes, formules, adages, etc., nous tiennent lieu de raison ; psy, gourou ou meilleure copine s'érigent en conscience morale (ou immorale) depuis que nous avons renoncé à prendre nous-mêmes nos décisions (trop fatigant et conséquences aléatoires) ; le dernier magazine féminin décide de notre régime ; maman sait quel type d'homme nous convient et papa qu'aucun homme n'est digne de sa petite fille...

« Quel besoin ai-je alors de me mettre en peine ? Je n'ai pas besoin de penser pourvu que je puisse payer ; d'autres se chargeront bien de cette pénible besogne. » [2]

Notre paresse nous tient enchaînées et, si nous l'assaisonnons d'une pincée de lâcheté, nous serons engluées à jamais dans notre minorité, notre immaturité intellectuelle ! Et « il est si confortable d'être mineur » !

1. Kant, *Qu'est-ce que les Lumières*, 1784.
2. *Ibid.*

Êtes-vous de celles qui se soumettent ?

Penser est-il si risqué ? Allons, quelques chutes finissent bien par apprendre à marcher !

En revanche, refuser de se servir de son propre entendement est la porte ouverte à tous les « maîtres à penser », qui dans leur grande bienveillance s'attribueront rapidement un droit de maître tout court.

Méfiez-vous car « ils commencent par rendre stupide leur bétail et par veiller soigneusement à ce que ces paisibles créatures n'osent faire le moindre pas hors du parc où elles sont enfermées »[1], pour finir par les abrutir parfaitement.

Refusez d'assumer le risque de la liberté et vous tomberez rapidement dans une lâche soumission. Sans doute trouverez-vous certains avantages à cette tutelle. Mais ne venez pas revendiquer ensuite la dignité d'un être libre ! On ne peut pas jouer sur tous les tableaux !

Alors : *Sapere aude !*, « Aie le courage de te servir de ton propre entendement ! »[2] – tel est le message des Lumières et l'injonction que Kant adresse à son lecteur.

Faisons preuve de courage et de bonne volonté, faisons toute la lumière, acharnons-nous à sortir de notre obscurantisme superstitieux !

Obéir, soit, mais pas à n'importe qui !

Affranchir sa pensée de toute autorité n'a rien d'évident et Kant reconnaît qu'il est bien « difficile à chaque homme pris individuellement de sortir d'une minorité qui est presque devenue pour lui une seconde nature. »

Pourquoi ne pas relayer alors notre émancipation individuelle par une émancipation publique, c'est-à-dire par la libre confrontation des opinions, l'usage cri-

1. *Ibid.*
2. Kant emprunte cette devise à Horace, *Épîtres*, II, livre I, *Ad lollium*, vers 40.

tique de la raison dans un espace communautaire ouvert à l'échange et la confrontation ? Et en effet, « quelles seraient l'ampleur et la justesse de notre pensée si nous ne pensions en communauté ? » [1] s'interroge Kant.

Choisissez bien votre maître

Rien ne vous empêche de surcroît d'accepter, voire de désirer la douce et solide autorité d'un « prince éclairé ». Comment le choisir ?

- o Charmant
- o Vaillant
- o Possédant une bonne armée
- o Sachant accepter parfois une « franche critique »

Soyez vigilante : prenez un prince éclairé, mais pas un illuminé. Il convient de se méfier de celui qui se présenterait à vous comme « bon père de la Patrie » et vous convaincrait en un rien de temps qu'il sait mieux que vous, sans doute sous l'effet d'une miraculeuse illumination, en quoi consiste votre bonheur !

1. Kant, *Qu'est-ce que s'orienter ?*.

QUINZE CONSEILS UTILES POUR DEVENIR UNE BONNE KANTIENNE

1. Devenez adulte

Secouez le joug de la minorité (et de la paresse – très peu, rassurez-vous).

2. Ayez le courage de penser par vous-même

Soyez « autonome », du grec *auto* (« soi-même ») et *nomos* (« loi ») : « qui se donne à soi-même sa propre loi ».

3. Soyez digne

Vous donnant à vous-même votre propre loi, vous avez une dignité. Affirmez donc l'autonomie d'une volonté guidée par la seule loi morale dans son absoluité !

4. Faites un usage *public* de votre raison

Cela devrait pouvoir se faire, dans une communauté conçue comme un espace ouvert à la discussion et à une réflexion libre et autonome.

5. Obéissez néanmoins au pouvoir politique

Vous n'avez pas réponse à tout.

6. Choisissez pour vous gouverner un « prince éclairé »

Il est si bon parfois de se reposer sur une douce épaule...

7. Apportez votre contribution

Éclairez les hommes de vos propres lumières.

8. Faites votre « révolution copernicienne »

C'est plus classe que la crise d'ado.

9. Sachez ce que vous pouvez connaître

Si vous n'avez pas été trop paresseuse, vous savez qu'il s'agit des phénomènes.

10. Sachez ce que vous ne pouvez pas connaître

Il s'agit des noumènes – paresseuse, va !

11. Ne vous égarez pas dans le chemin creux des illusions transcendantales

Regardez la réalité en face.

12. Sachez ce que vous pouvez faire

Faites votre devoir !

13. Sachez ce que vous avez le droit d'espérer

Tout ce que la connaissance des phénomènes n'interdit pas d'espérer.

14. Évitez d'entretenir avec vos semblables des relations intéressées

Considérez toujours l'homme comme une fin et non seulement comme un moyen.

15. N'oubliez jamais cette maxime

« Deux choses remplissent le cœur d'une admiration et d'une vénération toujours nouvelles et toujours croissantes, à mesure que la réflexion s'y attache et s'y applique : le ciel étoilé au-dessus de moi et la loi morale en moi. » [1]

1. Emmanuel Kant, *Critique de la raison pratique*.

chapitre 6

Comment ne pas finir dans un asile de fous en lisant Hegel ?

Et si Hegel était le plus grand philosophe de tous les temps ?

Que lui reproche-t-on exactement ? D'avoir corrompu des générations de belle jeunesse. Ce maniaco-systématique a transformé de jeunes et brillants philosophes en pauvres hères au cerveau disloqué et corrompu. Regardez-les à présent, le regard vague, psalmodiant tels des fous d'obscures formules comme : « La nature est l'idée dans son être autre » !

Hegel a-t-il sa place dans un asile ?

Nous vous mettons en garde : « Celui qui saurait lire son ouvrage le plus louangé, appelé *Phénoménologie de l'esprit*, sans avoir l'impression d'être dans un asile de fous... y aurait lui aussi sa place. »[1] Il faut être cinglé pour se plonger dans le « barbouillage d'inepties » d'une philosophie parodique et absurde, qui est « par-devant un lion, par-derrière un dragon, au milieu une chèvre »[2] ! Par quel bout la prendre alors ?

À l'assaut de « l'édifice verbal » !

Telle est l'interrogation perplexe de tout apprenti philosophe abordant le système hégélien : par où y entrer ?

On pousse craintivement la porte... Chez qui pénètre-t-on : le plus grand philosophe de tous les temps ou chez un « odieux charlatan sans esprit », « gâcheur de papier, de temps et de cerveaux »[3] ?

1. Le propos est de M. Arthur Schopenhauer.
2. *Ibid.*
3. *Ibid.* Oui, Schopenhauer DÉTESTE Hegel !

Dans la demeure hégélienne tout est sombre. C'est que « la chouette de Minerve ne prend son vol qu'au crépuscule », promenant sur la nuit du monde son regard pénétrant. Lorsque l'univers bascule (« votre » univers ou l'Univers), elle doit penser un nouveau monde, dans un nouvel esprit. La Raison ne peut saisir le réel qu'une fois que les tragédies ont eu lieu.

La porte se ferme brusquement derrière nous ; nous avons mis un pied dans le système ; l'angoisse nous saisit, tous les chemins s'entrecroisent, le décor se met à tourner ; c'est la nausée, le vertige : la philosophie hégélienne se déploie comme un immense geste circulaire épousant d'autres cercles – un « cercle de cercles » dans lequel chaque science particulière emprunte son point de départ à celle qui la précède.

La première philosophie *collector* !

La philosophie de Hegel se présente sous la forme d'une *Encyclopédie des sciences philosophiques* où chaque science a une place déterminée dans un système total et synthétique. De cet immense système, nous faisons nous-mêmes partie. Enfin, il paraît. Car Hegel veut penser l'Histoire universelle dans sa plénitude : il encercle la vie, toute la vie, et nous avec !

Hegel collecte et organise en effet tout ce que le monde a connu de drames et de déchirures afin de le penser de façon inouïe dans sa vérité. Or, étant donné que « le vrai est le tout », sa conception du monde doit être TOTALE, son savoir doit être ABSOLU et sa pensée couronne et achève la philosophie.

Nous vous annonçons dès à présent que Hegel est le dernier des philosophes (vous n'êtes pas forcée de le croire) : son système englobe l'ensemble de la réalité (la nature, l'homme, l'histoire de la philosophie et la philosophie de l'histoire).

Hegel met à mort la philosophie !

Journal de l'État prussien

(1816)

« *La philosophie, née à Athènes dans* Le Banquet *vers 385 avant Jésus-Christ, est morte assassinée à Berlin dans la* Science de la logique *en 1816.* »

Les enquêteurs ont arrêté un suspect : Friedrich Hegel, professeur d'université et collaborateur controversé du *Journal de l'État prussien*. Fiché par la justice de Berlin, surveillé par la police depuis quelques mois en raison d'activités politiques subversives, le professeur avoue préparer son attentat depuis 1806 ! Les enquêteurs incrédules perquisitionnent au domicile de l'accusé et trouvent une quantité de coupures de journaux :

« 14 octobre 1806 : Napoléon écrase l'armée prussienne à Iéna. »

Hegel avait un complice : Napoléon !

Quelle est la part de responsabilité de Bonaparte dans l'affaire ? Nous l'ignorons encore, mais nous pouvons néanmoins supposer qu'il était le bras armé du gang, celui qui était chargé de mener à bien les tâches les plus ingrates : campagne d'Italie, expédition d'Égypte, Austerlitz, Iéna...

Nous pouvons affirmer que l'homme a perpétré ses crimes dans un état d'inconscience. En revanche, Hegel était la tête pensante de la bande, « la conscience de soi » de Napoléon.

Les ordres semblaient toutefois venir de bien plus haut ; l'accusé, énigmatique, affirme avoir obéi à « la Raison du monde ». Les deux hommes n'en auraient été que les instruments !

Un charlatan, ce Hegel ?

La philosophie de Hegel est une sorte de « grand 8 » duquel on descend (si toutefois on en descend), la démarche incertaine et les yeux exorbités, avec une vague envie de vomir :

- « À gerber, la philo ! »
- « Je me jure de ne plus y mettre un pied ! »

Le doute subsiste pourtant...

Peut-on faire aveuglément confiance au jugement injurieux de Schopenhauer ? à un homme motivé par l'incompréhension agacée de l'hégélianisme et envieux du succès de celui qu'il appelle avec dédain « un philosophraste » ?

Hegel est pourtant reconnu par ses pairs, fait cours dans des amphithéâtres combles alors que Schopenhauer peine à gagner sa vie et nourrit une rancœur louche contre tout ce que sa nature désespérée et désespérante l'interdit d'espérer (par exemple, les femmes).

C'est décidé ! Nous allons entrer dans la philosophie hégélienne ! Oui ; mais par où ? Peu importe en fait, puisque tous les chemins mènent à Rome. À Rome ? Non, au Savoir Absolu !

Et si l'œuvre de Hegel était une immense œuvre romanesque ?

L'œuvre de Hegel, tout comme la vie elle-même, peut être pensée comme un roman où tout est combat. Attaquons donc la prose hégélienne comme une immense œuvre romanesque.

Premier tome : « Le vent se lève »

Vous souvenez-vous de vos frasques adolescentes ?

« Vive la révolution, vive Jean-Jacques », écrivait déjà le jeune Hegel dans son livre d'or de collégien, au grand dam de son père, fonctionnaire des finances du prince, élevant ses trois enfants dans le respect de l'ordre, des valeurs intellectuelles et d'un certain confort bourgeois.

Une ruse de l'histoire fit naître Friedrich Hegel à Stuttgart le 27 août 1770 dans une famille protestante et fière de l'être. La Révolution française allait trouver un écho particulier dans l'esprit du jeune homme auquel on avait inculqué, dès le plus jeune âge, un grand respect pour l'ancêtre qui, au XVIe siècle, dut abandonner sa Carinthie(petite province autrichienne)natale pour fuir les persécutions d'un prince catholique et ne pas renier sa foi luthérienne.

Après le Gymnasium de Stuttgart, Hegel entre en tant que boursier au Stift, le séminaire protestant de Tübingen, en 1788.

Mais de toute évidence la vocation lui fait défaut et il choisit de faire œuvre de philosophie : « penser la vie », toute la vie, l'étreindre dans toutes ses contradictions et la systématiser.

Mais pourquoi avoir renoncé si facilement à la prêtrise ? Ce jeune révolutionnaire idéaliste et vagabond, « grande gueule », gourmand de toutes les joies de la chère et de la chair n'aurait-il pas fait un prêtre admirable ?

Friedrich et les Stiftler

Non, ce n'est pas le nom d'un groupe de rock en vogue alors dans le Wurtemberg mais celui d'une élite au style légèrement plus « romantique intello », qui a le regard rivé sur le « magnifique lever de soleil » qui embrase la France. La Révolution vient d'éclater et nos jeunes idéalistes rêvent d'allumer leur torche à ce brasier afin de mettre le feu à la vieille Allemagne retardataire, étriquée et tyrannique. Hegel, âgé de 19 ans, tressaille d'émotion, emporté par l'« enthousiasme de l'esprit qui soudain fait frissonner le monde. »

Il s'entoure d'idées et de compagnons promis à une illustre postérité : il lit Rousseau, Lessing et se lie d'amitié avec Schelling, le philosophe romantique, et Hölderlin, le tendre poète, épris lui aussi d'absolu – et qui deviendra absolument fou.

Tout imprégnés de culture hellénistique, ils édifient une sorte de Patrie idéelle et idéale sur le modèle de la Cité antique. Une douloureuse nostalgie les anime : retrouver la beauté et l'harmonie, l'unité du politique et du religieux : « Un est tout » – telle est la devise des trois compagnons de Tübingen. Tout un programme !

Mais la Grèce mythique est une patrie perdue et, si les rêves romantiques ne peuvent pas changer le monde, agir politiquement sera peut-être plus efficace. Les Stiftlen révolutionnaires fondent un « club » clandestin où les nouvelles de France sont commentées et où le jeune Hegel fait montre d'une remarquable verve oratoire. Les trois Stiftler plantent un arbre de la Liberté en plein cœur de la ville ; ils cachent des prisonniers français et fomentent leur évasion ; Schelling est même soupçonné par les autorités d'avoir tenté d'entrer secrètement en contact avec l'armée française du général Custine.

Deuxième tome : « L'Empereur et moi »

Cela pourrait être le titre d'une idylle épique, d'un film de cape et d'épée avec froufrous de jupons de soie, mais ce n'est que celui du songe d'une nuit d'automne, à Iéna, le 14 octobre 1806.

Friedrich Hegel est en train d'achever la rédaction de la *Phénoménologie de l'esprit* ; les canons grondent au loin : l'armée napoléonienne est sur le point de prendre la ville. Pour le philosophe, cet instant s'inscrit de façon nécessaire dans l'histoire du monde, de laquelle on peut d'ailleurs logiquement le déduire. La table sur laquelle il écrit, la chandelle qui se consume, les vêtements qu'il porte, l'encre et le papier, tout cela est le fruit d'un travail humain, dans un monde humain, auquel lui, Hegel, appartient et sait appartenir. Les canons qu'il entend sont eux aussi produits par le travail, mais « fabriqués cette fois en vue d'une lutte à mort entre les hommes ». Il y a plus encore : Hegel sait que ce qu'il entend, « ce sont les coups tirés par les canons de Napoléon à la bataille d'Iéna. Il sait donc qu'il vit dans un monde où agit Napoléon. »[1]

(NDLR : Où Hegel veut-il en venir ? Ayez confiance ! Progressons dans le système, lentement mais sûrement.)

Qui est Napoléon ?

Foin de tout ce que vous avez appris sur lui : Hegel est le seul à comprendre « en vérité » cet homme !

Lorsque, contraint de quitter Iéna avec son manuscrit pour seul bagage, il aperçoit l'Empereur à cheval, véritable « âme du monde », il sait que cet homme parfait l'idéal de la Révolution française, que cette Révolution ne peut se comprendre sans le souffle des Lumières, que les Lumières ne peuvent se comprendre sans... et nous voilà bonnes pour remonter ainsi jusqu'au début d'une histoire universelle que le petit empereur achève à Iéna (sans le savoir) sous le regard du plus grand des philosophes (qui le sait) !

Napoléon est le particulier par lequel se réalise l'Universel. Ce qui lui manque, c'est seulement la conscience de soi : il ignore qu'il parfait l'histoire de l'humanité. Mais Hegel, lui, le sait ! Il tient en cercle autour de lui, dans une conscience totale, tous les instants du monde, chacun se laissant déduire du précédent.

1. Alexandre Kojève, *Introduction à la lecture de Hegel*, éd. Gallimard, coll. « Tel », Paris, 1968.

EXERCICE DE PHILOSOPHIE HÉGÉLIENNE : COMMENT FAIRE PÉNÉTRER LE MONDE ENTIER DANS VOTRE CONSCIENCE ?

1. Percevoir tout ce qui se passe dans le monde en un instant donné.
2. Être capable de le déduire logiquement de l'histoire antérieure.
3. Faire preuve d'un excellent esprit de synthèse.
4. Ne pas craindre la nausée.
5. Être parfaitement consciente de vous-même (reportez-vous quelques paragraphes plus loin pour savoir comment faire).

Troisième tome : « Le hussard sur le toit du monde »

Imaginons notre philosophe tel Leonardo di Caprio à la proue du *Titanic*, ouvrant les bras pour embrasser le monde (et la belle Rose, soit – mais ne fait-elle pas partie du monde ?)...

La philosophie de Hegel est un « idéalisme absolu » : l'« Idée » est le centre du système hégélien que l'on peut définir comme une biographie métaphysique de l'« Esprit » s'incarnant dans les choses.

Juché sur le toit du monde comme *Le Voyageur au-dessus de la mer de nuages* [1], enveloppant du regard l'univers, le visage au vent, Hegel contemple l'Esprit en marche vers sa parfaite réalisation. Seule une pensée totalisante comme la sienne peut le saisir, une fois qu'il a déployé toutes ses significations. Et la vie de l'Esprit est loin d'être un long fleuve tranquille...

HEGEL EST CANNIBALE !

Le savoir absolu est « l'identité du non-identique », il englobe tout, réduit toutes les différences, assimile tout, y compris l'autre. Il le dévore (après lui avoir fait la guerre) ! Pour Hegel en effet, la dialectique guerrière de la maîtrise et de la servitude (voir le 4e tome du roman hégélien) s'immisce jusque dans les relations les plus intimes.

1. Tableau de Caspar David Friedrich (1774/1840).

Pourtant, toute relation amoureuse naît à deux (au moins) et rien – Dieu merci – ne peut réduire l'altérité obsédante et mystérieuse : je ne possède jamais l'autre, je ne peux l'enclore, l'assimiler ; l'autre se « donne » un instant et se dérobe ensuite, il est là sans être là.
Contre le modèle hégélien, Emmanuel Levinas affirme que « l'altérité et la dualité ne disparaissent pas dans la relation amoureuse. L'idée d'un amour qui serait une confusion entre deux êtres est une fausse idée romantique. Le pathétique de la relation érotique, c'est le fait d'être deux, et que l'autre y est absolument autre. » [1]

Une philosophie à la hussarde

Un désir inextinguible d'absolu, voilà sans doute tout ce que notre héros a de romantique ! Pour le reste, il pratique plutôt à la hussarde !

L'Absolu de l'Esprit se trouve dans la réalité même des choses ; il ne peut s'appréhender par conséquent d'un quelconque sommet surplombant une mer de nuages.

Il faut se mouiller ! La philosophie ne peut saisir l'Idée que dans le réel, elle doit être « l'intelligence du présent » et non « la construction d'un au-delà qui se trouverait Dieu sait où ».

Là, vous avez tout intérêt à avoir un bon esprit de synthèse, car l'histoire du monde est plutôt chaotique : partout, ambiguïté et contradiction, métamorphoses et retournements, cruauté et conflit...

Prenez la Révolution française, par exemple : c'est l'Histoire qui « chausse ses bottes de sept lieues », l'homme qui soudain se place « la tête en bas » comme le remarque Hegel !

Comment, dans ces conditions, pratiquer la philosophie autrement qu'à la manière d'un hussard battant la campagne et défrichant le réel ?

---

1. Emmanuel Levinas (1905/1995), philosophe français d'origine lituanienne, *Éthique et Infini – Dialogues avec Philippe Nemo*, Fayard / France Culture, 1982.

Ah ! Qu'il est loin le temps où nous nous promenions paresseusement le long de l'Illissos au bras de Socrate !

Quelle est votre destination ?

Si vous l'ignorez, Hegel lui le sait : liberté et rationalité. Voilà ce à quoi vous destine votre humanité. Mais cela ne se fera pas sans effort car, immédiatement, « l'homme n'est que la possibilité de devenir ce qu'il doit être ».

Quatrième et dernier tome : « Amour, gloire et beauté »

« Je veux être reconnue pour ce que je suis ! »

L'histoire universelle, faite de guerres et de luttes sanglantes, s'enracine dans un désir de reconnaissance.

Être reconnus par un autre homme est ce que nous désirons tous fondamentalement. Tout désir humain est, au fond, désir de reconnaissance.

Désirer « humainement », ce n'est pas désirer s'emparer d'une chose mais se faire reconnaître, par un autre que soi, comme ayant droit sur cette chose. C'est donc seulement lorsque j'agis pour être reconnue que je me comporte en « homme ».

Faites la guerre, pas l'amour... Cherchez l'erreur !

L'amour est-il de nature à nous procurer cette reconnaissance essentielle ?

Vouloir être aimée, c'est vouloir être reconnue dans sa singularité comme une valeur absolue et universelle. En ce sens, l'amour peut effectivement nous procurer la satisfaction. Il est fondamentalement humain car en lui nous ne désirons pas un objet, à savoir le corps de l'autre (pas seulement en tout cas), mais nous désirons un autre désir, c'est-à-dire l'amour de l'autre et sa reconnaissance.

Toutefois, l'amour est une affaire privée ; nous ne pouvons être aimés que d'un petit nombre de personnes. Aussi la reconnaissance que nous obtenons est nécessairement limitée. Sauf pour les « idoles » aux nombreux « fans ». Combien de nanas folles de Brad Pitt ?

De plus, la reconnaissance amoureuse ne présuppose aucun risque ; or, c'est dans le risque de sa propre vie que l'on obtient la reconnaissance la plus parfaite.

Conclusion : être heureuse en amour ne pourra pas vous combler car la reconnaissance de votre homme ne sera jamais une reconnaissance universelle !

LAISSEZ-VOUS TOMBER POUR UN AUTRE !

La rencontre ne peut-elle se penser que sur le modèle guerrier ? Contre Hegel, contre Jean-Paul Sartre, Emmanuel Levinas affirme résolument que non ! Certes, les relations entre les hommes ne sont pas idylliques, mais le conflit n'est ni originaire ni inévitable. Levinas affirme, dans *Difficile Liberté*, que la relation à l'autre est « le miracle de la sortie de soi ». Avouons qu'en tout égoïsme, nous sommes toujours préoccupés de nous-mêmes. On se sent parfois encombré, comme enchaîné à soi, pour le pire plus que pour le meilleur ! Mais l'autre est celui qui par son visage réclame notre attention, se dresse devant nous pour nous forcer à nous préoccuper de lui. « Le visage s'impose à moi sans que je puisse rester sourd à son appel, ni l'oublier... je veux dire : sans que je puisse cesser d'être responsable de sa misère. » [1]

Le visage de l'autre, nu, découvert et fragile, nous interdit l'indifférence et nous dit : « Tu ne tueras point. »

Bien sûr, cela peut paraître vain et utopique à une époque où l'on tue parfois pour presque rien. Le fait est que je peux me dérober à l'injonction que constitue le visage de l'autre, je peux désobéir au commandement.

Pourtant, le visage, c'est l'éthique qui me « tombe dessus » et « mon être s'en va pour un autre » ! Je me laisse tomber pour un autre qui m'arrive du dehors et, sans que je puisse protester, il s'installe en moi, me devient le plus cher, celui que je ferais passer volontiers avant moi si cela s'avérait nécessaire.

1. Emmanuel Levinas, *Humanisme et l'Autre Homme*, 1972.

Contradiction, tout est contradiction !

Vous n'ignorez pas ce venin qui empoisonne le cœur et qui fait que, telle la Zerlina de *Don Giovanni*, vous voulez et ne voulez pas :

- savoir si votre homme est fidèle ;
- emménager définitivement chez lui ;
- être présentée à ses parents ;
- passer le week-end en famille chez Grand-Mamie ;
- ou vous rendre au *slunch* [1] organisé par votre aaaadorable collègue Muriel.

Bref, vivre c'est porter en soi la contradiction, la supporter, l'assumer. Comment faire autrement ? On ne divorce pas de soi-même, n'est-ce pas !

La contradiction, c'est-à-dire l'opposition réelle dans les choses, est au cœur de l'homme, au cœur des relations humaines, au cœur de l'être et donc au cœur du système hégélien !

Mais sans contradiction, point de mouvement ! Car l'opposition est le principe de toute évolution, le moteur du processus historique, du devenir.

Comment gérer une situation de crise ?

Vous traversez une crise existentielle ? Rupture, perte d'un être cher ? Vous sombrez dans des affres insondables, vous vous abîmez dans les remords et les regrets ?...

1. Nouveau concept : contraction de *super* et de *lunch*, le *slunch* est une sorte d'apéritif dînatoire pour les angoissés du dimanche soir.

Plusieurs solutions s'offrent à vous :

- Se lamenter : « Pourquoi le sort s'acharne-t-il en permanence sur les gens les plus sympas ? »
- Engager à son service une pleureuse, comme cela se faisait dans l'Antiquité. Ne souriez pas : c'est épuisant de se plaindre sans cesse et pas uniquement pour son entourage !
- Expérimenter la méthode stoïcienne. Reportez-vous au chapitre 3.

Mais le plus efficace serait sans doute de penser la situation à la manière de Hegel :

La crise existentielle que vous endurez est une crise « dialectique » : après avoir connu un certain bonheur (thèse), vous traversez seulement une antithèse, de laquelle vous sortirez changée, sans doute grandie, en une belle synthèse.

Nous sommes des êtres de synthèse...

À bien y réfléchir, ne passons-nous pas notre vie à opérer des synthèses ?

C'est épuisant, mais sans cela notre existence serait effectivement un long fleuve tranquille et avouons que nous mourrions d'ennui.

Alors, à l'harmonie étouffante et stérile de l'acquiescement, préférons les luttes et les désaccords qui nous font sortir de nous-même, à condition toutefois de savoir les dépasser.

Maniement d'arme

Pour surmonter les contradictions sans les dissoudre, il faut apprendre à manipuler l'outil dialectique. C'est là un exercice de haute voltige qui exige un tempérament téméraire, une rigueur toute militaire et la tactique d'un joueur d'échecs.

SORTEZ VOS COPIES : THÈSE, ANTITHÈSE, SYNTHÈSE !

Dans la pensée hégélienne, tout va par 3 – obsession intéressante pour un psychanalyste ! La philosophie de Hegel comporte 3 parties, chaque partie 3 œuvres, chaque œuvre 3 livres, 3 parties par livre, 3 chapitres par partie... Vous aurez compris – inutile d'aller plus loin ! Trouble obsessionnel du comportement ? Peut-être, mais pas seulement. Ce rythme triadique ou « dialectique » est l'essence même de l'être et de la vie, qui ne se déploient qu'en se niant et en dépassant leurs formes les plus immédiates.
Pour saisir la réalité, la pensée ne peut faire autrement que d'épouser ce rythme. Aussi doit-elle se déployer selon une logique elle-même dialectique qui surmontera les contradictions. Sous sa forme la plus simplifiée, la dialectique peut se résumer dans cette formule, lointain souvenir (peut-être ?) de la classe de Terminale : THÈSE/ANTITHÈSE/SYNTHÈSE.

L'art d'avoir toujours dialectiquement raison...

La dialectique est l'art qui permet de réaliser l'unité synthétique des contraires. Pour cela, nous devons parcourir chaque étape avec précaution et accepter de courir le risque de la confrontation avec l'adversaire, dans une lutte des consciences pour la reconnaissance.

Je ne peux parvenir à la conscience de moi-même que si l'autre me reconnaît comme telle, et cette reconnaissance pour Hegel passe par l'affrontement.

Illustration

Le week-end arrive : vite un projet, sinon c'est raté !
Vous suggérez un « shopping et sushis » et votre chéri une « partie de pêche à la campagne »... Voilà une belle contradiction !
Soit, en langage hégélien :

THÈSE : shopping et sushis.

ANTITHÈSE : partie de pêche à la campagne.

Comment opérer une synthèse ?

1. Résignez-vous à faire chambre à part jeudi soir et vendredi soir pour cause de « projet de week-end incommunicable », lequel devient vite « projet de vie incommunicable ». Voici les arguments classiques que vous allez devoir souffrir (une femme avertie en vaut deux) : « Il vaut mieux se séparer » ; « Je ne sais pas ce que je fais avec toi » ; « Tu es si prosaïque, si peu romantique » ; « Nous avons passé de bons moments, c'était bien » ; « Je te quitte » ; « Non, là c'est définitif, jusqu'à dimanche au moins ».

Voilà qui promet une belle lutte des consciences pour la reconnaissance !

2. Évitez le dogmatisme frileux et crispé sur ses principes qui refuse toute confrontation. Ne vous enfermez donc pas dans la salle de bains et dans votre mutisme des heures durant (enfin, quelquefois il vaut mieux : cela évite d'en venir aux injures ou aux mains !)

3. Évitez *a contrario* le nihilisme qui supprime aussitôt son contradicteur. Ne le tuez pas, ne faites pas vos valises encore une fois (certes, des décisions radicales s'imposent parfois !). Si vous fuyez toujours à ce niveau du processus dialectique, vous ne réaliserez jamais aucune synthèse, ne pulvériserez jamais votre record de trois ans, six mois et deux jours avec le même homme, et votre mère ne vous pardonnera pas de lui refuser par là l'organisation d'un mariage en règle.

4. Adoptez l'attitude du dialecticien. Engagez-vous dans un véritable combat, affrontez l'ennemi tout en lui maintenant la tête hors de l'eau (« Ah, tu veux aller pêcher ! ») jusqu'au renversement final où vous le soumettrez.

5. Veillez toutefois à respecter la charte dont voici le texte :

« La lutte pour la reconnaissance est une lutte à la vie à la mort. Chaque conscience de soi met en péril la vie de l'autre [...] jusqu'à ce qu'un des combattants renonce à son indépendance. Ainsi se mettent en place un statut de maître et un statut d'esclave. » [1]

---

1. Hegel, *Encyclopédie des sciences philosophiques*, 3e partie, § 430 et suivants.

Conclusion : êtes-vous sado ou maso, maître ou esclave ?

La lutte des consciences se déroule jusqu'à la victoire de celui qui est prêt à aller jusqu'au bout au péril de sa vie. Celui qui cède, l'*Esclave*, devra reconnaître l'autre comme son *Maître*, sans être reconnu par lui en retour.

Autrement dit, si vous devenez le *Maître*, vous obtiendrez d'aller faire du shopping avec votre copine Suzie alors qu'il ira pêcher du poisson frais afin de vous préparer des sushis pour le dîner. Tant que vous y êtes, pourquoi ne pas exiger aussi des fleurs ?

En compensation, promettez-lui d'acheter l'ensemble *Ravage* qui le fait fantasmer ainsi que le fouet qui *vous* fait fantasmer (choisissez un Shiri Zinn [1] : à 250 euros, ça fait moins « mauvais genre » !)

Mauvaise conscience ? Sachez que celui qui est incapable de risquer sa vie pour la RECONNAISSANCE ne peut être considéré comme un être vraiment humain ! Pour Hegel, c'est la lutte qui crée l'homme (ou la femme) !

Mais attention ! Le *Maître* mène certes une vie de plaisir (shopping) et de paresse, il n'a plus à lutter et à travailler (fabriquer les sushis), ni à affronter les éléments (pêcher).

Mais rapidement, la reconnaissance qu'il obtient de son *Esclave* ne le satisfait plus (il est beaucoup trop soumis). Reconnu dans sa supériorité, sa conscience de soi va néanmoins finir par s'étioler dans l'inaction où il vit. Dans le même temps, l'*Esclave* va peu à peu prendre conscience de lui-même par son travail, et la relation maîtrise/servitude risque alors de s'inverser.

Votre paresse vous perdra...

De fait, l'évolution historique, loin de reposer sur l'attitude guerrière du *Maître*, dépend de l'*Esclave*, de sa lente et douloureuse découverte d'une nature hos-

1. Ne faites pas semblant de ne pas savoir que Shiri Zinn est LA créatrice anglaise d'objets érotiques.

tile qu'il doit transformer en fonction d'une idée (l'idée du « shopping et sushi »), fruit du désir véritablement humain de celui qui a démontré sa supériorité sur la nature (le *Maître*). L'*Esclave* a eu peur de la mort, mais par son travail, il va se libérer de la servitude, transformer le monde naturel, l'humaniser, et se transformer lui-même, rendant ainsi possible l'évolution historique.

QUINZE CONSEILS UTILES POUR ÊTRE HÉGÉLIENNE

1. Partez visiter les ruines de la Grèce antique

Emportez maillot de bain et crème solaire, ainsi que quelques ouvrages sur la Révolution française.

2. Profitez-en pour adopter le régime méditerranéen

C'est excellent pour la santé.

3. Ingurgitez *La Phénoménologie de l'esprit*

Estomacs fragiles, s'abstenir. Cette sorte de potée allemande tient au corps… enfin, à l'esprit plutôt.

4. Emportez quelques boîtes de bicarbonate de soude

Juste au cas où vous seriez dans le potage !

5. Devenez une paresseuse « totale »

Là, vous êtes en terrain connu !

6. Réconciliez le réel et la pensée

« Tout ce qui est réel est ra-tion-nel », c'est-à-dire que tout ce qui arrive est nécessaire et explicable dans un plan d'ensemble auquel vous ne comprenez rien, mais que Hegel, lui, comprend.

7. Prenez donc vos contradictions pour des réalités

Et tirez-en le meilleur parti.

8. Prônez la rigueur et la rationalité de vos concepts

Vous m'en serez reconnaissante.

9. Manifestez pour l'Absolu

Ce petit côté romantique vous ira à merveille.

10. Faites tout en trois temps, trois mouvements

Rappelez-vous : thèse, antithèse, synthèse !

11. Désirez !

L'être désirant est en devenir : vide au départ, « néant », dit Hegel, c'est le désir qui le crée. Désirez pour devenir vous-même.

12. Soyez passionnée !

« Rien de grand ne s'est accompli dans le monde sans passion », affirme Hegel.

13. Lisez ou relisez *Histoire d'O*[1]

Nous vous proposons, à toutes fins utiles, ce roman érotique afin de développer votre imagination...

14. Achevez la philosophie

Point final ou coup de grâce : à vous de choisir !

15. Reposez-vous

Fière d'avoir pensé la *Phénoménologie de l'esprit*, à savoir l'avènement obscur et chaotique de l'Esprit Absolu, vous pouvez vous retirer dans l'attitude posthistorique et postphilosophique du sage. Ouf !

1. Pauline Réage publie *Histoire d'O* en 1954.

chapitre 7

Comment léguer votre fortune à votre caniche ? Suivez les conseils de Schopenhauer !

Préférez-vous le philosophe apprivoisé ou à l'état sauvage ?

Arthur Schopenhauer est un penseur solitaire, un homme qui abhorre son espèce : plus il côtoie les hommes, plus il aime son chien, un caniche – attention ! pas n'importe lequel – répondant au nom d'Atma, qui signifie en hindou « âme du monde » !

« Mais il ressemble à un chat sauvage ! » s'exclame Wagner.

Le caniche ? Non, son maître !

De petits yeux bleus, vifs et perçants, une chevelure hirsute, le poil hérissé et les lèvres pincées, déformées par le rictus de répulsion et d'intimidation du félin croisant le chemin de l'un de ses congénères, voici M. Arthur Schopenhauer.

Le seul à avoir réussi à l'apprivoiser est sans doute son chien, dont la « transparence de l'être » rend si agréable sa compagnie ! Schopenhauer le connaît aussi bien que lui-même... Ah ! Atma : son *alter ego*, son ami, son semblable, son frère !

Sur les murs de la chambre de Schopenhauer, on remarque quelques portraits de lui-même au daguerréotype et de nombreuses gravures de son chien, sans oublier le masque mortuaire du caniche décédé en 1843 ! Paix à son âme !

Vous trouvez cela étrange, voire ridicule ? Sachez, mesdames, que la gent canine possède un trait qui la caractérise et qui fait de son dévouement et de son amitié le plus doux des réconforts : « C'est ce mouvement de queue si bienveillant, si expressif et si profondément honnête. » [1]

1. *Douleurs du monde*, « Pensées et fragments », trad. J. Bourdeau, éd. Rivages Poche, 1990.

Où trouve-t-on cet animal (Arthur bien sûr) ?

Dans les années 1810, on le croise encore à Weimar dans les salons de sa mère, Johanna Schopenhauer.

On y joue de la musique, on chante, on parle de littérature et de politique, on prend le thé en grignotant de petites tartines de beurre.

Maier, célèbre orientaliste de l'époque, Goethe, Werner, jeune romancier ami de Goethe, sont les invités de Johanna, elle-même femme « de lettres », dont les romans à succès sont bons pour le débarras, pense son fils !

Tapi dans quelque embrasure de fenêtre, Arthur observe, farouche, ce petit théâtre de la futilité.

Le dos rond, l'esprit toujours chagrin, il préfère disputer que discuter et crache volontiers insultes et jugements catégoriques sur les animaux de cirque entretenus par sa mère.

Parmi ceux-là, il méprise par-dessus tout Müller, l'amant en titre de sa mère, auquel il s'oppose dans de vives altercations. Aussi décide-t-il un jour de se cloîtrer au premier étage de la maison maternelle avec l'un de ses amis appelé en renfort, en signe de protestation.

Johanna est exaspérée, Müller fou de rage : « Il y a le philosophe qui mène son existence universelle, il se paie un petit juif de Berlin qui est son ami parce que tous les jours il prend patiemment sa petite dose de laxatif objectif ! »

Le « laxatif objectif » est la thèse de doctorat de Schopenhauer : *La Quadruple Racine du principe de raison suffisante* ; un truc pour les pharmaciens, ironise sa mère, prenant le mot *racine* au sens dentaire !

Toutefois, au milieu de tous ces animaux de mauvaise compagnie, notre haret fait la rencontre de deux hommes que l'on ne peut taxer de futilité et qui auront sur lui une influence toute particulière.

Tout d'abord Frédéric Maier, qui initie Schopenhauer au brahmanisme et au bouddhisme. Le jeune homme lit alors les *Upanishads* [1], qui auront, de son propre aveu, une importance aussi grande dans la genèse de son œuvre que la lecture de Platon ou de Kant, jetant « ensemble leurs rayons » dans son esprit.

Goethe est aussi un fidèle des soirées de Johanna Schopenhauer. Il vient tous les jours, a sa table dans un coin du salon, avec tout ce qu'il faut pour écrire ou dessiner. Il a tous les charmes et les raffinements de l'esprit et de la mise et c'est avec lui que Schopenhauer élabore une théorie des couleurs qu'il publiera en 1816 sous le titre : *De la vision et des couleurs*.

BATTEMENTS DE QUEUE CONTRE COURBETTES

On le sait : Arthur préfère, en guise de salutation, les mouvements de queue de son chien aux courbettes et grimaces hypocrites que les hommes de la bonne société échangent en signe de politesse.

Bref, rappelez-vous qu'il y a davantage de bienveillance et de courtoisie dans l'agitation de la queue de votre chien que dans le sourire condescendant de vos collègues de boulot le matin !

Peut-être serait-il plus poli et honnête de terminer dorénavant vos courriers par un simple « battement de queue », en laissant tomber définitivement les « bien cordialement » et autres « salutations distinguées » hypocrites ?

1. Ce mot vient du sanskrit et désigne le texte sacré révélé du brahmanisme.

OPA sur l'action « Schopenhauer »

Une valeur de moins en moins cotée

En 1814, Schopenhauer s'installe à Dresde ; il a quitté sa mère, pour ne plus jamais la revoir.

Désormais, il va mener une vie solitaire et farouche, élaborant une œuvre magistrale mais magistralement ignorée ! Sa cote est au plus bas ; on lui refuse pratiquement le titre de « philosophe » !

Dès 1814, tous les dogmes de son système sont en place et il n'a que 27 ans lorsque *Le Monde comme Volonté et comme Représentation* paraît à Leipzig. Toute sa pensée s'y trouve condensée (enfin... un condensé de quelque 1 500 pages tout de même !), une pensée unique, écrit-il dans la préface. Il ne dit en effet qu'une seule chose : le monde n'est que l'illusion gouvernée par une Volonté aveugle et absurde.

Soyons pessimistes : des mondes possibles, notre monde est le plus mauvais !

Lorsqu'il obtient un poste à l'université de Berlin comme *privat-docent*, Schopenhauer voit sa valeur de moins en moins reconnue, pour finir, au cours du second semestre 1820, par professer devant un juge, un dentiste, un écuyer et un commandant en retraite.

Et Arthur Schopenhauer ne va cesser de tempêter contre ce monde qui ne le reconnaît pas pour ce qu'il pense être : le plus grand philosophe d'Allemagne !

On lui préfère ceux qui « ouvrent le bec dans l'intérêt des gouvernements » et notamment « une philosophie subventionnée pour vieilles femmes, avec ses amas de mots creux, avec ses jolies fleurs de rhétorique qui ne veulent rien dire » [1]... Vous aurez certainement reconnu, dans cette description, l'ami Hegel !

---

1. *Parerga et paralipomena*, tome I, 1re partie, trad. J.-P. Jackson, éd.Coda, 2005.

Ce sont en effet les « non-sens ampoulés » et les fanfaronnades bruyantes de *l'hégélerie* (comprenez « l'hégélianisme ») que vénère l'université allemande, méprisant et ignorant délibérément la philosophie de Schopenhauer. « Je devins en conséquence le Masque de Fer [...], privé d'air et de lumière, en sorte que personne ne me vît et que mes aspirations naturelles ne pussent faire autorité. » [1]

Épuisé par la rédaction de son œuvre et l'incompréhension qu'elle rencontre, il plie bagage et part pour l'Italie en septembre 1818.

1844 : le cours de l'action remonte

La publication de suppléments au *Monde comme Volonté et comme Représentation* est un petit succès et Schopenhauer reçoit même des lettres d'admirateurs.

Il a en effet une idée géniale. Ce sont sans doute ses études de commerce qui ont fait de lui un si bon publicitaire ! Il présente sa pensée sous forme d'aphorismes et de sentences courtes sur toutes sortes de sujets. Il publie en 1851 les *Parerga et paralipomena* [2], dont la seconde partie (*Pensées isolées mais rangées dans un ordre systématique sur une grande variété de sujets*), traite de thèmes philosophiques divers comme l'opposition de la chose en soi et du phénomène, la laideur des barbes, l'intérêt des tables tournantes, la bonté des chiens, le néant et l'existence, ou encore le beau et l'esthétique.

Sa cote remonte en flèche. Roi du marketing avant l'heure, il fait tirer de lui des portraits, qu'il offre à ses admirateurs avec une petite dédicace. Il apprécie tout particulièrement les daguerréotypes, qui le font paraître plus jeune de vingt ans,

1. *Ibid.*, p. 123.

2. Ce qui signifie *Restes et accessoires*. Le titre veut mettre en évidence que l'on ne trouvera dans cet ouvrage que des pensées éparses n'ayant pas trouvé de place dans le système exposé dans *Le Monde comme Volonté et comme Représentation*.

et fait montre d'une coquetterie de midinette, refusant des portraits où il a l'air, dit-il, d'une « vieille grenouille », ou écrivant pour la postérité, au dos d'une photographie qui le représente avec des cheveux roux : « Je n'ai jamais eu les cheveux roux », en latin, en allemand, en français, en anglais, en italien !

Qu'on se le dise ! Schopenhauer n'a jamais été une vieille grenouille rousse !

UNE FAMILLE DE FOUS !

Dans la famille Schopenhauer, je demande la grand-mère : elle devient folle après son veuvage et sera traduite en conseil judiciaire.
Dans la famille Schopenhauer, je demande les oncles – ils sont au nombre de trois : deux sont internés et le troisième est déclaré « fou de débauche ».
Dans la famille Schopenhauer, je demande le père : Floris Schopenhauer, dépressif, cyclothymique, suicidaire. Sa mort, le 20 avril 1806 – il tombe du grenier et se tue sur le coup –, semble inexplicable à son entourage, qui songe à un suicide.
Dans la famille Schopenhauer, je demande la mère. En voilà enfin une saine de corps et d'esprit ! Lorsque Floris lui demanda de l'épouser, elle fut folle de joie et ne prit même pas « les trois jours de réflexion que, selon l'usage du temps, les jeunes filles se réservaient ». Ah ! L'amour ! En voilà une femme amoureuse !
Dans la famille Schopenhauer, je demande la fille : Adèle Schopenhauer, atteinte comme son frère de tristesse et de pessimisme chroniques. « Je n'ai aucun plaisir à vivre, je redoute la vieillesse, je redoute la vie solitaire à laquelle je suis sûrement destinée », écrit-elle à Arthur.
Enfin, dans la famille Schopenhauer, je demande le fils...
Fils d'un babouin et d'une mondaine... L'histoire commence pour lui sous de mauvais augures ! Lorsque Floris Schopenhauer, commerçant à Dantzig, annonce la naissance de son fils, l'un de ses commis murmure en effet : « S'il ressemble à son père, ce doit être un beau babouin. »
Mais par chance, Arthur aura davantage la physionomie du haret que du singe !

Connaissez-vous la misanthropie misogyno-dépressive doublée d'angoisse phobico-paranoïde ?

Heu... vous pouvez répéter ? Et si vous pouviez aussi donner quelques explications... Une p'tite définition, siou plaît !

Il s'agit d'une affection typiquement masculine, ne se rencontrant chez la femme que de façon exceptionnelle. Elle atteint plus facilement l'homme intelligent et cultivé, nourrissant un sentiment de « supériorinfériorité ».

Portrait clinique

Nos observations nous permettent d'affirmer :

1. Le misanthropo-misogyno-dépressif-phobico-paranoïde se croit génial (à juste titre parfois). Aussi méprise-t-il ses stupides semblables (les hommes), sans parler des femmes, cupides et frivoles, qui préféreront toujours un riche chef d'entreprise à un génie de la philosophie, par exemple – ah... elles aussi ?

2. Le sujet cultive paradoxalement un remarquable sentiment d'infériorité, voire de haine de soi : il se trouve souvent physiquement difforme et rumine une situation d'échec dans laquelle il se complaît. Ce déni de soi peut être aggravé par l'ignorance effective dans laquelle le tient le monde ; il souffre de ne pas être reconnu pour ce qu'il est, à savoir un génie.

3. Cet état dépressif se double de paranoïa : tout n'est que complot et le monde est une menace permanente.

- L'amour ? Complot ! L'espèce se sert de la femme et du sentiment amoureux pour se perpétuer.
- Le sexe ? *Idem* – et attention aux contagions de toutes sortes !
- Ne dormez qu'avec un pistolet chargé à portée de main !
- N'habitez qu'au rez-de-chaussée : en cas d'incendie, vous pourrez sauter par la fenêtre !
- Dissimulez vos papiers secrets et ne faites état de votre fortune que de façon codée !

Ah... quel bonheur d'être persécutée !

Symptôme majeur

La vie amoureuse du misanthropo-machin est tout à fait symptomatique. Son principal objet d'amour, c'est lui-même. Voici un rapide descriptif des manifestations de sa déviance dans le domaine affectif :

1. Il considère la femme uniquement comme partenaire sexuel.

L'idéal, ce sont les péripatéticiennes – entendez « prostituées » et non « Aristotéliciennes » ! Tenez, Schopenhauer appréciait particulièrement leur commerce... Avec elles, on ne court pas beaucoup de risques. Par exemple, lorsqu'en 1817 la chambrière avec laquelle il entretient une liaison tombe enceinte, le philosophe s'enfuit en Italie, chargeant sa sœur Adèle de s'occuper de la jeune femme ! « Heureusement, le bâtard est mort en bas âge », écrit-il à un ami !

2. Le misanthropo-machin n'investit ses sentiments que dans les relations « impossibles », susceptibles de nourrir son syndrome du mal-aimé.

Dans ses jeunes années, Schopenhauer s'était follement épris de Caroline Jagemann, actrice de théâtre et maîtresse du duc Charles-Auguste. Elle ne répondit pas à ses avances et il écrira, des années plus tard, dans *Parerga et paralipomena* : « Un amoureux transi et sans espoir peut encore comparer épigrammatiquement sa belle inhumaine au miroir concave, qui comme celle-ci brille, enflamme et dévore, mais reste en même temps froid lui-même. » Schopenhauer, tout à sa douleur, tire de cette expérience une nouvelle nuance de noir pour le portrait de la « nature féminine » qu'il ne cesse d'affiner (que de temps passé à écrire sur un objet haï !). Mais tout simplement, la belle Caroline s'enflammait pour un autre... Pour son argent et son prestige, dirait Schopenhauer ! Il paraît qu'elle était seulement très amoureuse du duc.

3. Le misanthropo-machin fait échouer toute relation « possible », susceptible de soigner son syndrome du mal-aimé.

La jalousie est une arme particulièrement efficace pour achever une relation. Schopenhauer l'expérimente avec Teresa Fuga, une jeune Vénitienne pour laquelle il éprouve un amour passionné. Mais doutant en permanence de son attachement, il la surveille jour et nuit, soupçonne toujours la trahison et se croit trompé parce que, lors d'une promenade, Teresa aperçoit Lord Byron sur son cheval et dit à Arthur : « Le voilà, le poète anglais ! » Ne pouvant plus supporter ce carcan, la jeune femme quitte Schopenhauer, l'abandonnant à ses tourments invivables et insolubles.

« JE DÉTESTE, DONC JE SUIS »

« Si seulement je pouvais me débarrasser de l'illusion de regarder les crapauds et les vipères comme mes égaux ! Cela me rendrait de grands services »[1], s'exclame Schopenhauer !

Sa devise : « JE DÉTESTE, DONC JE SUIS » !

À l'instar du misanthropo..., Schopenhauer se désocialise très rapidement, faisant de sa vie une « pathographie ». Mais son bonheur est là !

1. *Parerga et paralipomena.*

Réquisitoire devant le *Tribunal des flagrants délires*

« Il a fallu que l'intelligence de l'homme soit obscurcie par l'amour pour qu'il ait appelé "beau" ce sexe de petite taille, aux épaules étroites, aux larges hanches et aux jambes courtes. »

Portrait de femme, par Arthur Schopenhauer :

La femme est frivole

Ceci s'explique facilement par le fait qu'elle reste puérile et bornée toute sa vie durant, une grande enfant en somme, ne voyant que ce qui est sous ses yeux et préférant des niaiseries aux choses les plus importantes. Sa raison est débile ; elle est atteinte de myopie intellectuelle !

Il est par conséquent tout naturel qu'elle soit soumise à l'homme, plus mûr et avisé, et que sa seule préoccupation soit le soin de sa plus ou moins nombreuse progéniture. C'est Schopenhauer qui le dit !

La femme est d'une injustice honteuse

Dénuée de bon sens et de raison, elle ignore la vertu. Pire encore : la nature a donné à l'homme la force et à la femme la ruse pour protéger sa faiblesse. Comme le lion a ses dents et ses griffes, le taureau ses cornes, la seiche son encre, la femme a la ruse en partage ! C'est une fieffée roublarde !

La femme est perfide

Mais aussi ils l'ont cherché !

Fausseté, infidélité, ingratitude sont les venins typiquement féminins !

La raison en est que nous n'avons, mesdames, qu'un seul métier : la propagation de l'espèce. En nous donnant à plusieurs hommes, nous ne faisons qu'assurer le salut de l'espèce !

La femme est coquette

1. L'intérêt qu'elle semble prendre aux choses de l'esprit, comme la musique, la poésie ou les arts plastiques, n'est que pure singerie, un prétexte dont elle use pour plaire aux hommes et exercer sur eux son emprise. Car la femme ne peut espérer d'autre pouvoir que celui qu'elle exerce indirectement sur l'homme.

2. La beauté et la grâce dont la nature pare la femme les premières années, afin qu'elle se fasse rapidement épouser, sont des privilèges qui, la nature étant économe, tombent rapidement en décrépitude après le mariage !

Tout cela laisse perplexe – vous en conviendrez !

Sachez que même la plus paresseuse d'entre vous trouvera dans le fameux *Essai sur les femmes* [1] une lecture ludique et instructive. À moins que cela ne vous désole, tout simplement !

Défense de l'accusée

Soyons clairvoyants ! Ce portrait convient à certaines femmes – peut-être vous ! – même s'il est sans doute rarissime de rencontrer tant de défauts en une seule personne et que la femme n'a pas l'apanage de toutes ces médiocrités ! Le comportement de notre philosophe à l'égard du « sexe inesthétique » (qui pourtant le travaille au corps !) le prouve déjà.

Une telle haine des femmes pourrait se fonder, comme le pensent encore aujourd'hui beaucoup de mâles, sur le simple bon sens et l'observation de la « nature féminine ».

Mais enfin, que penser de ce bon sens schopenhauérien qui soupire par ailleurs : « Si seulement les femmes avaient voulu de moi ? »

1. *Parerga et paralipomena*, tome II, 27e partie.

Il semble que Schopenhauer dresse surtout le portrait (outré) de sa propre mère, qui joue les veuves joyeuses sitôt son époux enterré. Le philosophe règle ses comptes avec elle aussi bien qu'avec les femmes qui n'ont pas voulu de lui. Mais puisqu'il se présente lui-même comme un grand démystificateur, suivons son exemple et démystifions une telle duperie...

En fait, il n'est pas inscrit dans les projets de Schopenhauer d'être heureux. Sa représentation du monde est telle que le bonheur est impossible – c'est ce que nous verrons un peu plus loin. Le monde vécu par Schopenhauer est le pire des mondes possibles, parce que son univers psychique n'est, de son propre aveu, qu'inquiétude : « Même quand il ne se produit pas d'excitation particulière, je porte constamment en moi une inquiétude intime qui me fait voir et chercher partout des dangers où il n'y en a pas. »

Enfin, Schopenhauer fait appel à l'idée d'une « intention de la nature » comme principe de légitimité pour justifier son jugement sans appel sur la femme.

Y a-t-il une intention dans la nature ? Si oui, ce ne peut être qu'un postulat, c'est-à-dire une idée indémontrable à laquelle on choisit librement de croire ou pas, et en faveur de laquelle on ne peut donner aucune sorte de preuve ou démonstration. Et si la nature a réellement une intention, quelle est cette intention ?

CHIENNE DE SEXUALITÉ !

Schopenhauer se venge d'un instinct sexuel tyrannique et du peu de satisfaction qu'il obtient. Le désir sexuel est pour lui une torture et une obsession : « Il est la pensée et l'aspiration quotidienne du jeune homme et souvent du vieillard, l'idée fixe qui occupe toutes les heures de l'impudique et la vision qui s'impose à l'homme chaste. » [1]

Schopenhauer se venge et cherche des mortifications à l'égal d'une jouissance, dira Nietzsche dans sa *Généalogie de la morale*.

Il voudrait pouvoir, comme l'ascète hindou, tenir en bride le besoin sexuel. La chasteté serait presque le nirvana !

1. *Parerga et Paralipomena.*

Un petit dialogue amoureux schopenhauérien, ça donne quoi ?

La femme est l'instrument du génie de l'espèce pour assurer à l'humanité sa progéniture. La passion des femmes n'est donc qu'un leurre de la nature pour engendrer des enfants. Tous les amants travaillent en secret pour l'espèce. Les dialogues amoureux, les paraboles idéales, la poésie, les élans tendres ou passionnés ne sont que le jeu de dupes des pauvres marionnettes schopenhauériennes que nous sommes.

L'amour... Nous faisons toute une histoire de ce qui n'est qu'une bagatelle : au fond, il s'agit seulement « que chaque Jeannot trouve sa Jeannette » !

Badinons avec l'amour

Imaginez Robert dans le rôle de Daphnis et Lola dans le rôle de Chloé...

Robert : Quel enthousiasme vertigineux s'empare de moi à la vue de ta beauté !

Entendez : « Tu te trouves heureusement dans les années comprises entre le commencement et la fin des menstrues, à savoir 18-28 ans... (Source d'information : Schopenhauer) C'est parfait ! Quelle belle progéniture nous allons pouvoir engendrer ! »

Lola : Ton charme me ravit et je brûle de désir pour toi.

Entendez : « Comme l'oiseau bâtit son nid, je cherche l'endroit propice pour y déposer mes œufs, et un homme de 35 ans me semble idéal pour cela. »

Robert : Je t'aime, tu es la femme de ma vie et je souhaiterais t'épouser.

Entendez : « Je voudrais donner à la génération future un individu mais mes qualités ne sont pas suffisantes ; tu me seras fort utile avec ton beau visage et un si bon squelette. »

Lola : Oui, mon Robert, mille fois oui.

Entendez : « J'ai la même intention que toi. Voyons un peu ce que chacun de nous pourrait apporter dans l'intérêt de l'être futur. »

Robert : Oh ! Ce oui, ce simple oui sortant de lèvres tant aimées !

Entendez : « Étant donné que tu es faible et tout de même un peu courte sur pattes, il tiendra de moi sa force physique. »

Lola : Que nos âmes vont s'accorder avec délices !

Entendez : « Dieu merci, mon intelligence compensera ta bêtise ! Mais tu es courageux, tu sauras protéger notre progéniture. »

Oui mais : que dire alors des fameux desseins de l'espèce, lorsqu'un Jeannot cherche son Jeannot ou une Jeannette sa Jeannette, monsieur Schopenhauer ?

Tout simplement : bravo, pour avoir fait échouer ce complot répugnant, peut-être ?!

FICHE SIGNALÉTIQUE DE LA PARFAITE MÈRE PORTEUSE

Pour résumer, voici les qualités requises afin d'être choisie pour épouse par un schopenhauérien :
1. Avoir entre 18 et 28 ans.
2. Être en parfaite santé.
3. Avoir un bon squelette pour le fondement de l'espèce.
4. Être une parfaite plantigrade, c'est-à-dire avoir de petits pieds.
5. Avoir de bonnes dents.
6. Une certaine plénitude des chairs et notamment des seins bien arrondis (cela excite les hommes car ils promettent une riche nourriture à leur future progéniture, écrit Schopenhauer !).
7. Un nez bien fait, à l'inclination parfaite (un degré de trop vers le haut ou vers le bas et vous vous retrouvez vieille fille !).

8. Une bouche formée de petits os maxillaires, aussi éloignée que possible de la gueule des bêtes.
9. Un menton proéminent, signe distinctif de notre espèce.
10. De beaux yeux et un beau front, révélateurs de qualités psychiques et intellectuelles.

De l'avantage de la polygamie

Ah... Schopenhauer aurait-il changé d'avis ? Pas trop tôt !

Faites un pied de nez à la Volonté de l'espèce

Pour faire échec aux desseins de l'espèce, rien ne vaut la polygamie ! Faisons donc ménage à trois, propose Schopenhauer ! Enfin, deux femmes pour un homme évidemment – ce qui aura de plus pour mérite de diminuer le nombre de prostituées !

À votre bon cœur, mesdames : sauvez les prostituées...

La femme mariée imposant fidélité à son époux se montre en réalité fort égoïste à l'égard des femmes qui n'ont trouvé personne pour se charger d'elles.

La « dame », comme l'appelle Schopenhauer, se montre de plus ingrate envers la femme publique, qui la préserve des dangers de la séduction. Il est en effet moins gênant que votre époux se paie les services d'une prostituée que d'une maîtresse plus ou moins attitrée qui pourrait mettre votre couple en péril.

Schopenhauer dresse un constat effrayant : « Dans la seule ville de Londres, il y a 80 000 filles publiques : vraies victimes de la monogamie, cruellement immolées sur l'autel du mariage. Toutes ces malheureuses sont la compensation inévitable de la dame européenne, avec son arrogance et ses prétentions. »

Adoptons profil bas : nous n'avons pas de quoi être fières ! Nous avions cru, jusqu'à ce que Schopenhauer nous ouvre les yeux, que la prostitution pouvait en grande partie s'expliquer par les désirs pervers de la gent masculine. Nous découvrons que nous, femmes mariées, pacsées ou simples concubines exclusives, sommes responsables de la prostitution !

Alors que, si nous acceptions de partager, tout irait pour le mieux dans le pire des mondes possibles...

Égoïstes, égoïstes que nous sommes !

Songeons de plus au bonheur de nos époux...

Il est dans la nature de l'homme d'avoir besoin de plusieurs femmes. Laissons-le donc batifoler librement. Notre orgueil sera ainsi maté ; nous serons ramenées à notre vrai rôle et à notre juste place : su-bor-don-nées ! Car « il est évident que la femme par pure nature est destinée à obéir ». Sans doute Schopenhauer confondait-il nature et culture...

Comment ennoblir l'espèce humaine ?

« Si l'on pouvait faire de tous les coquins des eunuques, enfermer toutes les dindes dans des couvents, procurer aux gens de caractère tout un harem, et pourvoir d'hommes, de vrais hommes, toutes les jeunes filles intelligentes et spirituelles, on verrait bientôt naître une génération qui nous donnerait un âge encore supérieur au siècle de Périclès. » [1]

No comment...

2 règles à retenir pour une parfaite progéniture :

1. Les qualités du cœur et du caractère viennent du père : volonté ferme, décision, courage, droiture, bonté.

1. *Métaphysique de l'amour*, dans *Douleur du monde*. Vous y trouverez toute l'argumentation de Schopenhauer sur ces étonnantes questions conjugalo-philosophiques !

2. Les qualités psychiques et intellectuelles sont l'héritage de la mère.

Les 2 types de couples possibles :

1. Lui : brute bornée.

Elle : douce, instruite, pleine de goût et de finesse.

2. Lui : savant et plein de génie.

Elle : une oie !

En dehors de ces associations, point de statut !

LE PHILOSOPHE DOIT-IL PRENDRE FEMME ?

Rares sont les philosophes qui pensent que les hommes sont des « animaux conjugaux ». Les Stoïciens, les Épicuriens et les Cyniques déconseillent le mariage : marmites, marmots et philo ne font pas bon ménage ! Les Platoniciens rient bien volontiers des humeurs hystériques [1] de Xanthippe, l'épouse de Socrate ! « Les femmes ne pourront jamais conduire les grands hommes qu'à la ruine » – ce n'est pas un homme qui le dit, mais Héloïse ! Souvenez-vous : la petite coquine de Pierre Abélard, le « Socrate des Gaules » [2]...

Le philosophe du Quartier latin fait des rêves non moins latins, pour le plus grand plaisir de sa cadette de vingt ans. Mais lorsqu'il lui propose le mariage, rien ne va plus : quoi ! « un homme que la nature a créé pour le monde entier, asservi à une seule femme et courbé sous un joug infamant », s'écrie-t-elle ! Maligne, la petite Héloïse : être la maîtresse du grand homme, oui, sa femme, pas question ! « Séparons-nous si tu veux que je continue à t'aimer. » Prenez note... Voilà une façon de plaquer votre amant philosophiquement !

Bref, peu de philosophes tentent l'aventure conjugale : Diderot, Hegel, Fichte, Schelling, Comte, Marx, Bergson, Bachelard ; la liste, sans être exhaustive, est bien courte au regard de vingt-cinq siècles de philosophie !

1. Remarquons que le mot *hystérique* semble par son étymologie réservé à la femme : du grec *usteron*, signifiant « utérus » !

2. Pierre Abélard a vécu au XIIe s. ; ce philosophe a « créé » le Quartier latin à Paris.

Mais qu'est-ce qu'on s'ennuie !

Eh oui ! le monde de Schopenhauer est un monde où l'on s'ennuie.

L'affaire est grave car l'ennui est la source de tous les comportements caractéristiques des hommes, à commencer par la gamme complète des divertissements, que le philosophe a pu étudier à loisir dans les salons de sa mère à Weimar.

Mais c'est encore de l'ennui que naissent le monde et la philosophie pessimiste de Schopenhauer.

L'expérience amoureuse, telle qu'elle est pensée par le philosophe, n'en est que l'exemple le plus cruel peut-être. Tout en effet n'est qu'ennui dans cette affaire, car c'est toujours la même rengaine : nous croyons être amoureux, alors que nous sommes le jouet de nos instincts et le rêve d'amour ne découvre que la réalité animale et obscène de l'accouplement.

Jouons les petites socratiques : « Qu'est-ce que l'ennui ? »

L'ennui est une vacuité intérieure, un vide qui se peint sur beaucoup de visages (observez vos congénères dans le métro ou dans les embouteillages du matin !). Sa couleur serait le blanc, d'une froide neutralité... S'ennuyer, c'est ne plus rien ressentir, sauf l'ennui.

Mais en même temps, il nous jette hors de nous-même : en effet, comme nous nous ennuyons, notre attention va se cristalliser sur n'importe quel événement extérieur, même le plus trivial, avec une avidité étonnante. Quelque chose, n'importe quoi – on se moque des moyens –, mais pitié ! quelque chose qui nous occupe, qui fasse battre le cœur et mette l'esprit en ébullition ! Quelque chose qui nous fasse oublier que nous nous ennuyons !

LE DIVERTISSEMENT DES ROSEAUX PENSANTS

Pascal constate que les hommes s'agitent sans cesse en de vaines occupations et préoccupations : peines et périls de toutes sortes, querelles, guerres et passions. Ils ne savent demeurer seuls, tranquilles et en repos, chez eux, en eux. Pourquoi rechercher le divertissement (du latin *divertere*, « se détourner de ») avec une telle frénésie ? Pour fuir le spectacle de notre condition faible et misérable. Nous dérobant ainsi à nous-mêmes, notre existence n'est que vacuité et inconsistance. Dans ces conditions, même un roi, quand il se trouve sans divertissement, peut être le plus malheureux des hommes. Jean Giono reprendra cette idée dans un roman intitulé *Un roi sans divertissement*.

Pourtant, « c'est être grand que de connaître qu'on est misérable », la pensée est notre seule dignité. « L'homme est un roseau, le plus faible de la nature, mais c'est un roseau pensant. » [1]

Un divertissement, vite !

Nous ne sommes pas difficiles, nous nous accommodons de tout, pourvu que cela nous éloigne de nous-mêmes ! Tout est bon à prendre : chagrin d'amour, soucis de toutes sortes, superstition, bavardage, polémique autour de la machine à café à propos de la tenue controversée de l'une de vos collègues...

Celui-là même qui fait la gueule le matin dans le métro trouvera le soir à se divertir en allant se trémousser dans la dernière boîte à la mode ou en engageant une procédure judiciaire contre son voisin pour un stupide droit de passage.

Le *divertissement* n'est-il pas le maître mot de notre société de loisirs ? Pour connaître le succès, un produit, quel qu'il soit, doit nous divertir, nous « changer les idées » : dernier rouge à lèvres de Chanel, film, livre, disque, nous consommons du divertissement afin d'éviter toute forme de réflexion [2].

1. *Pensées* (1670), *Œuvres complètes*, « L'Intégrale », Seuil, Paris, 1963.
2. La *ré*-flexion est le retour sur soi de la pensée, comme un miroir qui réfléchit votre image.

DESTIN DE PORC-ÉPIC !

« Par une froide journée d'hiver, un troupeau de porcs-épics s'était mis en groupe serré pour se garantir mutuellement contre la gelée par leur propre chaleur. Mais tout aussitôt ils ressentirent les atteintes de leurs piquants – ce qui les fit s'éloigner les uns des autres. »[1]

L'instinct social est-il naturel et spontané ? Sûrement pas ! C'est l'ennui, notre vacuité intérieure, qui nous fait rechercher la compagnie d'autrui. Mais sitôt que nous l'approchons, nous ressentons l'atteinte de ses longs piquants et le repoussons. Les hommes ne s'aiment pas. Faut-il donc que l'ennui soit mortel pour les pousser à se rassembler afin de s'ennuyer ensemble ! « Mais pourquoi ? » avons-nous envie de nous écrier !

C'est toujours la même rengaine ! Voilà pourquoi

Il n'y a jamais rien de nouveau sous le soleil. Nous sommes comme Ixion attaché à sa roue, comme Sisyphe roulant son rocher, comme les Danaïdes qui ne cessent de remplir leur tonneau. Notre supplice recommence sans but, éternellement. La vie n'est que répétition.

Nous le savons bien lorsque nous répétons chaque jour les mêmes gestes, les mêmes phrases : « Viens prendre ta douche, brosse-toi les dents, ne crache pas sur le miroir, enfile ton pull-over à l'endroit, mets tes chaussures, non ce n'est pas le bon pied, non aujourd'hui tu mets les marron, parce que tu es habillé en marron, oui, les rouges demain ; à l'école encore avec dix minutes de retard... »

Même ce qui semble échapper à tout cela, l'extraordinaire, ne parvient pas à éviter la répétition pour Schopenhauer.

En ce sens l'Histoire n'existe pas, aucune histoire n'existe, aucune aventure n'est possible, les événements ne sont que l'avènement du même.

1. *Parerga et paralipomena*, 1re partie, « Aphorismes sur la sagesse dans la vie ».

Tel événement historique vous semble inouï ? Illusion ! N'avez-vous jamais commencé à lire un vieux journal, sans vous rendre compte immédiatement que ce n'était pas celui du jour ? Toujours le même conflit israélo-palestinien, toujours quelque pays africain en guerre, catastrophes, querelles politiques, scandales médiatiques... seuls les noms changent, et encore !

L'amour ? N'en parlons même pas ! Ruse de la nature, jeu de dupes ! Ouvrez *Voici* ou *Gala* (profitez-en : vous allez devoir les jeter au chapitre 10...) : toujours les mêmes histoires à la une ; les stars shootées à la cocaïne et aux dollars ne font pas plus que vous dans l'originalité !

Tout n'est que répétition...

Mais répétition de quoi au fait ?

De la Volonté !

Ce que Schopenhauer appelle son « grand-œuvre » est *Le Monde comme Volonté et comme Représentation*. Nous sommes là au cœur de sa philosophie.

Ainsi font les petites marionnettes de la Volonté

Schopenhauer reprend le concept kantien de « chose en soi », pour lui donner une interprétation tout à fait originale.

Le monde est un monde de phénomènes, il est notre représentation. Alors que Kant nous avait enseigné que nous ne pouvions remonter des phénomènes aux noumènes, Schopenhauer affirme que la « chose en soi » se trouve au plus profond de nous-mêmes, au fondement de notre existence : c'est la Volonté.

Ne l'entendez pas comme une valeur rationnelle, mais comme une tendance aveugle, inconsciente, qui naît du besoin et du désir, qui se manifeste en l'homme comme dans la nature sous la forme d'un « vouloir-vivre » instinctif et tout-puissant. Quelle que soit la variété des phénomènes, ils sont toujours produits sous la seule impulsion de la Volonté.

La Volonté est une belle emmerdeuse !

Les Idées platoniciennes, les noumènes kantiens étaient autant de « choses en soi », qui seules donnaient quelque valeur au monde sensible, phénoménal.

Pour Schopenhauer, les Idées ne sont que des produits, des représentations de la chose en soi, à laquelle il donne le nom de « Volonté ».

Et la Volonté est une belle emmerdeuse ! Elle pulvérise l'univers calme et serein des Idées. Elle les met en mouvement et fragmente leur unité en une multitude de représentations phénoménales. Du coup, il y a peu de chances pour que *ma* représentation du monde s'accorde avec *la vôtre*. Il faudrait inventer des lunettes qui adapteraient notre vue à la représentation des autres... À défaut de cela, nous sommes condamnés à vivre sous l'empire d'une Volonté complètement folle, seuls, dans un monde irrationnel où personne ne peut nous comprendre...

Publicité, marketing et packaging

L'ennui naît de l'immobilité du temps.

Nous ne nous en apercevons pas, mais le temps est immobile. L'illusion du mouvement n'est qu'une ruse de la Volonté pour attacher les pauvres créatures que nous sommes à la vie.

Comme la publicité, la Volonté doit continuer à abuser les hommes par tous les artifices du renouvellement. En « créative » de talent, elle doit nous donner l'illusion de la nouveauté et suffisamment de plaisirs ou au moins de désirs pour nous tenir en haleine et nous tenir tout court.

Remarquons que nous parlons de désirs et de plaisirs, non de bonheur. Il n'est dans l'intérêt, ni de la publicité, ni de la Volonté, de nous rendre heureux. Un homme heureux est un homme comblé. Et à sa plénitude, rien ne peut être ajouté, ni la dernière voiture de sport à la mode, ni le tout nouveau petit pot de crème au chocolat à l'ancienne de Mamie Nova (oui, on peut donner l'illusion de la nouveauté avec du vieux !), ni Mamie Nova elle-même ; même pas la Sylphide dénudée qui vend le même pot pour la marque concurrente ! Rien ! Un homme heureux est un homme qui ne consomme pas !

Alors la Volonté, en bonne publicitaire, ne prévoit pas que nous soyons heureux, au contraire. Sournoise, elle change l'emballage du yaourt pour vous faire croire qu'il y a du nouveau à l'intérieur, elle fait paraître le jules avec lequel vous venez de rompre pour la dixième fois sensiblement différent. Vous savez bien : « Non, là ce n'est pas pareil : nous avons rompu un lundi, à savoir le lendemain d'un dimanche ; jusqu'à présent c'était toujours avant le week-end. C'est un signe, non ? C'est différent cette fois ! »

En fait, pas du tout. C'est la même chose mais d'une autre manière, pour faire illusion. Sinon, vous refuseriez la vie, comme vous dédaignez acheter un produit au packaging un peu ringard !

Toujours vous faire croire à la différence pour vous faire mordre à l'hameçon, voilà la réalité de la Volonté !

Y a-t-il du temps pour le bonheur ?

La vie oscille comme un pendule, de gauche à droite, de la souffrance à l'ennui. Entre l'un et l'autre, il n'y a pas de temps pour le bonheur. C'est logique ! Si on ajoute à cela que de toute façon le temps est inexistant (*dixit* saint Augustin), nous n'avons plus qu'à vivre sous Prozac ou à nous suicider ! D'autant plus que Schopenhauer nous rassure à ce sujet : devons-nous songer avec horreur à ces gens qui se suicident ? sont-ils des criminels ? « Je dis non, non et non », s'emporte Schopenhauer ! Le suicide n'était-il pas vanté par les Anciens (les Stoïciens, par exemple) comme une action noble et héroïque ? Chez les hindous, il est même considéré comme un acte religieux : songez aux veuves s'immolant par le feu ou aux croyants se livrant aux crocodiles du Gange.

De plus, le suicide peut être envisagé comme une expérience intéressante, une question que l'on pose à la Nature : « Quel changement l'existence et la connaissance de l'homme éprouvent-elles à travers la mort ? Mais c'est une expérience maladroite, remarque Schopenhauer, car elle abolit l'identité de la conscience qui devrait écouter la réponse. »[1]

En effet, c'est tout de même idiot !

SAINT AUGUSTIN ET LES APORIES DU TEMPS

« Qu'est-ce donc que le temps ? Si personne ne me le demande, je le sais ; mais si on me le demande et que je veuille l'expliquer, je ne le sais plus », écrit saint Augustin dans *Les Confessions*[2]. Le concept de temps est contradictoire et conduit l'esprit dans des apories redoutables :

1. Si le présent était toujours présent, il ne serait pas du *temps* mais de l'*éternité*. Pour être du temps, le présent doit rejoindre le passé et cesser d'être. Donc *le temps est et le temps n'est pas* : première aporie.

2. Comment le passé et l'avenir existent-ils étant donné que l'un *n'existe plus* et que l'autre *n'existe pas encore* ? *Les choses passées et futures existent et elles n'existent pas* : deuxième aporie.

3. Je ne peux mesurer le temps que lorsqu'il a *cessé d'être* ; tant qu'il dure, c'est impossible. *Donc le temps se mesure et ne se mesure pas* : troisième aporie.

4. Le temps est l'*écoulement* du futur dans le présent et du présent dans le passé. Pourtant, ces trois temps semblent s'*immobiliser* dans le présent : le présent, le présent du passé et le présent du futur. *Donc le temps est un mouvement et le temps n'est pas un mouvement* : quatrième aporie.

L'intuition d'une durée subjective, reprise entre autres par Sartre et Bergson, permet à Augustin de surmonter ces contradictions. Par la *mémoire*, qui conserve le *passé*, l'*anticipation*, qui introduit l'*avenir*, et l'*attention*, qui tisse la durée (le *présent*), le temps peut être pensé dans sa vérité. Pour Schopenhauer, le temps n'est pas temporel et nous ne vivons qu'au présent.

1. *Parerga et paralipomena*, 2e partie, chapitre XIII, « Sur le suicide ».
2. Livre XI, chap. XIV, trad. J. Trabucco, Garnier-Flammarion.

La moitié du monde souffre, l'autre s'ennuie

Schopenhauer a 15 ans lorsque son père lui propose d'apprendre à lire dans « le grand livre du monde ». En mai 1803, la famille Schopenhauer au complet part pour un tour d'Europe de quelques années. « Je fus saisi par la détresse de la vie, comme le fut Bouddha dans sa jeunesse lorsqu'il découvrit l'existence de la maladie, de la vieillesse et de la mort »[1], note Schopenhauer dans son *Journal de voyage*.

La vie est un redoutable problème et il décide de consacrer la sienne à y réfléchir.

En Hollande, en Angleterre, en France, en Suisse, partout le même théâtre de « naufragés ».

Les uns sont enchaînés à leur galère, comme les 6 000 forçats du bagne de Toulon, dépravés, désespérés et pleins de haine, payant cher le simple fait de respirer.

Les autres paradent dans les fêtes : perles et joyaux, plumes, velours et rubans, mascarades et grandes sarabandes, pour tuer le temps, ce temps immobile qui ne passe pas ou si lentement !

Mais tous appartiennent en réalité à la même colonie pénitentiaire.

Le Dieu absolument bon de la théologie classique a-t-Il créé ce monde ? Quelle plaisanterie, s'exclame Schopenhauer ! C'est bien plutôt un Diable qui se délecte de nos souffrances.

1. *Essai sur les apparitions*, trad. A. Dietrich, 1912, p. 185.

Tout n'est qu'illusion

À l'expérience du malheur, telle que la fait Schopenhauer, s'ajoute celle de l'impossibilité du bonheur ! Ce but vers lequel tend chacun de nous n'est qu'une illusion fondamentale que l'expérience de l'ennui vient dissoudre.

Et ce ne sont pas des obstacles extérieurs qui nous empêchent d'être heureux, mais notre volonté même de vivre, qui se manifeste dans le désir. Or, désirer, c'est déjà être en contradiction avec le bonheur !

Tout désir naît du manque, de l'insatisfaction ; il nous enchaîne donc à la souffrance.

Mais satisfaire ses désirs rend heureux, direz-vous !

Non ! Cela ne dure pas et, n'ayant plus d'objet à désirer, nous tombons dans un vide épouvantable, « ce blanc qui apparaît là où on aurait attendu la positivité d'un bonheur ou d'un plaisir », dans l'ENNUI... Alors l'existence pèse d'un poids intolérable, jusqu'à ce que nous trouvions un nouveau motif de désirer, donc de souffrir...

Désirez donc la paresse : tant que vous ne pouvez assouvir votre désir, vous souffrez.

Menez une vie de paresse : vous vous ennuyez, parce qu'on se lasse vite de tout ce qui devient habituel.

Voilà l'alternative dans laquelle nous enferme Schopenhauer ! Ne nous faisons par conséquent aucune illusion !

MAIS POURQUOI LE DÉSIR SERAIT-IL MANQUE ?

Gilles Deleuze s'inscrit dans la tradition de philosophes comme Nietzsche ou Spinoza, désireux de retrouver une pensée créatrice et essentiellement joyeuse. Il rompt avec une conception classique depuis Platon (souvenez-vous du mythe des androgynes) du désir comme béance et souffrance. C'est que Platon range le désir du côté de l'acquisition, le déterminant ainsi comme manque d'un objet réel, explique Deleuze. La psychanalyse elle-même s'empare de cette conception et la renforce : le manque de l'objet

réel va déterminer l'homme à produire des objets fantasmés pour se soustraire à une réalité insatisfaisante.

Or, pour Deleuze, le désir est production et non acquisition, « il ne manque de rien, il ne manque pas de son objet » [1]. Et s'il produit, ce ne peut être que des choses réelles. Le désir crée des agencements et façonne ainsi notre monde. Le désir étreint la vie...

L'ennui des morts vivants

Tout cela finit par être inquiétant, voire épouvantable !

Le monde dans lequel nous vivons est faux, factice. C'est le monde d'une Volonté toute-puissante qui a monté un décor et s'est retirée, laissant les malheureux que nous sommes se démener dans un jeu truqué : il n'est pas prévu que nous gagnions quelque partie que ce soit !

La mise en scène a pour fonction de nous masquer l'absurdité de la Volonté, du vouloir-vivre qui nous anime, de la vie elle-même.

Mais alors, qu'est-ce qui distingue la vie de la mort ? Ne faisons-nous pas seulement semblant d'être vivants ? Cet ennui mortel, mais qui ne nous tue pas définitivement, ne fait-il pas de nous des morts vivants ?

L'ennui, pour peu que nous sachions, avec Schopenhauer, nous éveiller à sa compréhension, nous révèle un monde absurde, faux, en trompe-l'œil et pourtant familier : un monde étrangement inquiétant et particulièrement angoissant.

Souhaitez-vous vivre dans un monde schopenhauérien ?

Sûrement pas ! Ce monde est fou ! « Le vouloir-vivre nous apparaît, pris objectivement, comme un fou », et nous découvrons que nous sommes nous-mêmes des fous !

Si vous vous ennuyez, alors tant mieux : on ne peut philosopher qu'après avoir connu l'ennui !

---

1. Gilles Deleuze et Félix Guattari, *L'Anti-Œdipe*, éd. de Minuit, Paris, 1972.

Le monde n'est qu'une illusion produite par un vouloir-vivre insensé, il est « notre » représentation. Comprenant cela, nous prenons la voie de la délivrance : il faut s'arracher à la Volonté qui nous ballotte sans cesse de la souffrance à l'ennui.

Existe-t-il une seule activité qui ne soit pas au service de la Volonté, qui ne nous maintienne pas dans le cycle infernal souffrance/ennui, ennui/souffrance ? Pitié, monsieur Schopenhauer : un moyen, un seul, de déconnecter l'esprit de la Volonté ! Nous vous promettons en échange d'accrocher l'un de vos daguerréotypes au-dessus de notre lit !

Chut, chut, il parle ; écoutez sa voix rauque et lente (il sait ménager ses effets, le p'tit père !) : « Contemplation... »

Il a dit « contemplation » ? Mais contemplation de quoi ?

Étape 1 : rendez costume et perruque, plumes et rubans, perles et fanfreluches...

N'acceptez plus de jouer aucun rôle dans cette mauvaise tragi-comédie qu'est le monde ! On ne vous donne de toute façon que des rôles de bouffon !

Devenez simple spectatrice : paradoxalement, vous vous ennuierez beaucoup moins et remplirez votre temps plus agréablement.

Voilà enfin une promesse de bonheur : quitter le monde de la Volonté pour celui de la Représentation !

La contemplation est « un mode de connaissance pure, libre de tout vouloir, qui à vrai dire est le seul vrai bonheur, non plus un bonheur précédé par la souffrance et le besoin et traînant à sa suite le regret, la douleur, le vide de l'âme, le dégoût, mais le seul qui puisse remplir sinon la vie entière, du moins quelques moments dans la vie » [1].

1. *Le Monde comme Volonté et comme Représentation*, trad. A. Burdeau, coll. « Quadrige », PUF, deuxième édition, Paris, 2004.

Contemplez donc ce que vous voulez, pourvu que ce soit de façon désintéressée, que ce soit pour vous-même et non pour la Volonté. Contemplez la vie, l'art, la vie dans l'art, votre paresse, l'ennui même de la vie : vous ne vous ennuierez plus.

Étape 2 : enfilez votre gilet de sauvetage philosophique

Remédier à l'ennui est le seul moyen de nous soustraire à la Volonté absurde et tyrannique. Mais la mesure doit être radicale !

Inutile toutefois de changer de pays, de département ou de ville ; inutile de changer de compagnon, de voiture, de coiffeur... Ne vous mettez pas en frais vainement ! La solution est à la fois plus simple et plus radicale encore : changez de vie, faites de la philosophie ! (*C'est un bon slogan, non ?!*)

Votre salut réside dans la pensée. Pensez l'ennui, comprenez ce qu'il signifie : il nous raconte la vanité du désir, l'impossibilité de la satisfaction et l'impossibilité de se satisfaire de cette impossibilité ! Nous désirons vainement, encore et toujours, et cette vanité nous tue !

Le désir est fragile et illusoire : cessons de désirer les objets dont le manque provoque inévitablement l'ennui et nous cesserons de nous ennuyer.

L'ennui vécu nous torture, l'ennui « contemplé » nous donne un surcroît d'intelligence, qui nous permettra de prendre la Volonté à son propre piège.

Ne faites pas votre larve !

Vous pensez, comme Pierre Desproges : « Larve couchée sur le dos, je n'ai pas plus de raison de ramener ma fraise que de chances de me remettre sur mes pattes » !

Ne soyez pas défaitistes ! Songez qu'en faisant de votre paresse un objet de contemplation, non seulement vous ne risquez plus de mourir d'ennui, mais vous donnez une légitimité toute nouvelle à ce vice que déplore votre entourage parfois...

Imaginez... 25 décembre, 16 h 30... Vous quittez péniblement la table des festivités après le dernier « petit » chocolat avec le café, vous rampez péniblement jusqu'au canapé et ne rêvez que de faire la larve couchée sur le dos, lorsque vous entendez : « On reconnaît bien la paresseuse qui s'esquive toujours lorsqu'il s'agit de débarrasser... »

Alors là, ils vont le regretter !

Secouez la larve, prenez le rictus dédaigneux de Schopenhauer et rétorquez :

« Sombres petits esclaves de la Volonté, sachez que je m'adonne à la contemplation dans une "transformation transcendantale", qui est "le seul acte de notre liberté" ! »

Deviendriez-vous plus schopenhauérienne que Schopenhauer ! C'est bien !

Laissons donc ces marionnettes à leur ennui misérable et occupons-nous de notre salut !

Pour convertir votre regard, métamorphoser l'ennui, il n'y a rien de mieux que l'art. La contemplation esthétique nous arrache à la Volonté et au présent (dans certaines situations, c'est salutaire !), elle nous donne accès à un peu de temps à l'état pur.

Alors contemplez et pratiquez ! Écoutez la *Norma* de Bellini, où « la conversion de la Volonté est clairement indiquée par le calme soudain de la musique », écrit Schopenhauer dans *Le Monde*. Pratiquez comme lui la flûte ! Pourquoi pas ? Jouez du Rossini à la flûte tous les jours après le déjeuner !

Bienvenue au nirvana !

Tenez-vous vraiment à ce monde fait d'illusions et de souffrances ? Non ? Alors abandonnez-le !

C'est dans l'ascétisme que vous trouverez enfin la paix, le nirvana, c'est-à-dire la négation pure et simple de toute Volonté. Vous aurez alors accompli la conversion définitive, comme Bouddha trouve la sérénité en cessant de « vouloir vivre ».

Plus de Volonté, plus de temps, plus d'ennui dans ce monde figé et extatique. L'ennui, éternel retour du même, n'est en effet plus possible dans un monde qui ne bouge plus !

« Nous autres, nous allons hardiment jusqu'au bout. [...] Pour ceux qui ont converti et aboli la Volonté, c'est notre monde actuel, ce monde si réel avec tous ses soleils et toutes ses voies lactées, qui est le néant. » [1]

Apprenez donc à mourir au monde afin de connaître le nirvana et, lorsque vous mourrez véritablement, vous pourrez soupirer, à l'instar de Schopenhauer : « Eh bien, nous nous en sommes bien tirés ! »

1. *Le Monde comme Volonté et comme Représentation.*

QUINZE CONSEILS UTILES POUR DEVENIR UNE PARFAITE SCHOPENHAUÉRIENNE

1. Achetez un caniche

Son petit mouvement de queue bienveillant saura vous réconforter les mauvais jours.

2. Prenez rendez-vous chez votre notaire

Et prenez les dispositions testamentaires qui s'imposent.

3. Aimez-vous vous-même

Dieu ne vous le rendra pas, mais votre chien oui.

4. Aimez votre « prochien » comme vous-même

Ah ah... quelle bonne blague !

5. Soignez votre apparence

Adoptez le style « grenouille rousse »... non, pardon : « dandy ».

6. Apprenez à cracher et à hérisser le poil

Oui, comme le chat sauvage.

7. Fuyez les hommes (les femmes, n'en parlons pas !)

À l'exclusion toutefois de ceux qui vous vénèrent (c'est toujours bon pour l'ego).

8. Ennuyez-vous

Malheureusement vous n'en mourrez pas.

9. Souffrez

Vous n'en mourrez pas non plus ; vous êtes là pour le meilleur mais surtout pour le pire.

10. Faites de Schopenhauer votre maître spirituel

Grâce à lui, vous comprendrez les rouages de la Volonté.

11. Décidez alors de lui faire échec

Devenez lesbienne, par exemple, faites ménage à trois, etc. Bref, brisez les carcans !

12. Contemplez

Par la contemplation, percez le voile d'illusion qui obscurcit l'expérience ordinaire et empêche de se libérer de la souffrance.

13. Réalisez votre éveil

Comme Bouddha, en méditant silencieusement sous un arbre sacré. Où le trouver ? Aucune idée... On ne peut pas tout faire à votre place !

14. Partez pour le Tibet

Vous ne trouverez peut-être pas d'arbre sacré, mais une bonne petite marche en altitude aura eu raison de votre cellulite : c'est toujours ça de gagné !

15. Offrez-vous aux crocodiles du Gange

En dernier recours évidemment, au cas où, malgré tous vos efforts, vous ne parviendriez pas à extirper la flèche de la souffrance.

chapitre 8

Comment ne pas vous tuer au travail ? Merci, mon bon Marx !

Devenez philosophe, tout simplement !

Le philosophe n'est-il pas en effet celui qui s'adonne à l'oisiveté ? Il faut bien être libéré du travail pour avoir le loisir de philosopher ou de faire de la politique. Socrate, Platon, Aristote et toute la clique ne travaillaient pas ; ils étaient assez fortunés pour acheter la force de travail de quelques esclaves. Bien sûr, la plupart d'entre eux n'étaient pas riches pour autant, mais ils savaient se contenter de peu (souvenez-vous des Stoïciens ou des Épicuriens). L'aliénation au travail : Zeus les en garde !

Tel est le philosophe « à l'antique » !

Karl Marx a retenu la leçon : être salarié lui semble indigne de sa condition et il songe très sérieusement à se faire « sponsoriser » par le Parti. Guider le prolétariat vers sa libération ne mérite-t-il pas en effet salaire ? Et penser le labeur est suffisamment laborieux sans s'aliéner en plus au travail !

Bref, Karl Marx, que l'on imagine volontiers au plus près de la réalité ouvrière de son époque, du prolétaire exploité et usé par le Grand Capital, est en fait un petit-bourgeois assez cossard, même pas fichu de gagner l'argent qu'il aime pourtant dépenser sans compter.

Le premier philosophe subventionné

Marx est né en 1818 à Trèves, en Prusse rhénane, dans une famille d'origine juive. Son père préféra se faire avocat plutôt que rabbin et se convertit au protestantisme afin de pouvoir exercer son métier. Chez les Marx, on apprécie la valeur de l'argent. Seul Karl, enfant et adolescent turbulent, semble le dilapider outrageusement, ne craignant pas de « taper » papa jusqu'à l'âge de 30 ans au moins. Il méprise l'argent ; d'ailleurs, il n'en a jamais, mais il en parle souvent et en emprunte toujours !

Il n'est pas rare, dans les périodes de disette, qu'il demande de petites rallonges à ses parents, à son beau-frère, à ses amis qui régulièrement se cotisent, ou aux camarades du Parti. Il taxe même parfois une poignée de schillings à de simples ouvriers !

Mais – c'est irrévocable – quoi qu'il advienne, il refuse de travailler ! Faire du journalisme passe encore, mais occuper un emploi de bureau stable, même quand il s'agira de sortir sa famille de la misère, jamais !

Marx refuse les offres d'emploi de l'ami Engels [1] et préfère vivre du petit capital de l'héritage de sa mère et de la pension de trois cent cinquante livres sterling qu'Engels lui verse.

Car c'est ce dernier qui fait bouillir la marmite chez les Marx, pendant que notre philosophe subventionné se consacre à son grand-œuvre, *Das Kapital*, qu'il ne finira jamais d'ailleurs !

Qu'il est paresseuuuuux !

Tel est le philosophe « à la marxiste » !

La paresse est asociale

Au XIXe siècle, en plus d'être déjà une faute religieuse et morale, la paresse devient un problème politique, sanitaire et social.

Partout en Europe, les ouvriers réclament un droit au travail et l'industrialisation à outrance fait naître un nouveau rapport au temps.

Accéléré au rythme des transports, des machines et des chaînes de production, le temps est parallèlement morcelé, découpé, afin d'être rationalisé et rentabilisé.

1. Friedrich Engels (1820/1895).

Bref, le temps c'est de l'argent, et quand vous travaillez plus de quatorze heures par jour, vous ne pouvez guère vous offrir le luxe, à l'instar d'une Mme Bovary, de vous perdre paresseusement en rêveries romantico-neurasthéniques.

Lorsque vous êtes « méga-charrette » au boulot, que vous déjeunez sur le clavier de votre PC et rentrez chez vous le soir à 22 heures, que faites-vous ? Pas le temps de paresser ! Le lendemain, à 8 h 30, vous êtes de nouveau sur la charrette. Alors vous avalez une pizza surgelée en écoutant votre copine instit (la paresseuse asociale) se plaindre de rentrer tous les soirs chez elle à 17 heures, et après avoir enfin réussi à raccrocher le téléphone, vous (la paresseuse contrariée et socialement aliénée au travail) plongez sous votre couette avec un bon bouquin en reprenant la cinquième ligne sur laquelle vous vous endormez depuis une semaine.

Lorsque le temps personnel n'est que le temps nécessaire pour reconstituer sa force de travail, la paresse n'existe plus.

LA DURÉE OPPOSÉE AU TEMPS

Le philosophe français Henri Bergson [1] oppose le temps, idée mathématique, à la durée, conçue comme la continuité temporelle de la vie de l'esprit, l'étoffe de la conscience.

Le temps est ce que scandent nos horloges toute la journée. La durée est le temps vécu par la conscience.

Le plus souvent, le quotidien et son cortège de rendez-vous, d'horaires à respecter nous obligent à vivre dans le temps. Nous sommes ainsi retenus au moins douze heures par jour à l'extérieur de nous-mêmes. Au contraire, quand nous nous laissons vivre, dans la paresse par exemple, lorsque nous oublions le temps de l'horloge et laissons libre cours à notre intuition, nous sentons ce que Bergson appelle « la durée pure », c'est-à-dire une vie intime et intérieure où tout se succède sans rupture, comme dans une mélodie.

1. Henri Bergson (1859/1941) est le philosophe qui réhabilite l'intuition face à l'intelligence dans la connaissance.

Le temps se vit sur un tempo « techno » : les secondes comme les notes y sont martelées jusqu'à vous rendre justement « marteau ». *A contrario*, la durée est une mélodie où chaque note naît harmonieusement de la précédente et se fond dans la suivante pour composer une phrase musicale ininterrompue.

La paresse est amorale

Tous les hygiénistes et autres moralistes du XIXe siècle vous diront qu'il faut occuper le temps vacant. C'est une question de salubrité publique. Car – on le sait bien – la paresse est mère de tous les vices et les jeunes gens encore innocents doivent en être préservés.

Observez en effet tous les paresseux... Ils rêvent nonchalamment...

Une sylphide alanguie se dessine sur l'écran de vos rêveries romantiques ou érotiques, à moins que ce ne soit la plage de Rio, le sable fin, la chaleur estivale, un beau Brésilien... galipettes sur le sable fin dans la chaleur estivale avec un beau Brésilien ?!

Voilà exactement ce qui est à craindre : à rêvasser ainsi, on finit par être envahie par de mauvaises pensées, des désirs inavouables, qu'il faut bien d'une façon ou d'une autre satisfaire...

Laissez paresser la jeunesse et elle sombrera dans le vice de la masturbation !

Est-ce à cela que vous occupez vous-même votre temps de paresse ?

Paresseuse et vicieuse... Joli bilan !

La paresse n'est pas hygiénique

En ce XIXe siècle aliéné au sexe en sus du travail, la masturbation devient la bête noire des médecins et des curés. Doivent-ils être tenaillés eux-mêmes par leurs désirs pour penser autant à mal !

L'affaire est sérieuse ; médecins et membres du clergé s'en mêlent : on invente alors des sangles et des corsets anti-masturbatoires, on interdit aux jeunes filles les promenades en solitaire ainsi que l'équitation, afin de ne provoquer aucune... démangeaison ?!

Dans ces conditions, n'avez-vous pas honte de revendiquer un temps dévolu à la paresse ? N'avez-vous pas de scrupules à envisager de « perdre » votre temps quand les autres se tuent au travail ?

Tant pis ! Nous nous arrangerons avec notre conscience (que reste-t-il de notre morale kantienne ?). Ayons le courage de nos convictions et affirmons haut et fort :

NON !

NON !

et

NON au sacro-saint travail !

Osons résister à sa glorification, comme Paul Lafargue, le *Frenchie* duquel s'entiche Laura Marx. Alors que beau-papa défend le droit au travail, Paul lui oppose un droit à la paresse [1]. L'amour du travail, cette folie, traîne à sa suite depuis des siècles un cortège de misères individuelles et sociales. Nous avons déjà dépassé le *nec plus ultra*, l'idéal des douze heures de travail journalier des philanthropes et moralistes du XVIIIe siècle, s'indigne Lafargue.

« Les ateliers modernes sont devenus des maisons idéales de correction où l'on incarcère les masses ouvrières, où l'on condamne aux travaux forcés pendant douze à quatorze heures non seulement les hommes, mais aussi les femmes et les enfants ! »

1. Paul Lafargue écrit *Le Droit à la paresse* en 1883.

Cessons de nous laisser ainsi torturer et épuiser : « Honte au prolétariat français ! »

L'amour du travail est une A- BER-RA-TION ! Aberration mentale, mesdames, que les prêtres, les économistes et les moralistes ont sanctifiée au nom du Père et du Capital.

Dieu n'avait-Il pas pourtant maudit le travail en l'infligeant comme une punition à Adam et Ève ? Le travail est une malédiction et, après deux mille ans de labeur, il est grand temps d'arrêter les frais !

LA PARESSE RENTABLE ?

Le rendement est devenu une telle obsession, qu'il se pourrait, si nous n'y prêtons attention, qu'il pervertisse la paresse elle-même. Un certain nombre d'esprits américains bien intentionnés réfléchissent sérieusement à un nouveau « concept » de sieste : le *power nap*, littéralement « sieste dynamisante ». Il s'agit de trouver une façon d'engendrer de la plus-value à partir d'une pratique jugée improductive. C'est un des piliers de la paresse qui vacille, le point d'orgue de notre art de ne presque rien faire qui se trouve précipité dans le tourbillon de la rentabilité !

Karl le touche-à-tout

À Bonn, où il s'installe en 1835 pour étudier le droit, Marx fréquente avec davantage d'assiduité les tavernes que les amphithéâtres, et les beuveries lui procurent plus d'ivresse que la jurisprudence. Un an plus tard, il quitte « la gaie taverne » pour « la maison de correction de Berlin ». Son père pense en effet que l'austérité de l'Université de la capitale prussienne sera plus favorable aux études de son fils. Plein de bonne volonté, Karl s'inscrit dans neuf cours différents, auxquels il assiste lorsque ses activités extra-universitaires le lui permettent !

C'est qu'au même moment, il se découvre à la fois une vocation de poète et de philosophe : « Attends-toi à faire la connaissance du plus grand peut-être vrai philosophe actuellement vivant qui va attirer l'attention de l'Allemagne », écrit-il modestement à son père en 1836.

Sans compter qu'il est AMOUREUX ! Mais nous y viendrons plus tard ; ne prenons pas la fâcheuse habitude, comme Marx, de tout commencer sans rien terminer !

Karl s'essaie aussi au roman, traduit Ovide et Tacite et étudie l'anglais et l'italien, entreprend un drame fataliste à la Schiller, un roman humoristique dans le goût d'Hoffmann, un traité de métaphysique et de droit, et des carnets de poésie. Mais préférant sans doute les œuvres inachevées, il n'en termine aucune. Il faut dire qu'il n'a que 20 ans !

La mort de son père en 1838 lui permet de choisir librement la voie de la philosophie. Il rédige une thèse sur Démocrite et Épicure, deux philosophes matérialistes, car après réflexion « la mélodie rocailleuse » du grand Hegel, encore enseignée, commentée et débattue avec passion à cette époque, ne lui plaît guère. Il soutient sa thèse avec succès, mais elle est un peu trop audacieuse et le poste de *privat-docent* à l'université de Bonn, qui lui avait été promis par l'un de ses maîtres, lui passe sous le nez.

On lui propose alors de travailler à Cologne pour *La Gazette rhénane*, un journal d'opposition.

Mais Marx est un contestataire et sa plume trempée au vitriol lui vaudra d'être régulièrement censuré avant que le journal ne soit carrément interdit en mars 1843.

Karl « le Maure » en exil

De Bonn à Paris

Marx vient de perdre son emploi et sa mère refuse de lui restituer sa part de l'héritage paternel. Zut ! il se retrouve sans argent alors qu'il se préparait à épouser Mlle de Westphalen.

La petite Jenny l'attend pourtant depuis sept ans !

Enfant déjà, elle en pinçait pour le jeune frère de sa copine, lorsqu'ils jouaient ensemble dans les jardins mitoyens de leurs maisons. Il avait quatre ans de moins qu'elle mais elle était dingue de lui : sa solide carrure et son regard intense, son teint basané qui lui valut d'être surnommé « le Maure ». Mais les études éloignent Marx de Trèves pendant des années, et les cahiers de poésie qu'il offre à sa fiancée, pour Noël par exemple, ne calment que très sporadiquement les jérémiades de la demoiselle !

Jenny et Karl se marient finalement le 12 juin 1843. Mais, comme il l'avait écrit à son père, l'Allemagne remarque effectivement le jeune homme : il est expulsé du pays au lendemain de ses noces ! Le 11 novembre, ayant renoncé à la nationalité prussienne, Marx s'installe à Paris dans un petit appartement de la rue Vaneau et va continuer à affûter sa plume dans une revue franco-allemande, première tribune pour les idées « marxistes » qui deviendront bientôt classiques.

La vie parisienne

En France, Louis-Philippe est au pouvoir ; c'est le début de la « révolution industrielle ».

Ce XIXe siècle est marqué par un esprit conquérant et optimiste. Les progrès des sciences et des techniques laissent espérer aux hommes des conditions d'existence meilleures.

Mais le spectacle de la réalité sociale est tout autre : l'homme est écrasé par la puissance formidable des machines et le progrès ne profite pas à tous. Alors que la bourgeoisie industrielle s'enrichit, des masses d'ouvriers misérables et exploités s'appauvrissent davantage.

À l'âge de 26 ans, Marx se défie de la philosophie : elle ne pourra jamais, à elle seule, transformer le monde. Il est temps d'agir politiquement. Il rédige ses premiers textes d'économie politique sous l'influence de Proudhon, qui déclare : « La propriété, c'est le vol », s'engage auprès des révolutionnaires communistes français et des mouvements ouvriers les plus violents.

Les idéaux révolutionnaires et les problèmes financiers n'empêchent toutefois pas les jeunes tourtereaux de côtoyer du beau monde, notamment dans le salon de Marie d'Agoult [1]. Ils font la connaissance du poète Heinrich Heine, du peintre Jean Ingres et de Frédéric Chopin, qui pianote pour eux ses *Polonaises*.

Sainte-Beuve [2] fréquente également le salon : il « psycho-analyse » tout le monde, mettant en application ses théories sur la relation entre l'œuvre et la vie de l'artiste.

Voilà de quoi divertir un peu de la lutte des classes...

PIERRE-JOSEPH PROUDHON (1809/1865), LE PÈRE DE L'ANARCHISME

Marx rencontre cet écrivain politique français à Paris en 1844. Il admire tout particulièrement sa thèse, publiée en 1840 : *Qu'est-ce que la propriété ?*.

La justice est son dada. Une justice conçue à la façon de Kant comme respect inconditionnel de la dignité humaine. De là, 3 principes fondamentaux traversent son œuvre :

1. Le droit de tous au travail.

2. L'égalité des intelligences.

3. La disparition de l'État comme conséquence logique et nécessaire de la révolution.

1. Marie de Flavigny, comtesse d'Agoult, est une femme de lettres française née à Francfort-sur-le-Main en 1805. Elle eut trois enfants de Franz Liszt, dont Cosima, que Richard Wagner enleva et épousa. Elle est décédée à Paris en 1876.

2. Charles Sainte-Beuve (1804/1869) est un écrivain et critique français adoptant une méthode controversée d'analyse psychologique des œuvres d'art. Dans *Volupté*, publié en 1834, il romance sa liaison avec Adèle Hugo, l'épouse du poète.

En effet, Proudhon est le père de l'anarchisme et pense une nouvelle organisation sociale, politique et économique plus souple et décentralisée : une sorte de Confédération internationale, de Société des nations à la manière dont Kant l'avait déjà pensée.

Coup de bol : Engels sonne à la porte

En septembre 1842 déjà, de passage à Cologne, le jeune homme s'était présenté dans les bureaux de *La Gazette rhénane*. Mais M. Marx, sans doute fort occupé, le renvoya sans prendre la peine de le recevoir.

Deux ans plus tard, les choses se passent tout différemment et on peut dire que Marx a une sacrée veine de rencontrer Friedrich Engels, car les ennuis vont se multiplier et on peut se demander ce que seraient devenus Marx et le marxisme sans lui.

Engels joue le deuxième violon

Un grand attachement intellectuel va immédiatement lier les deux hommes. Très rapidement ils entreprennent la rédaction de leur premier ouvrage : *La Sainte Famille*, dans lequel, en bons matérialistes, ils fustigent la philosophie idéaliste de l'Histoire.

Ils écrivent également à deux *L'Idéologie allemande*, et seul le livre I du *Capital* est de la main de Marx. Le reste sera rédigé par Engels à partir des notes éparses de son camarade. Et mettre de l'ordre dans ce capharnaüm ne fut pas une sinécure !

Fils d'un grand industriel du textile, Engels eut tout le loisir d'observer les conditions de travail en atelier dans les filatures de l'entreprise familiale. C'est de cette expérience industrielle, autant que du cerveau de Marx, qu'est né *Le Capital*. N'oublions pas que Marx, afin de se consacrer pleinement à son œuvre, n'a jamais travaillé. Mais rappelons aussi qu'Engels, en plus des œuvres dont il est avec Marx coauteur, publie beaucoup à titre personnel.

Pourquoi le nom de Marx vient-il toujours en premier ? Pourquoi le couple est-il « Marx et Engels » et non le contraire ? Parce que Engels a décidé dès le départ d'œuvrer dans l'ombre : « J'ai été deuxième violon et je crois être arrivé à une certaine virtuosité ; mais j'étais rudement content d'avoir un premier violon tel que Marx », écrira-t-il.

Un parfait binôme

En fait, ils forment un couple fort classique : Engels fait bouillir la marmite et met de l'ordre dans les finances, pendant que Marx dépense l'argent et fiche le bazar à la maison, dans le pays et dans toute l'Europe.

Marx joue en effet les grands agitateurs et fait de la propagande. En 1845, à la requête du gouvernement prussien, il est chassé de France et se réfugie à Bruxelles, où Engels le rejoint bientôt.

Là-bas, il s'affaire à tisser des liens entres les organisations ouvrières d'Europe. En 1848, les insurrections se multiplient. En février, il faut seulement trois jours aux ouvriers français pour renverser la monarchie et proclamer la IIe République. Marx est expulsé de Bruxelles puis à nouveau d'Allemagne et, le 24 août 1849, il s'installe définitivement à Londres.

Au théâtre de boulevard

Nous savons que Marx fut un jeune homme dilettante et dispersé. Il exerce sa plume à tous les styles : épique, lyrique, satirique et tente même le vaudeville en couchant avec la bonne. Il ne néglige aucun des ressorts du comique : Hélène Lenchen, au service des Marx depuis de nombreuses années, tombe enceinte. Quel scandale !

Et Jenny dans tout cela ? Elle soigne sa mélancolie. Les soucis financiers, les agitations incessantes de son époux, ses infidélités et sept grossesses successives l'ont épuisée ; elle sombre dans une longue dépression.

Qui vole alors au secours de Karl afin de sauver les apparences ? Engels !

Tenez-vous bien. Il reconnaît l'enfant, endosse la paternité et lui donne même son propre prénom : Friedrich. Il mettra le garçon en nourrice et s'occupera de son éducation sans que Marx se préoccupe de quoi que ce soit. Il serait indécent de perturber un génie avec ce genre de considérations !

Avez-vous un seul ami capable d'un tel dévouement, d'une telle abnégation ?

Réfléchissez : êtes-vous aliénée au travail ?

Possédez-vous les moyens de produire ce qui vous est nécessaire pour vivre ?

Avez-vous les moyens de produire votre pain quotidien et de cultiver vous-même vos légumes au jardin ? Non sans doute. Alors, vous êtes aliénée.

Il y a aliénation lorsque les moyens de production appartiennent à d'autres. Si vous ne disposez pas vous-même des moyens de produire ce qui est nécessaire à votre survie, vous ne disposez pas non plus de vous-même. Bref, vous ne vous appartenez pas. Vous appartenez au système objectif et anonyme dans lequel vous vivez ; vous appartenez à un autre. À qui exactement ? Au capitaliste bien sûr. C'est-à-dire à votre patron ! CQFD !

Le fruit de votre travail vous appartient-il ?

Si vous êtes potier dans un petit village de Touraine, que vous façonnez avec amour de beaux objets que vous vendez vous-même à un prix raisonnable, calculé sur la base du coût des matières premières et du temps de production, on peut dire que le fruit de votre travail vous appartient encore.

Mais si vous êtes ouvrier sur une chaîne de production, que vous fabriquez une partie seulement d'un téléphone portable assemblé un peu plus loin par une autre personne, comment vous reconnaître dans l'objet produit ? En produisant non pas un téléphone, mais 1 000 composants infimes de 1 000 téléphones, c'est la satisfaction de « l'objet fini » qui vous est refusée. Le produit de votre travail ne vous appartient plus.

Que deviennent les marchandises que nous produisons ?

Emballées, codées, expédiées, vendues avec une plus-value honteusement élevée, elles nous échappent et ne nous appartiennent pas.

Attention ! vous perdez de la valeur

« Plus l'ouvrier s'extériorise dans son travail, plus le monde étranger, objectif, qu'il crée en face de lui, devient puissant, plus il s'appauvrit lui-même et plus son monde intérieur devient pauvre, moins il possède en propre. » [1]

L'ouvrier assigné à une chaîne met toute sa vie et son énergie à la production d'objets qui, sitôt finis, deviennent une sorte de puissance autonome à laquelle il se confronte et qui le domine. L'homme se vide de son essence au profit de l'objet, son travail existe alors indépendamment de lui et la vie qu'il lui a prêtée se dresse face à lui « comme une puissance hostile et étrangère ». Plus le monde des choses gagne en valeur, plus le monde des hommes en perd. Il y a une fuite de la valeur de l'homme vers l'objet de sa production.

Bref, en travaillant vous vous dépréciez et vous devenez vous-même une simple marchandise !

1. Marx, *Manuscrits de 1844*, trad. E. Bettigelli, Éditions sociales, 1990.

Quelle différence y a-t-il entre vous et un esclave ?

Rassurez-vous : il en existe une ! Mais elle est infime...

Nous rêvons tous de nous épanouir dans un travail qui serait essentiellement signe de liberté. Mais la réalité du travail décrite par Marx est tout autre : ses conditions concrètes conduisent à une aliénation proche de l'esclavage.

En vous versant un salaire mensuel, votre patron vous achète, comme il achète n'importe quelle matière première ou n'importe quelle machine de production.

Cela signifie que la force de travail est une marchandise que le salarié vend au capitaliste pour vivre. Mais ce n'est pas n'importe quelle marchandise, c'est son activité vitale qu'il vend, qu'il adjuge ainsi à un tiers. En travaillant, le salarié sacrifie donc en partie sa vie.

L'esclave a vendu sa force de travail une fois pour toutes – sans en tirer toutefois le moindre bénéfice. Vous, vous vendez votre force de travail un peu chaque mois pour un salaire.

Si vous êtes prothésiste dentaire, que produisez-vous pour vous-même ?

Le dentier de M. Untel qui veut avoir un beau sourire pour Noël ? Pas du tout. Vous produisez le salaire qui vous permettra de payer votre loyer, de remplir votre réfrigérateur et d'acheter une nouvelle voiture.

Voyez-vous les dix heures où vous taillez, polissez, émaillez comme une manifestation de votre vie ? Certainement pas. Votre vie (réduite au minimum) commence là où cesse votre activité : chez vous, à table, au lit.

Votre patron vous exploite !

Avec quel argent votre patron vous paie-t-il ? Est-ce de l'argent qu'il retire de la vente de ce que vous produisez pour lui ? Nenni ! C'est de l'argent qu'il a d'avance, son capital. Quel que soit le prix auquel il vend la marchandise produite par vos petites mains (bénéfice mineur, raisonnable ou honteusement élevé !), votre salaire est déjà payé et il reste le même.

« Le salaire n'est donc pas une part de l'ouvrier à la marchandise qu'il produit. Le salaire est la partie de marchandises déjà existantes avec laquelle le capitaliste s'approprie par achat une quantité déterminée de force de travail productive. »

Marx renverse Hegel

Le matérialisme marxiste renverse la dialectique hégélienne qui faisait de l'Esprit la vraie réalité. Hegel était un « idéaliste ». Pour Marx au contraire, c'est la réalité matérielle, sociale et économique qui explique l'homme. Marx est un « matérialiste » car les conditions matérielles sont la base de son système : elles définissent une civilisation et la conditionnent, y compris dans ce qu'elle a de plus spirituel (philosophie, art, religion).

Que sont ces conditions matérielles ?

Ce sont les infrastructures économiques, qui déterminent les superstructures juridiques et politiques.

Dites-moi ce que vous produisez et comment vous le produisez, je vous dirai qui vous êtes – et comment vous transformer...

C'est ce que l'on appelle « le matérialisme* historique ou dialectique » :

- matérialisme car tout dépend de la réalité matérielle ;

- historique car l'Histoire entière repose sur ces principes ;
- dialectique car la contradiction (antithèse) joue un rôle majeur dans l'Histoire.

Le matérialisme historique

I. Les infrastructures économiques

1. Les forces productives

Moyens matériels par lesquels les hommes travaillent pour assurer les conditions matérielles de leur survie :

- Conditions matérielles de la production : matières premières, environnement, etc.
- Moyens technologiques : outils, machines, énergies, sciences et techniques, etc.
- Organisation du travail : division du travail, méthodes, etc.

Déterminent...

2. Les rapports sociaux de production

Ce sont les rapports d'exploitation qui s'établissent entre les hommes en fonction des modes de production spécifiques à une époque donnée. Il existe 4 modes de production, donc 4 types d'exploitations de l'homme par l'homme :

- L'esclavage généralisé : mode de production des premières civilisations asiatiques.

- L'esclavage privé : mode de production antique des civilisations gréco-romaines.
- Le servage : mode de production féodal en cours au Moyen Âge.
- Le salariat : mode de production bourgeois moderne des sociétés industrielles.

Déterminent...

II. Les superstructures juridiques et politiques

1. Les formes d'organisations politiques

L'État, la justice, le droit, bref, tous les instruments de domination de la classe au pouvoir.

Déterminent...

2. Les idéologies et la conscience sociale d'une époque

Croyances, morale, religion, art, philosophie, etc.

Toutes les idées propres à une société ne sont que le reflet déformé des conditions matérielles de production et expriment, là encore, des intérêts de classes.

« Le mode de production de la vie matérielle conditionne le processus de vie social, politique et intellectuel en général. Ce n'est pas la conscience des hommes qui détermine leur être social ; c'est inversement leur être social qui détermine leur conscience. » [1]

Pour agir sur les hommes, il faut donc agir à la base sur les moyens de production.

1. Marx, *Contribution à la critique de l'économie politique*, Éditions sociales, 1859.

Comment faire votre révolution prolétarienne ?

Faire une révolution prolétarienne, voilà la seconde solution au problème crucial : « Comment ne pas vous tuer au travail ? »

Vous constaterez toutefois par vous-même que la première solution, à savoir devenir philosophe, semblait nettement moins fatigante !

En effet, faire une révolution prolétarienne revient à devoir ébranler l'énorme superstructure décrite ci-dessus.

Pourquoi faire la révolution ?

La formidable énergie que nous nous apprêtons à déployer est-elle nécessaire ?

Rappelons brièvement le contexte social de l'Europe au XIXe siècle :

Les travailleurs n'ont aucun droit, pas de vacances, pas de Sécurité sociale ; hommes, femmes, enfants triment environ quinze heures par jour, vivent dans des conditions sanitaires effroyables, dans des logements insalubres, et meurent précocement.

Bref, relisez *Germinal* [1] : tout y est.

Le grand mérite de Marx est d'avoir rassemblé ces masses opprimées pour leur redonner espoir.

Imaginez...

Vous vous trouvez au grand meeting du 28 septembre 1864 à Londres.

1. Émile Zola publie son roman en 1885, deux ans après la mort de Marx.

Des ouvriers de tous les pays sont réunis pour proclamer la fondation de la première association ouvrière internationale... Ils chantent et clament des slogans. Ils veulent transformer les sociétés capitalistes en sociétés socialistes et unifier le prolétariat en une fédération mondiale. Ils sont sur le point de proclamer la Première Internationale, dont Karl Marx se verra confier la direction.

Bon, il va falloir retrousser vos manches...

Prenez le taureau par les cornes

Pour renverser le système capitaliste, vous devez faire vaciller l'ensemble de sa structure en l'attaquant à la base.

Concrètement, il faut que les forces productives matérielles entrent en contradiction avec les rapports de production (voir plus haut : « Le matérialisme historique »).

Quand y a-t-il contradiction ?

Lorsque les rapports de production entravent le développement des forces productives matérielles. Alors seulement on entre en période de révolution.

La révolution commence donc par un bouleversement matériel dont les répercussions vont agir comme des vagues successives submergeant les formes d'organisations politiques, les idéologies et la conscience sociale d'une époque.

La contradiction entre les rapports de production et les forces matérielles de production est le nerf de l'évolution historique. Le mode de production bourgeois moderne, c'est-à-dire celui où la bourgeoisie possède tous les moyens de production et vit de l'exploitation des salariés, est la dernière forme de contradiction.

Devenez ingénieur de la révolution

La révolution est un boulot de professionnel ! Seul celui qui connaît tout le processus complexe du matérialisme historique est à même de conduire le peuple à la révolution. L'expert possède le savoir total, la vision panoramique de cette réalité complexe. C'est pourquoi il peut, au besoin, asservir les masses afin de les mener au bonheur... car lui seul connaît les chemins escarpés qui y conduisent.

Remarquons que cette nécessité, affirmée par Marx, de diriger le peuple « d'en haut » est limite « totalitaire ».

Rassurez-vous : vous avez des alliés !

La science et l'Histoire justifient votre action. La critique marxiste se veut une véritable analyse scientifique des structures économiques qui déterminent une société. Il y a en effet une nécessité historique et scientifique cachée dans la réalité économique. L'interprétation marxiste de cette réalité, telle que nous avons tenté de la résumer, constitue pour vous l'assurance que vous ne luttez pas seule et que votre combat est entièrement justifié, voire légitime. La révolution est par conséquent le sens et la valeur de l'Histoire.

PETITE HISTOIRE MARXISTE DE L'HISTOIRE

Marx distingue dans l'histoire de l'humanité 3 étapes, en fonction des méthodes de production et des conditions de travail :
1. Première étape : celle de l'homme tribal qui a conscience d'appartenir à un groupe duquel il ne se distingue pas. Il n'a pas de conscience individuelle.
2. Deuxième étape : celle où apparaît l'individu. L'homme prend conscience de son individualité grâce à la division du travail. Chaque personne ayant une tâche précise à accomplir s'individualise par rapport au groupe. Avec la division du travail commence la préhistoire [1], et avec elle « la lutte des classes ».

1. Nous ne tenons pas à brouiller vos connaissances en histoire ; aussi faut-il préciser que ce que Marx appelle « préhistoire » ne correspond pas à la période préhistorique habituellement étudiée. Il nous faut comprendre *préhistoire* et *Histoire* dans un sens nouveau.

3. Troisième étape : celle du communisme. C'est la révolution qui met en place ce régime après avoir renversé le capitalisme. L'Histoire, du point de vue marxiste, peut alors commencer.
Pourquoi l'Histoire commence-t-elle seulement avec le communisme ?
Car au moment où la révolution est sur le point d'éclater, la lutte des classes a atteint une étape où la classe exploitée et opprimée (le prolétariat) ne peut plus se libérer de la classe qui l'exploite et l'opprime, « sans libérer en même temps et pour toujours la société tout entière de l'exploitation, de l'oppression et des luttes de classes », écrit Engels dans la préface du *Manifeste du Parti communiste*.

Changez de vie, changez de parti !

Vous l'aurez compris : pour être marxiste, il ne faut se reposer ni sur sa paresse ni sur ses lauriers. Alors que le philosophe classique interprète le monde, le marxiste veut le transformer. Cela dit, on ne vous demande pas de transporter les barils de poudre. Il paraît que Marx lui-même n'a, de sa vie, jamais participé à aucun soulèvement ouvrier.

Mais philosopher, c'est agir. Alors engagez-vous ! Faites de la propagande, osez changer la réalité humaine ! Comment s'y prendre ?

1. La théorie : lisez et méditez le *Manifeste du Parti communiste*

Ce texte fondateur est rédigé sur mandat du 2e Congrès de la « Ligue des communistes », à Londres en 1847, par Marx et Engels. Il sera publié à la veille de la révolution de février 1848, pour devenir la bible de tous les mouvements ouvriers modernes.

Le *Manifeste* pose les bases de l'histoire politique et intellectuelle de toute civilisation et affirme que les revendications ouvrières ne sont pas fortuites mais se fondent au contraire sur une théorie historique.

2. La pratique : adhérez au Parti communiste

Ce parti n'est pas opposé aux autres partis ouvriers, mais il est le plus résolu, celui qui entraîne tous les autres à sa suite. Les communistes ont sur les autres l'avantage d'une vue plus large et plus haute, c'est-à-dire une claire conscience de la marche et des fins de la lutte prolétarienne.

À vous la liberté !

Le communisme est un véritable paradis de justice et de liberté :

- toutes les contradictions sont résolues ;
- il n'y a plus d'aliénation ;
- les moyens de production appartiennent à la collectivité ;
- l'État est remplacé par une libre association de tous.

Et voilà le travail !

Même plus besoin de narcotiques !

Eh bien, oui, vous êtes enfin libre et heureuse ! C'en est fini de la misère ! Plus besoin de vous réfugier dans les paradis artificiels qui vous donnent sporadiquement l'illusion du bonheur à condition d'être à moitié inconsciente ! Plus besoin de compensation idéale : au diable « l'opium du peuple », au diable la religion !

Pour Marx, libérer l'homme de l'aliénation, c'est l'affranchir de tout ce qui n'est pas son essence authentique. À commencer par la religion, qui détourne l'homme de lui-même et de la quête d'un bonheur réel en lui faisant miroiter un bonheur illusoire. L'aliénation religieuse n'est qu'une émanation de l'aliénation politique et sociale : elle est l'expression de la misère réelle du travailleur et la protestation contre cette misère : une sorte de « sédatif ».

Vous faire prescrire un antidépresseur par votre médecin ou entrer dans une église respirer l'odeur apaisante de l'encens exprime votre ras-le-bol de travailler douze heures par jour : c'est « le soupir de la créature opprimée » et la protestation contre cette oppression.

Cessez donc de vous illusionner sur votre situation et renoncez à une situation qui a besoin d'illusion : CHANGEZ ce monde qui réclame une bonne dose d'« arôme spirituel », opium, encens ou Prozac pour continuer à y vivre.

« PARESSEUSES DE TOUS LES PAYS, UNISSEZ-VOUS ! »[1]

- **Abolissez la propriété privée des moyens de production.**
- **Changez les conditions réelles de travail.**
- **Dénoncez toutes les idéologies qui justifient le capitalisme.**

Tant d'agitation ! Est-ce bien nécessaire ?

Après tous ces efforts, ne voilà-t-il pas que vous apprenez, à la lecture de Marx, que le système capitaliste produit ses propres fossoyeurs ! Qu'il engendre sa propre faillite !

Car ce qui fait sa grandeur va inévitablement le conduire à sa perte et le système s'effondrera de lui-même... Alors pourquoi la révolution, pourquoi avoir déployé tant d'agitation, pourquoi ?

Il y a de quoi être désarmée en effet, mais sachez qu'il était nécessaire d'accompagner l'effondrement du système, de le diriger, voire de l'accélérer.

Nous devons faire un grand détour pour comprendre la raison de cet inévitable effondrement. C'est le propre de toutes les philosophies systématiques

1. C'est sur cette phrase célèbre : « Prolétaires de tous les pays, unissez-vous ! », que s'achève le *Manifeste du Parti communiste*.

que de nous perdre dans de laborieux méandres. Après tout, Marx a été lui aussi nourri à la potée allemande.

C'est promis : après Marx, nous vous proposerons autre chose à vous mettre sous la dent !

Courage... allons-y !

Êtes-vous fétichiste ?

Non, vilaine ! Nous ne glissons pas vers un terrain scabreux, nous philosophons !

Vous poser cette question revient à vous demander si vous êtes capitaliste, car le capitaliste est fétichiste. Son fétiche est la marchandise.

Le monde magique de la marchandise

Dans le système capitaliste, la marchandise se transforme en un objet abstrait dont la valeur sociale importe peu. Sa « valeur d'usage », c'est-à-dire son utilité, ce pour quoi on en a besoin, s'efface au bénéfice de sa « valeur d'échange ».

Comment se mesure la valeur d'échange ? Au travail socialement nécessaire à la production d'un objet à une époque donnée.

Les progrès techniques modifient considérablement cette donnée au cours du temps. Une voiture est produite en beaucoup moins de temps aujourd'hui qu'il y a quarante ans – ce qui diminue sa valeur d'échange et permet ainsi de démocratiser le produit.

C'est pour cette raison encore que le pain de campagne à l'ancienne que vous achetez dans la petite boulangerie de Grand-Maman vous coûte 1 euro de plus que la baguette industrielle du supermarché. Le temps que Grand-Maman a passé à pétrir votre pain est plus long que le temps de passer une pâte surgelée du congélateur au four électronique de la « boulangerie » de votre grand magasin préféré.

Tout cela modifie de façon significative la valeur d'échange de votre pain quotidien, alors que sa valeur d'usage reste la même.

Vous constatez que la sphère matérielle de la production obéit à une logique qui lui est propre : bienvenue dans le monde magique et autonome des marchandises circulant autour de la planète !

Le monde surnaturel de la valeur

Bienvenue dans le monde pervers de la marchandise qui s'échange comme si elle avait une valeur propre, comme si son prix la caractérisait au même titre que sa matière pour un vêtement ou sa composition chimique pour un produit cosmétique.

C'est pour cette raison que vous achetez votre cache-cœur *Les Prairies de Paris* ou votre slim *Paul & Joe* à un prix tout à fait déraisonnable et calculé de façon « surnaturelle ». Bien sûr, style, qualité, blablabla. Mais aussi bénéfice et plus-value ! Vous le savez bien : rien ne se vend à perte, même pendant les soldes où votre slim vous aurait coûté moitié prix, voire encore moins grâce à votre carte Galaf « qui vous offre exceptionnellement aujourd'hui 15 % supplémentaires sur les articles soldés, hors promotions et points rouges – alors profitez-en... ».

Dans la production marchande, les relations d'échange entre les hommes et leur travail s'effacent au profit d'une relation d'échange entre les choses elles-mêmes. On ne mesure plus la valeur d'un produit au temps passé à le fabriquer. Tout se passe comme si votre slim valait, « en lui-même », 150 euros.

Amusez-vous tout de même à mesurer le temps de travail qui vous est nécessaire pour acheter votre fameux pantalon !

La loi fondamentale de l'économie de marché est donc bel et bien LA VALEUR.

La valeur d'usage, qui est inhérente à l'objet, et la valeur d'échange, « surnaturelle », déterminée par la société.

Voilà ce que Marx appelle « le fétichisme de la marchandise ».

Le démon de l'argent

L'argent indique le rapport d'une marchandise avec toutes les autres marchandises, sa valeur d'échange. C'est simple ! Mais le hic, c'est que vous êtes vous-même une marchandise. Donc, l'argent permet d'acheter aussi les hommes et leur travail et de prendre possession de l'âme humaine pour la tyranniser comme un démon !

Le monde capitaliste vénère l'argent. Comment inciter, par exemple, un État à intervenir dans un conflit du bout du monde ? En faisant valoir la misère et les souffrances inhumaines endurées par les populations ? Pas du tout ! Invoquez ses intérêts financiers plutôt !

L'argent est l'être tout-puissant : il « possède la qualité de pouvoir tout acheter et de s'approprier tous les objets », écrit Marx dans les *Manuscrits de 1844*. Le plus extraordinaire, c'est qu'il transmet tous ses pouvoirs à celui qui le possède. Bonne ou mauvaise nouvelle... à vous de décider :

- l'argent est vénéré, donc *vous* serez vénérée ;
- il est le bien suprême, *vous* serez bonne ;
- il vous évite la peine d'être malhonnête, *vous* serez honnête ;
- il est l'esprit réel de toute chose, *vous* serez spirituelle.

L'argent transforme l'impuissance en vertu et métamorphose toutes les qualités humaines. Bref, vous pouvez acheter tout et tout le monde avec de l'argent. Si la nature ne vous a pas donné la beauté en partage, arrangez-vous pour gagner suffisamment de ce « métal maudit, putain commune à toute l'humanité »[1], afin de vous offrir l'homme le plus beau !

L'argent peut tout. L'argent est donc divin.

Comment engendrer ÉNORMÉMENT de plus-value ?

Nous nous plaçons volontiers depuis le début de ce chapitre du côté de l'opprimé, du prolétaire ; mais peut-être êtes-vous une capitaliste (et fière de l'être) que la question de la plus-value intéresse au plus haut point !

Sachez que tout bon capitaliste doit exploiter l'homme et les techniques qui sont à sa disposition. Alors, voici quelques règles :

1. Contraignez vos salariés à travailler plus que vous ne les payez, bref : à faire des heures supplémentaires non rémunérées.

2. S'il n'est plus possible d'accroître la durée de leur journée de travail, investissez dans des moyens techniques plus rentables. Offrez-vous des machines produisant plus, en moins de temps. Votre investissement sera vite amorti car une augmentation de la production induit une augmentation de la plus-value.

3. Licenciez les salariés devenus inutiles. Attention toutefois :

- Votre capital fixe (machines, installations) augmente alors que votre capital circulant (main-d'œuvre, salaires) diminue. Or, la part fixe n'accroît pas le capital ; vous ne faites plus de plus-value.
- Augmenter le chômage freine la consommation et vos marchandises ne s'écoulent plus.

1. William Shakespeare, *Timon d'Athènes*.

4. Diminuez le chômage en investissant dans de nouvelles industries ou en réinvestissant dans des branches existantes. Pour cela, il vous faut des capitaux. Pour avoir des capitaux, il faut des cumuls, et pour cumuler, il faut de la plus-value.

Là vous êtes coincée : la plus-value est au point mort car vous avez fait le choix de privilégier la part fixe de votre capital. Vous avez un problème...

Le péché originel de l'économie capitaliste

Le cumul ! Le capitalisme naquit du cumul et en mourra. Le cumul est votre péché originel et vous allez devoir l'expier. Car – nous ne vous le cachons pas –, à ce stade de votre processus de développement, vous êtes perdue.

Vous avez commencé à accumuler sur le dos des autres en exploitant vos salariés. Mais un plus fort que vous profitera de votre faiblesse actuelle pour vous tuer (économiquement, j'entends).

Votre horizon se rétrécit, la fin est proche :

- Il y aura de moins en moins de capitalistes, de plus en plus riches.
- Il y aura de plus en plus d'ouvriers, de plus en plus pauvres.
- Un peu comme aujourd'hui... des boulots payés au SMIC, des temps partiels « forcés », des CDD... et parallèlement des fortunes de plus en plus élevées entre les mains d'un nombre décroissant d'individus.

C'est vous, capitaliste, qui avez engendré la masse grondant contre le capital !

Elle va s'organiser, s'unir et se soulever. Tel est le principe d'évolution du matérialisme historique dont vous allez être la victime après en avoir tiré tant de profit. La centralisation des moyens de production et la socialisation du travail deviendront incompatibles avec le capitalisme qui les a engendrés et ce sera... la Révolution !

À ce stade – croyez-moi –, il vaut bien mieux que vous ayez déjà fait faillite...

QUINZE CONSEILS UTILES ET RÉVOLUTIONNAIRES POUR DEVENIR MARXISTE

1. Dégotez-vous un(e) ami(e) fortuné(e) pour vous financer

Qu'il s'appelle de préférence Robert ou Arlette plutôt que Jean-Marie ou Dominique de...

2. Accordez vos violons

Formez une bonne équipe.

3. Refusez de vous aliéner au travail

Le travail, ça fatigue en plus !

4. Prenez votre carte au Parti communiste

Il paraît qu'il recrute : deux cartes achetées, la troisième gratuite.

5. Faites un pèlerinage en Russie

De quoi vous faire une idée...

6. Engagez-vous dans les sentiers escarpés du *Capital*

Livre redoutable s'il en est, de l'aveu même de Marx. Choisissez bien votre moment !

7. Cessez de penser le monde

Transformez-le pour le socialiser.

8. Plantez votre tente dans le jardin du voisin

Il faut abolir la propriété.

9. Apprenez à rédiger des tracts

C'est un minimum...

10 Entraînez-vous à manifester

Et à prendre la parole en public.

11. Engagez-vous dans la lutte des classes

Et ayez de la ferveur.

12. Organisez des réunions de prolétaires paresseuses

Vous devriez facilement trouver des alliées.

13. Lancez un préavis de grève au bureau

Dites NON à l'exploitation !

14. Ne fumez plus d'opium

Refusez tous les paradis artificiels et faites de cette Terre un paradis.

15. Méfiez-vous de Lénine

Ce que l'on appelle « le marxisme-léninisme » n'est qu'une trahison honteuse de Marx.

chapitre 9

Comment philosopher sous un figuier ?
Suivez Nietzsche !

Entendez-vous le vent des cimes dans les branches du figuier ?

Écoutez... on croit entendre un grand rire puissant et grave venu du fin fond du pessimisme... C'est le vent du Nord, violent et glacial, qui fait tomber les figues à l'amertume suave... Ce vent du Nord, c'est Friedrich Nietzsche...

« Les figues tombent des arbres, elles sont bonnes et douces ; et en tombant leur peau pourpre se déchire. Pour les figues mûres, je suis le vent du Nord. » [1]

Eh bien ! ne restez donc pas sous l'arbre ! Vous ramasserez les figues après la tempête !

« Ainsi, telles des figues, ces leçons tombent à vos pieds, mes amis : à vous d'aspirer leur suc et leur tendre chair ! Tout à l'entour, c'est l'automne, le ciel pur, l'après-midi... » [2]

Friedrich Nietzsche : parce que vous le valez bien !

Savez-vous quelle est la plus rare, la plus délicieuse, la plus précieuse distinction que l'on puisse se faire à soi-même ?

1. Friedrich Nietzsche, *Ecce Homo*, dans *Œuvres philosophiques complètes*, tome VIII, trad. J-C. Hémery, éd. Gallimard, coll. « NRF », Paris, 1974.
2. *Ibid.*

Prendre entre ses mains un livre de Nietzsche, le premier humain « décent » ! Eh oui, « j'ai bien peur qu'un jour on ne me déclare saint » [1], écrit-il vers 1888. Nietzsche sera bientôt canonisé !

Pour quand exactement est prévu cet événement ? Nous devrions sous peu vivre enfin ce moment grandiose ! Vers l'an 2000, avait-il prédit ! Il devait savoir que les décennies à venir ne nous ménageraient pas, que nous connaîtrions au cours du XXe siècle le mal et la souffrance, et que sa philosophie apparaîtrait alors comme une manne...

Parce qu'elle cherche à abolir la souffrance, le désespoir et la colère ?! Mais c'est inespéré !

Je perçois votre joie, votre soulagement, votre allégresse ! Alléluia !

Le nouvel Évangile

Réjouissez-vous encore davantage car cela dépasse vos espérances les plus folles, cela mériterait d'être fêté dans un banquet (pas socratique, attention... Nietzsche déteste Socrate).

Et pour un effet plus grandiose encore, il faudrait accompagner cette bonne nouvelle de l'introduction du *Zarathoustra* de Richard Strauss.

Voici, mesdames, « le plus grand don que l'humanité ait jamais reçu », la première leçon tombée de l'arbre sous le vent du Nord :

Faites face au désespoir et à la douleur, avec courage et acharnement ; sublimez, spiritualisez vos difficultés, mais sachez les vivre, les accepter, les cultiver, les rendre pires qu'elles n'ont jamais été ! Oui, avec Nietzsche, tous nos efforts – c'est promis – seront récompensés... Parce que nous le valons bien !

1. *Ibid.* C'est justement pour prévenir cet événement qu'il écrit *Ecce Homo* : « Je ne veux pas être un saint, plutôt encore un pitre [...] car, jusqu'ici, il n'y eut rien de plus mensonger que les saints. »

IDÉES POUR VOS PROCHAINES CARTES DE VŒUX

**Faites imprimer des cartes avec un texte de Nietzsche, du style :
« À ces êtres qui me sont quelque chose je souhaite des tourments, désolation, maladie, mauvais traitements, outrages, je souhaite qu'ils connaissent eux aussi le profond mépris de soi, la torture de la défiance de soi, la détresse des vaincus. »
Bonne et heureuse année !**

1. Les cartes préimprimées sont l'idéal pour les natures un peu, beaucoup, passionnément paresseuses.
2. Vos amis sauront ainsi que vous les aimez.
3. « Quelle culture, s'exclameront-ils ! Nietzsche ! Épatant ! Quel esprit ! Et quel humour ! »
4. À vous de voir si vous pouvez leur expliquer que ce n'est pas de l'humour...
Ah ! Ce n'est pas de l'humour, interrogez-vous perplexe ?! Alors, ce n'est pas drôle ! Non en effet : Nietzsche est un tragique. Mais écoutez son rire retentir sur les cimes... Écoutez la joie, la vraie, retentir du fond du tragique.
Suivons-le, partons en voyage, abandonnons notre confort et notre paresse, marchons à ses côtés.

« Schopenhauer, au secours ! »

Encore lui ! Nietzsche n'avait que 21 ans lorsqu'il découvrit chez un bouquiniste une édition du *Monde comme Volonté et comme Représentation*. « Je ne sais quel *daïmon* me chuchotait : "Emporte ce livre chez toi." Sitôt rentré chez lui, il se jette dans un coin du divan avec son nouveau trésor et se pénètre de ce vigoureux et sombre génie : « Chaque ligne était un cri de renoncement, de négation et de résignation. »

Nietzsche va alors adopter une philosophie très schopenhauérienne : l'homme prudent ne doit pas rechercher le plaisir mais avant tout l'absence de douleur ; il est sage par conséquent de pratiquer l'abstinence. Nietzsche se fait une raison : le bonheur n'existe pas ; le savoir évite de s'agiter vainement ! Quel pessimisme !

Que faire en cas de semblables crises ?

- S'en remettre à Dieu.
- Manger de la viande rouge trois fois par semaine.

C'est ce que conseille Franziska Nietzsche à son fils, lorsqu'il lui fait part de ses nouvelles résolutions.

Nietzsche opte néanmoins pour un autre remède : il place une photographie de Schopenhauer sur sa table et s'écrie dans les moments difficiles : « Schopenhauer, au secours ! »

Mais ce renoncement, cette sorte d'ascétisme timoré, s'accorde mal avec la nature téméraire de Nietzsche. Vivre « dans une petite pièce à l'épreuve du feu » comme le conseillait Schopenhauer consiste plus ou moins à vivre à l'abri de la vie, « caché dans la forêt comme un daim timide », jugera dédaigneusement Nietzsche quelques années plus tard !

C'est à cette époque qu'il rencontre Richard Wagner, à la faveur d'une admiration commune pour le grand pessimiste Arthur.

Wagner vient d'enlever la fille de Liszt et de l'épouser. Le couple est installé à Triebschen. Nietzsche accepte une chaire de philologie grecque [1] à l'université de Bâle alors qu'il n'a que 24 ans, afin de rendre de fréquentes visites à Richard et Cosima Wagner. Il devient ainsi un ami intime du couple, jusqu'à la rupture radicale et fracassante un soir d'automne 1876 à Sorrente.

AIMEZ-VOUS WAGNER ?

Cela pourrait faire le titre d'un roman...
Une villa tranquille sur le bord du lac des Quatre-Cantons ; deux hommes parlent avec animation et passion, échangent idées et opinions ; l'un élabore *La Naissance de la tragé-*

1. La philologie est l'étude d'une langue d'après ses textes.

die selon l'esprit de la musique[1], l'autre travaille à son *Siegfried*. Cosima, spirituelle et altière, veille à la paix et à la gaieté légère du lieu. C'est un paradis où naîtront, dans une joyeuse ébullition intellectuelle, des œuvres magistrales.

Mais au fil des années, plus Wagner cultive son attachement à Schopenhauer, plus Nietzsche s'en défait, jusqu'à la rupture totale dans *Humain trop humain*. L'incompréhension va grandissant... Wagner jette les livres du philosophe pour « n'avoir pas à se fâcher » et Nietzsche crie à la trahison : « Wagner tombe aux pieds de la croix », on n'entend dans ses œuvres que culpabilité, violence et hystérie !

En 1876 est inauguré le premier Festival de Bayreuth avec *La Tétralogie*[2]. L'Allemagne populaire dans ce qu'elle a de plus pataud fait un triomphe à Wagner. Écœurant, indigeste, on adule le comédien Wagner : « Ce n'est pas un hasard si Bayreuth et le Reich sont nés en même temps » ! Nietzsche s'enfuit au cours d'une répétition, craignant d'être métamorphosé en « bétail électoral, marguillier de paroisse, imbécile » ! Quand on va à Bayreuth, on se ment à soi-même, « on laisse son vrai moi à la maison », écrit-il encore dans *Nietzsche contre Wagner*, publié en 1888. Bayreuth devient un temple, une grand-messe, avec son dogme, son culte, ses rites et ses fanatiques. Nietzsche sera son plus grand profanateur !

Pour avoir l'esprit fin, mangez léger

Sachez qu'une cuisine trop riche se digère mal et finit par brouiller le cerveau et troubler les idées. Kant, particulièrement soucieux comme nous le savons, de sa bonne santé, observait : « J'ai tous les matins une expulsion si pénible et si ordinairement insuffisante que les fèces qui restent et s'accumulent deviennent autant que je puisse juger cause du brouillard qui s'empare de ma tête. »

1. Nietzsche analyse dans cette œuvre parue en 1871 le « phénomène dionysien » chez les Grecs : Dionysos est le dieu le plus vivant et le plus terrible, qui embrasse la vie dans ses contradictions. Il s'oppose à Apollon qui ne veut que mesure, beauté et harmonie. Nietzsche décrit Socrate comme le décadent « apollinien », qui précipita la civilisation grecque à sa perte.

2. *La Tétralogie* se compose de *L'Or du Rhin*, qui en constitue le prélude, *La Walkyrie*, *Siegfried* et *Le Crépuscule des dieux*.

Alors, lorsque votre patron vous fait part d'une idée délirante, soyez indulgente : il a peut-être seulement un embarras intestinal. Proposez-lui donc un laxatif ! Enfin, c'est vous qui voyez !

On comprend pourquoi la grande pompe de l'esprit allemand, qui traverse aussi bien l'œuvre de Schopenhauer que celle de Wagner, finit par donner à Nietzsche la nausée. Il ne supporte plus l'esprit allemand, son emphase (comme dans la musique de Wagner), ses lourdeurs indigestes (comme dans la philosophie de Hegel ou celle de Schopenhauer). L'esprit allemand est « une affliction de l'intestin... une indigestion » ! Ah ! « Quels crimes la cuisine allemande n'a-t-elle pas sur la conscience ! » s'exclame Nietzsche.

Au diable Schopenhauer !

En 1876, Nietzsche obtient un congé de l'université de Bâle et part pour l'Italie. Il accepte l'invitation d'une riche aristocrate allemande, admiratrice elle aussi de Wagner : Malwida von Meysenbug. Il va passer quelques mois dans sa villa de Sorrente, de la terrasse de laquelle on peut voir l'île d'Ischia, Naples et le Vésuve.

Nietzsche travaille tous les matins de 6 heures à midi, pour se laisser aller ensuite à jouir de l'enchantement du lieu et de la compagnie des hôtes de Malwida.

L'air tiède, les baignades, les promenades à l'ombre des treilles descendant vers la mer, les visites de Capri, des ruines de Pompéi et des temples grecs de Paestum, la cuisine légère à l'huile d'olive, les lectures de Stendhal, de Goethe ou de La Bruyère, toutes ces « petites » choses, cette « casuistique de l'égoïste » comme il le dit, transformèrent sa philosophie pessimiste en une pensée vitaliste et vivifiante.

Il ne tarde pas à découvrir alors son désaccord total avec l'enseignement de Schopenhauer. Pourquoi fuir le plaisir et faire de la souffrance une fatalité ?

Cultivons la joie, bien au contraire. Quant aux difficultés, sachons les affronter vaillamment !

Une joie de vivre peu schopenhauérienne l'anime : il s'exalte, il pleure ; il a été sauvé, *in extremis*... L'esprit allemand n'aura pas sa peau !

LES MIRACLES DU RÉGIME

En cas de crise aiguë de pessimisme accompagnée de troubles digestifs :

- **Dieu... à vous de juger.**
- **La viande rouge : avec modération.**
- **Schopenhauer : laissez tomber.**
- **Partez pour l'Italie !**

Un bon régime crétois, voilà ce qu'il vous faut ! La douceur du climat napolitain, les mandolines et le *limoncello*, les nuits étoilées à la terrasse de quelque palace surplombant la mer, les jardins plantés de figuiers et d'orangers vous ramèneront à la vie et à la raison.

Comment mettre le cap au sud sans perdre le nord ?

La philosophie de Nietzsche est inséparable des actes de l'homme exalté, sans complaisance, contradictoire, souffrant depuis son plus jeune âge de maux de tête et de douleurs d'yeux insupportables, qui lui font parcourir l'Europe à la recherche d'un peu de repos et de répit.

Mais s'il voyage, c'est aussi parce qu'il aime la diversité, ne peut se résoudre à choisir un unique lieu de vie. Il papillonne, cultive la diversité afin de goûter le plus d'expériences possible : « Je le suis et le veux être, colombe, serpent et cochon ! » écrit Nietzsche dans *Le Gai Savoir*.

Aussi notre péripatéticien se plaît-il autant à philosopher sous les figuiers du golfe de Sorrente, qu'au pied des grands sapins de Sils-Maria en Engadine.

Cap au sud... sans jamais perdre le nord !

Philosophez au soleil

Depuis Socrate et Platon, nous avions presque renoncé au Sud !

C'est la faute à Apollon, dieu de la Mesure et de l'Harmonie, blablabla ! Il n'empêche que, depuis que celui-ci a pris le dessus sur Dionysos, entraînant la décadence d'Athènes et de la philosophie grecque, la fraîcheur et l'humidité, les brumes nordiques semblent constituer le climat de prédilection des philosophes.

La Grèce, l'Afrique du Nord d'Averroès, l'Andalousie de Maimonide, la Toscane de Machiavel, le Bordelais de Montaigne sont délaissés. Thomas Hobbes préféra le *fog* d'Oxford, Spinoza les brumes d'Amsterdam, Kierkegaard le froid de Copenhague, Kant, Hegel ou Marx la rudesse de Königsberg, d'Iéna ou de Cologne.

Enfin, avec Nietzsche, nous redécouvrons le Sud !

Une pensée pneumatique

Les seules idées valables sont celles qui viennent en marchant, écrit Nietzsche dans *Le Crépuscule des idoles* : « Être cul-de-plomb, voilà par excellence le péché contre l'esprit. » Et en effet, tous nos philosophes sont de grands marcheurs.

Avouons toutefois qu'il est plus agréable de se promener sur la Riviera qu'à Édimbourg !

Alors Nietzsche met résolument le cap au sud. Il est ébloui par Nice, par les sentiers qui montent à Èze et par l'Italie ; la place Saint-Marc à Venise, « c'est mon plus beau cabinet de travail », s'exclame-t-il !

Nietzsche élabore sa pensée en cheminant et nourrit son œuvre des notes prises au cours de ses promenades et de ses haltes dans les cafés. Son esprit respire, s'oxygène, entre en ébullition... au rythme de ses pas. Nietzsche pratique une philosophie pneumatique [1].

---

1. Le *pneuma* en grec, désigne à la fois le « souffle », l'« esprit ».

Lorsque vous êtes essoufflée, prenez donc une dose de Nietzsche ! Sa philosophie a la pureté de l'air des cimes, elle est un euphorisant capable d'élever (ou tout au moins de faire se lever) même les plus paresseuses !

LEÇONS DE DIÉTÉTIQUE NIETZSCHÉENNE

Nous savons à présent qu'une bonne alimentation favorise l'étude et la réflexion. Dans la cuisine flotte une odeur de santé, voire de sainteté...

Voici quelques règles à suivre :

- **évitez de cuisiner trop gras ;**
- **préférez toujours l'huile d'olive au beurre ;**
- **ne servez jamais de soupe avant le repas ;**
- **prohibez les viandes desséchées ;**
- **renoncez aux entremets « presse-papier ».**

Boire ou philosopher, il faut choisir

Songez que l'alcool a empoisonné l'Europe au cours du Moyen Âge, et que nous sommes à présent forcés de boire la coupe jusqu'à la lie ! Les horreurs du XXe siècle ne sont que des déboires d'alcooliques. Un siècle complet de purgatoire... Mais il faut bien cela pour éliminer des millénaires de bière et de choucroute !

Allons, nous ne sommes pas des Munichoises !

Si vous avez l'alcool joyeux, tant mieux ! Sachez toutefois que les spiritueux ne rendent pas plus spirituel. Gardez en mémoire Bridget Jones debout sur une table chantant : « *I can't live* » devant son boss perplexe...

Si vous avez, au contraire, l'alcool plutôt mauvais, si deux verres de porto suffisent, comme Nietzsche, à vous rendre mélancolique et chagrine, à faire de votre vie « une vallée de larmes », alors renoncez *subito* aux « joyeuses libations » !

De l'eau fraîche et pure, puisée de préférence dans une fontaine et consommée sans modération, rendra votre nature plus philosophe.

Alors, *in vino veritas* ? « Je crois que c'est encore là un point sur lequel la vérité me brouille avec tout le monde », écrit Nietzsche. Bref, c'est une belle ânerie ! Pour croire que le vin rend heureux, il faudrait que vous soyez chrétienne, c'est-à-dire que vous croyiez – ce qui est pour vous une absurdité.

Buvez donc de l'eau. De l'eau et du grand air, rien de tel pour philosopher ! Et à toute personne commentant ironiquement votre nouvelle résolution, lancez : « Chez moi l'esprit plane au-dessus des eaux »...

Des narcotiques, c'est possible ?

Sachez tout d'abord qu'il existe deux grandes catégories de narcotique :

1. Les spiritueux (Nietzsche s'attaquant à la bière, vous prendrez bien une petite liqueur !).
2. Les spirituels (comme le Christ).

Si vous souhaitez endormir votre esprit et votre conscience afin d'atténuer, par exemple, la souffrance que vous cause une situation difficile (perte d'emploi, rupture, etc.), si vous avez « la religion du confort », vous pouvez fort bien vous « entêter » à lire le Nouveau Testament en sirotant une petite mirabelle ou, mieux, une « bénédictine » ! Vous y trouverez un certain réconfort : des années de sommeil profond garanti ; plus besoin de Xanax !

Mais les plus courageuses refuseront tous ces paradis artificiels.

Allons ! Avez-vous besoin de ces consolations de fillettes ?

Préférez vivre dangereusement : portez des gants pour lire le Nouveau Testament, conseille Nietzsche, et ne buvez que de l'eau claire !

Qu'y a-t-il de particulièrement dangereux là-dedans ? vous interrogez-vous, dubitative.

Faire preuve de courage ! Voilà le danger ! Affronter le tragique de la vie sans dérivatif, sans narcotique, sans consolation facile comme la religion où tout n'est « que lâcheté, aveuglement et refus de se voir tel qu'on est ». Si vous refusez de laisser votre souffrance peser sur vous, alors jamais vous ne connaîtrez de bonheur humain, car bonheur et malheur grandissent ensemble. Alors montrez-vous téméraire : plantez, comme Nietzsche, votre tente sur les pentes du Vésuve !

Que faire en cas de déprime ?

Suivez le conseil avisé (enfin, ce n'est pas certain...) que Wagner donne à Nietzsche : se marier ou écrire un opéra !

Analysons ces suggestions de plus près :

1. Se marier

« Épousez une femme riche », lui intime Wagner, qui attribue la mauvaise santé de son ami à une masturbation effrénée ! Mais l'ironie du sort veut que la seule femme dont Nietzsche pense être effectivement amoureux est celle du compositeur, Cosima, à laquelle il écrit un jour, en plein délire : « Ariane, je vous aime », signé *Dionysos* ! Pauvre Nietzsche ! Le théâtre de boulevard n'étant pas son style, que lui reste-t-il d'autre que la masturbation ?

Et tel Dionysos, Nietzsche cherche son Ariane. Il est tout à la fois le labyrinthe et le Minotaure : un homme dangereux pour lui-même plus que pour les autres, dont l'âme est pleine de dédales profonds et obscurs.

2. Écrire un opéra

Ce n'est pas donné à tout le monde ! Nietzsche, qui considère que sans la musique « la vie ne serait qu'une erreur, une fatigue, un exil », compose parfois une musique qu'il qualifie d'« effrayante ». Elle l'est effectivement, lui dira en 1872 le chef d'orchestre Hans von Bülow, auquel il a envoyé un morceau à quatre mains !

LE FIL D'ARIANE

Souvenez-vous... Ariane est la fille de Minos et de Pasiphaé, la sœur de Phèdre. Elle fit don à Thésée du fil qui lui permit de sortir du Labyrinthe après avoir tué le Minotaure. Ils s'enfuirent ensemble mais l'ingrat l'abandonna sur l'île déserte de Naxos. C'est là – un malheur n'arrivant jamais seul – que le fils de Zeus et d'une mortelle appelée Sémélé vint la consoler. C'était Dionysos, dieu de la Vigne, à la fois le plus gai et le plus cruel des dieux. Il l'épousa et lui fit quatre enfants. À la mort d'Ariane, il la plaça dans l'Olympe et sa couronne devint une constellation baptisée... Ariane. Comme c'est romanesque !

3. Se faire aimer d'une personne (homme ou femme) intelligente ?

Si vous êtes incapable d'écrire un opéra ou de vous faire épouser, tentez au moins de vous faire aimer par quelqu'un d'intelligent !

Une récente étude des universités britanniques d'Édimbourg, Aberdeen, Bristol et Glasgow montre qu'il est inutile pour cela d'acheter la dernière encyclopédie en 10 volumes et de lire Nietzsche dans le texte : les hommes intelligents préfèrent les femmes qui le sont moins. Signe d'intelligence ? Non, mais de vanité, certainement ! En clair, pour vous faire épouser d'un homme intelligent, mettez-vous dans la peau d'une dinde admirative !

Mais que cela ne vous empêche pas de vous montrer rusée : essayez, par exemple, la danse de Salomé... À coup sûr, les têtes vont valser et finir par tomber... celle de Nietzsche n'y résistera d'ailleurs pas !

Lui-même, qui sait si bien décapiter tous les saints, ne serait-il pas atteint du « syndrome de Salomé » ?

Nietzsche tragiquement amoureux

Salomé est la princesse juive, superbement représentée par Gustave Moreau, qui dansa, sur la demande de sa mère Hérodiade, pour son beau-père Hérode Antipas, afin d'obtenir la tête de saint Jean-Baptiste.

Et c'est le nom que porte Lolja, Louise, Lou, Lou von Salomé, une jeune Russe de 21 ans, belle, spirituelle et intelligente, que Nietzsche va adorer.

Ils se rencontrent à Rome en avril 1882. « À quelles étoiles devons-nous d'être réunis ici ? » demande Nietzsche à Lou Salomé. Ils le doivent à Paul Rée, philosophe et ami commun.

Immédiatement, la jeune femme propose à ses amis de faire ménage à trois. N'y voyez rien de mal : elle songe seulement à une chaste trinité intellectuelle.

Il faut dire que Lou Salomé est une femme libre qui aime s'entourer d'hommes : des amis, des amants parfois, mais plus tard, car jusqu'à l'âge de 35 ans elle refusera tout contact physique. Elle les rend fous d'admiration, d'amour, de désir et de chagrin pour la plupart : Nietzsche, Paul Rée, Rainer Maria Rilke. Sigmund Freud l'initiera à la psychanalyse ; il vouera à son « incomparable » et « très chère Lou » une affection toute particulière, lui confiant même sa fille Anna en analyse.

Nietzsche, son aîné de dix-sept ans, tombe éperdument amoureux d'elle : « Je n'ai jamais rencontré personne plus douée et plus réfléchie. » Quelques jours après leur rencontre, il la demande en mariage par l'intermédiaire de l'ami Rée, lui-même prétendant à la main de Lou ! Mais la belle est effrayée par la bête ! Elle admire le philosophe, mais sa grandiloquence et son caractère l'agacent ; quant à l'idée d'un « mariage bourgeois », c'est à mourir de rire !

Ils passeront néanmoins plusieurs semaines de vacances ensemble dans un presbytère de Tautenburg : ils empruntent les sentiers des chamois, discutent comme deux démons jusqu'à des heures indues. Avec elle, « tous les cinq jours nous avons une petite scène de tragédie », s'émerveille Nietzsche !

Mais Lou le quitte finalement, le précipitant « dans un abîme de désespoir ». Il écrira tristement à l'un de ses amis en décembre 1882 : « Je croyais qu'un ange m'avait été envoyé, un ange qui adoucirait ce qui était devenu trop lourd à porter dans la douleur et dans la solitude. [...] J'ai perdu inutilement mon amour et mon cœur. » Il ajoute, sans se départir de sa mordante ironie : « Bah, à vrai dire, je suis assez riche pour cela ! »

La flagellation de l'Antéchrist

Nietzsche se prend pour un « Antéchrist »... L'instrument de sa passion ? la connaissance ! Elle vous flagelle, vous blesse, vous meurtrit, vous rend fou. Il n'en reste pas moins qu'elle est votre unique planche de salut. « Il faut être, dans les choses de l'esprit, intègre jusqu'à la dureté, pour pouvoir seulement supporter mon sérieux, ma passion », écrit Nietzsche dans l'avant-propos de *L'Antéchrist*.

Songez que rien de grand ne s'est accompli sans souffrance. L'esprit se fortifie dans la douleur, il en sort chancelant mais plus puissant et profond. Ne trouvez-vous pas en effet à la vie « une saveur nouvelle » après une grande peine ou une grande difficulté ? N'avez-vous pas envie de dire : « Je connais mieux la vie parce que j'ai été si souvent sur le point de la perdre » ?

Les souffrances ont toujours durement affecté Nietzsche, mais il les accepte comme des épreuves nécessaires, il les recherche même, car elles contraignent à descendre dans nos dernières profondeurs. Sa pensée naît de la fournaise infernale dans laquelle ses douleurs physiques et morales le précipitent régulièrement ; c'est là qu'il puise sa force et sa farouche volonté de croire en chaque aurore : « Ce qui ne me tue pas me fortifie ! »

Supportez donc le malheur, endurez-le et sachez l'exploiter jusqu'au bout en le pensant !

La pensée est à la fois un remède et un poison : écoutez donc « le gémissement du connaissant » qui voudrait tout embrasser, tout comprendre avec une folle avidité, parcourant les dédales de son âme où tout n'est que chaos et obscurité. Mais c'est seulement dans les ténèbres que l'on peut apercevoir la lueur fulgurante de la vérité et « pour pouvoir engendrer une étoile qui danse il faut en soi-même encore avoir quelque chaos ».

Tenez-vous-le pour dit, ô semeuse d'étoiles : il vous faut être « chaotique » !

Plantez votre tente au pied du Vésuve, vivez dangereusement

« Récolter la plus grande jouissance de l'existence, c'est vivre dangereusement. »

Nietzsche semble avoir besoin de se maintenir ainsi à proximité des pentes vertigineuses de l'abîme, de la fournaise, à une température infernale, proche de la fusion. L'air brûle les poumons ; irrespirable ! Mais allons, nous ne sommes plus des fillettes ! Engageons-nous plus avant sur ces terres périlleuses mais fécondes. Nous apercevons déjà au loin les vignes vigoureuses du lacrima-christi... Bientôt nous cueillerons les fruits d'une abondante récolte spirituelle !

Attention toutefois : vous risquez aussi de vous brûler la cervelle ! La vérité embrase et la connaissance consume.

Nietzsche serait-il devenu fou pour avoir contemplé une vérité vertigineuse ?

Au début du mois de janvier 1889, il éclate en sanglots sur la Piazza Carlo Alberto de Turin et se jette à la tête d'un cheval battu par un charretier avant de tomber, frappé d'apoplexie [1]. On le ramène à la pension où il loge. Il menace d'aller abattre le Kaiser, veut faire la guerre aux antisémites, persuadé tour à tour qu'il est Dionysos, Jésus, Dieu, Napoléon, le Bouddha, Alexandre le Grand ou encore Jules César. Il est conduit dans la clinique du professeur Binswanger à Iéna, avant d'être confié aux soins de sa mère et de sa sœur.

Jamais il ne recouvra sa lucidité. Le titan était à terre à jamais. Seule la musique faisait encore tressaillir ses mains, jusqu'à sa mort, à Weimar en 1900.

Cultivez vos mauvaises racines

Jouez donc les belles jardinières !

Nietzsche nous propose de considérer nos difficultés et notre mauvaise nature à la façon dont un jardinier cultive ses plantes : « On peut disposer de ses sentiments comme un jardinier et, bien que peu le sachent, cultiver les racines de la colère, de la pitié, de la curiosité ou de la vanité d'une façon aussi productive et profitable que celles d'un bel arbre fruitier. »

De mauvaises racines peuvent donner naissance à de fort belles fleurs ou à des fruits savoureux. Il en va de même dans la vie : un mal peut finalement engendrer un bien pour nous.

Par exemple, êtes-vous vaniteuse ? On aurait tort de vous le reprocher car, après tout, cette formidable confiance en vous-même, qui agace vos proches, peut vous permettre d'accomplir de grandes choses, contrairement à un esprit plus timoré et timide.

1. On entend parfois dire que cet épisode serait une fable. Mais qu'importe ! La philosophie aussi est faite de mythes, de légendes, de personnages réels ou idéels, de scènes d'anthologie et de morceaux de bravoure, et ce pour notre plus grand plaisir. Alors ne le boudons pas.

Que faire en cas d'échec ?

1. Apprenez à être un champ fécond

Écoutez la sagesse populaire : Rome ne s'est pas faite en un jour !

Écoutez Nietzsche : nous ne nous accomplirons pas sans échecs parfois cuisants !

Apprenez donc à faire face au désespoir et à la douleur : goûtez le doux et l'amer, écoutez l'aigu et le grave, souffrez ce que vous ne pouvez pas éviter, comme nous y invitait déjà Montaigne. Car à réduire votre aptitude à la souffrance, vous réduisez aussi votre aptitude à la joie.

Par exemple, l'élu de votre cœur vous trouve un peu timide et retenue dans l'intimité. Votre façon de vous y prendre ou de prendre « la chose » lui semble un peu « téléphonée », bref : il ne prend pas vraiment son pied et a connu mieux !

- Endurez l'humiliation et récitez : « Si nous étions des champs féconds, nous ne laisserions jamais rien inemployé et verrions, dans chaque événement, chaque chose et chaque être, un engrais bienvenu. »
- Cultivez âprement vos faiblesses.
- Affrontez les obstacles.

Expérimentez !

Tout ce qui a de la valeur exige de l'effort, de l'endurance et des souffrances... Mais le succès final saura compenser l'échec initial : ah oui, « téléphoné » ?! La prochaine fois, ligotez-le avec le fil du téléphone !

2. Travaillez âprement

Travaillez âprement mais œuvrez dans la joie, tel le « maître » nietzschéen, sans subordonner le travail au seul profit.

Comme l'artiste ou le philosophe, ne ménagez pas votre peine : en l'absence de « lorgnette métaphysique », d'intuition qui permettrait de voir directement dans « l'être », au cœur des choses, nous sommes condamnés à nous salir les mains, à travailler dur pour édifier la connaissance, en apprenant d'abord à choisir les matériaux, à poser les pierres, à bâtir.

Mais sachez aussi cultiver une certaine paresse, un ennui qui ne serait que le « calme plat de l'âme qui précède la course heureuse et les vents joyeux ».

3. Montrez-vous héroïque

« J'appelle "héroïsme" l'état d'esprit d'un homme qui s'efforce d'atteindre un but, au regard duquel lui-même ne compte plus. » L'héroïsme est en quelque sorte la bonne volonté avec laquelle vous consentez à votre propre destruction. C'est se montrer kamikaze en somme !

Comment être une vraie héroïne ?

Règle n° 1 : Consentez à votre propre destruction sans engager dans cette décision un autre que vous (ce qui n'est pas le cas du kamikaze).

Règle n° 2 : Sublimez et spiritualisez vos difficultés.

Règle n° 3 : Allez à la fois au-devant de votre suprême souffrance et de votre suprême espérance.

Règle n° 4 : Montrez-vous méchante (à ne pas prendre dans le sens courant ; la méchanceté désigne ici la guerre intérieure qui règne dans toute âme héroïque, contrairement à l'harmonie que goûte l'âme bonne, qui n'est donc pas forcément une « bonne âme »).

Savez-vous manier les explosifs ?

La mention « produit dangereux » devrait figurer en couverture de toutes les œuvres de Nietzsche : « Je suis une dynamite », prévient-il !

Il engage une réflexion sans précédent sur les valeurs établies, sur la religion et la morale afin d'en déterrer les racines (encore sa passion pour l'horticulture !). Il se lance alors dans une *Généalogie de la morale* : quelle est son origine, son lieu de naissance, de quelle décadence ou de quelles bassesses émerge-t-elle ?

Souhaitez-vous donc savoir où s'élaborent les valeurs de notre morale chrétienne et les idéaux de la pensée métaphysique ? Êtes-vous téméraire ?

Enfilez votre tenue de philosophe-exploratrice et plongez dans un univers mystérieux : dans les abysses où se forge l'idéal. C'est un monde opaque, obscur et noir... Attention aux émanations mortelles de « moraline », ici, là, attention !

Alors, madame la téméraire, que voyez-vous ? Parlez !

« *Il fait trop sombre, je ne vois rien. Mais j'entends une rumeur, un murmure sournois dont l'écho se répercute de toutes parts. Le son est mielleux comme un mensonge. On dit que la faiblesse est une vertu.* »

Voilà donc où naît le mensonge de l'idéal, qui dit que la réalité ne vaut rien et qui transforme l'impuissance en vertu !

Poursuivez, ô femme des plus dangereuses curiosités !

« *J'entends des choses folles : "Pardonnez-leur car ils ne savent pas ce qu'ils font, pardonnons à ceux qui nous ont offensés, les derniers seront les premiers, félicité éternelle..." On marmotte des prières ; ils sont des milliers tapis dans l'obscurité, ils disent que leur Dieu les a élus grâce à leur misère. Ils disent que l'impuissance est bonté et pardon, que la craintive bassesse est humilité, que la soumission à ceux qu'on hait se nomme "obéissance", la lâcheté "patience" et la misère "félicité éternelle". C'est à n'y rien comprendre ! »*

« Mais assez ! Assez ! Je n'y tiens plus. De l'air ! De l'air ! Cette officine où l'on fabrique l'idéal, il me semble qu'elle sent le mensonge à plein nez. » [1]

Ah ! Voilà comment l'humanité entière est devenue fausse et mensongère…

Soyez pure !

Nous ne vous invitons pas à la chasteté mais à la plus grande sincérité possible, une sincérité passionnée, fanatique, un amour de la vérité droit et implacable, qui refuse compromis et compromissions.

Nietzsche n'est pas immoral mais « immoraliste »[2] : épris de clarté et de pureté, des valeurs que la morale ignore !

Développez votre flair

« Mon génie est dans mes narines », affirme Nietzsche ! Il examine et renifle chaque aliment avant de le consommer (on sait quelles conséquences fâcheuses peut avoir sur l'esprit une mauvaise alimentation). Quant aux valeurs, devrait-on les ingurgiter sans les contrôler, au risque de pervertir sa santé mentale bien plus gravement que ne le ferait une tasse de thé trop fort ?

Reniflez donc les entrailles de toute âme, apprenez à reconnaître la malpropreté morale, tout ce qui est avarié par le moralisme. Que sentez-vous ? L'en-

1. *La Généalogie de la morale*, 1887.
2. Ce mot est un néologisme nietzschéen.

cens des églises, les mensonges, les narcotiques de la conscience. Ces relents nauséabonds ne vous donnent-ils pas la nausée ?

Une toilette minutieuse s'impose avant que ce milieu impur ne nous tue !

Faisons la toilette de l'humanité

Commençons par promulguer une loi de salubrité publique :

Loi contre le christianisme [1]

Article 1. Est vicieuse toute sorte de contre-nature. L'espèce d'homme la plus vicieuse est le prêtre : il *enseigne* la contre-nature. Contre le prêtre, on n'a pas de raisonnements, on a les travaux forcés.

Article 2. Toute participation à un service divin est un outrage aux bonnes mœurs. On sera plus dur envers les protestants qu'envers les catholiques, plus dur envers les protestants libéraux qu'envers ceux de stricte observance. Être chrétien est d'autant plus criminel que l'on se rapproche le plus de la science. Le criminel des criminels est en conséquence le philosophe.

Article 3. Le lieu digne d'exécration où le christianisme a couvé ses œufs de basilic sera rasé et cet endroit *maudit* de la Terre inspirera l'horreur aux générations à venir. On y élèvera des serpents venimeux.

Article 4. Prêcher la chasteté est une incitation publique à la contre-nature. Mépriser la vie sexuelle, la souiller par la notion d'« impureté », tel est le vrai péché contre l'esprit saint de la vie.

1. Ce texte est celui qui clôt *L'Antéchrist*, dans les *Œuvres philosophiques complètes*, tome VIII.

Article 5. Manger à la même table qu'un prêtre exclu ; on s'excommunie par là de la société honnête. Le prêtre est notre Tchandala [1] – il faut le mettre en quarantaine, l'affamer, le bannir dans les pires déserts.

Article 6. On donnera à l'Histoire « sainte » le nom qu'elle mérite – celui d'histoire *maudite* ; on emploiera les mots de *Dieu, Messie, Rédempteur, Saint* comme des injures et pour désigner les criminels.

Article 7. Tout le reste en découle.

Nietzsche traque sous toutes ses formes l'illusion des arrière-mondes, de tous les au-delà engendrés par la souffrance et l'impuissance. La religion et la morale judéo-chrétiennes trouvent leur source dans la rancune et le ressentiment des esclaves à l'égard des maîtres et inventent un autre monde dans lequel les valeurs sont renversées : tout ce qui est faible, mutilé et impuissant devient vertu. Notre univers est ainsi dévalorisé au bénéfice d'un monde chimérique : le royaume de Dieu, promesse de félicité pour les plus malheureux.

TEST : ÊTES-VOUS MAÎTRE OU ESCLAVE ?

1. Votre patron vous confie un travail urgent qui bouleverse votre organisation :
A. Vous dites « non » parce que la difficulté vous effraie et vous épuise déjà.
B. Vous dites « oui » car grâce à ce travail vous allez créer.

2. L'un de vos collègues obtient une promotion que vous jugez imméritée en étant de mauvaise foi et méritée en étant honnête :
A. Vous pensez : « Patience et aimons nos ennemis... *Amen* ! »
B. « Je suis lâche et paresseuse, je devrais tout de même me bouger ! »

3. Vous partez une semaine aux sports d'hiver :

1. Le Tchandala est la figure emblématique de la décadence européenne : criminel célibataire, stérile et névrosé, alcoolique à la volonté atrophiée.

A. Vous traînez les pieds car vous n'avez pas envie de préparer vos valises.
B. Vous êtes joyeuse et satisfaite.

4. Vous prenez la plupart de vos décisions :
A. En réaction aux autres.
B. Pour vous-même car vous êtes une femme d'action.

5. Belle-Maman vous a offert un poisson rouge (sans le bocal ! – 1 euro le poisson, 15 euros le bocal !) pour Noël :
A. Vous ruminez pendant des mois une vengeance imaginaire.
B. Vous laissez ruminer les bovins et oubliez aussitôt car vous avez d'autres chats à fouetter !

Solution
Si vous avez une majorité de réponses A, vous êtes une esclave, chagrine et incapable d'affirmer ou de créer quoi que ce soit de positif, nourrissant une rancune nauséabonde contre ce qui est plus fort que vous. Vous n'êtes qu'une tarentule assoiffée de vengeance !
Si vous avez une majorité de réponses B, bravo ! Vous êtes un maître, qui crée, donne et affirme dans la joie et la satisfaction de sa propre perfection.

Si nous avions un marteau...

C'est bien connu : Nietzsche philosophe à coups de marteau. Il brise toutes les idoles, tout ce que les hommes, y compris les philosophes, ont adoré jusqu'alors : tous les mondes plus vrais que vrais, les idées illusoires comme le *Cogito* ou le libre arbitre.

Dans *L'Antéchrist*, Nietzsche déclare la guerre aux valeurs morales du « platonisme-christianisme » qui ont empoisonné toute la métaphysique : dénigrement de ce monde-ci et ressentiment à l'égard de la vie, valorisation de la souffrance et de la faiblesse faisant naître l'instinct de vengeance dont sont pétris tous les idéaux ascétiques, ces valeurs grégaires et nihilistes qui ne font qu'exalter le rien (un « autre » monde, une « autre vie »). Nous nous vengeons de la vie en lui opposant la fantasmagorie d'une vie meilleure.

... nous assommerions tous les « hallucinés de l'arrière-monde »

Les hommes ont inventé l'idée d'un « arrière-monde », c'est-à-dire d'un « autre monde », un monde idéal dissimulé derrière celui dans lequel nous vivons.

« Monde vrai » et « monde de l'apparence » : traduisez « monde inventé par le mensonge » et « réalité », tout simplement ! L'idée d'un monde plus réel que le nôtre, se situant dans un au-delà des phénomènes, a empoisonné notre culture depuis Socrate. Platon a poussé le bouchon plus loin encore en hallucinant un « monde des Idées », réalité vraie opposée à la fausse réalité du « monde sensible ». Ils n'ont été que les instruments de la débâcle de l'hellénisme !

Ce sont pourtant des sages, objecterons-nous !

Certes, mais de tout temps les sages ont porté le même jugement sur la vie : « elle ne vaut rien » ! Voilà ce qu'ils en disent avec toujours « le même accent, un accent de doute, de mélancolie, de lassitude de vivre, de résistance à la vie ». Les sages en ont assez de vivre ; ce sont des vieillards ne tenant plus sur leurs jambes, vacillants, décadents, des corbeaux « qu'excite un discret relent de charogne » [1] ! L'idée platonicienne puis chrétienne d'un monde supraterrestre naît donc de la souffrance, de l'impuissance et de la lassitude.

1. F. Nietzsche, *Le Crépuscule des idoles*, dans les *Œuvres philosophiques complètes*, tome VIII.

À QUEL SAINT SE VOUER ?

À nous qui avions cru voir en Socrate un médecin de l'âme, Nietzsche répond : foutaises !

Socrate, un sage ? Allons, soyons sérieux ! Ce n'est qu'un décadent à la faculté logique hypertrophiée, à la « méchanceté de rachitique », affecté d'hallucinations auditives (souvenez-vous de son *daïmon*), dont les pitreries dialectiques furent prises au sérieux. Socrate et sa rationalité, son instinct apollinien de connaissance, nous ont fait perdre les forces dionysiaques. Un décadent suicidaire ! Voilà ! Ne croyez pas que c'est Athènes qui lui a tendu la coupe de ciguë, non, c'est lui-même qui a forcé Athènes à le faire, car il voulait mourir. Socrate n'est pas un médecin, c'est un malade !

Observons plutôt les dernières lueurs du crépuscule danser sur cette triste idole et réjouissons-nous : ce déclin est le signe d'une nouvelle aurore...

À qui confier alors notre âme : à Nietzsche ? à l'esprit léger épris de danse qui balance par-dessus bord toute mortelle pesanteur ? à celui qui affirme : « Rien ne vaut la vie » ? Peut-être, mais c'est risqué...

... nous briserions la coquille du *Cogito*

La métaphysique classique s'est aussi fait prendre à une autre illusion : la croyance en un *Cogito*, c'est-à-dire une pensée consciente et rationnelle, transparente et toute-puissante, formant l'essentiel du psychisme. Débarrassons-nous de ce vieux préjugé : ce qui est le plus proche n'est pas nécessairement le plus important. Aussi, même si la conscience nous est la plus intime, elle ne joue qu'un rôle mineur. Elle n'est qu'un instrument mal développé, occupé à des « enfantillages », comme la morale, écrit Nietzsche dans *La Volonté de puissance*.

En fait, nous n'avons conscience que de bien peu de chose, et « à combien d'erreurs et de confusion ce peu de conscience nous mène » !

… nous écraserions l'idée de libre arbitre

Classiquement, le libre arbitre est la faculté de se déterminer soi-même sans autre cause que la volonté. Cela signifie que chacune de vos actions est voulue consciemment et déterminée librement par des motifs rationnels.

Nous savons que, dans la philosophie classique, de Descartes à Hegel, la raison ordonne le réel. Mais soyons clairvoyants : la raison humaine n'est pas trop « raisonnable » ; et si elle ne l'est pas, comment le monde que nous créons pourrait-il l'être ?

Une grande partie de nous-mêmes nous échappe et notre volonté n'exerce qu'une maîtrise partielle. Alors, qu'est-ce que le libre arbitre ? Ce n'est en fait que « le tour de passe-passe théologique le plus suspect qu'il y ait, pour rendre l'humanité responsable ». Les prêtres ont inventé la liberté pour pouvoir juger et punir les hommes, pour donner le droit à Dieu de les punir : il faut un coupable !

Soyez nihiliste !

Dans la Russie du XIXe siècle, cela aurait pu vous conduire au goulag !

Le terme *nihilisme* désigne en effet le scepticisme le plus absolu, la négation de toutes les valeurs, et en politique le nihiliste est celui qui refuse toute contrainte et nie tout pouvoir. C'est un subversif !

Chez Nietzsche, le nihilisme est à la fois la critique des valeurs religieuses, morales et sociales, et le vide (*nihil* signifiant « rien ») qui s'en suit. Il apparaît lorsque toutes les valeurs se déprécient, lorsque nous cherchons, en vain, à donner un sens à tout ce qui arrive. La grande fatigue qui s'abat sur nous devant notre échec à donner un sens à la vie, est le signe du nihilisme.

Vous pensiez que le sens de votre vie se trouvait dans l'amour, dans l'harmonie entre les êtres ? La belle affaire ! Mais qu'en est-il dans les faits ? Deux divorces, très peu d'amis, plus beaucoup de famille ? Vous constatez seulement qu'il n'existe pas de vérité idéale et que la vie est absurde !

Attention, Nietzsche a dit : « Pas de narcotique ! »

« Patience, patience dans l'azur. » [1]

Du sommet du Piz Corvatsch, observez le monde à vos pieds : le soleil des anciennes valeurs s'est couché ; tout n'est que ruines et ténèbres. C'est parce que *Gott ist tot*, « Dieu est mort » ! La croyance au Dieu chrétien s'est évanouie, changeant le jour en crépuscule, la confiance en doute. Notre vieux monde semble étrange, suspect même, car avec Dieu s'effondrent toutes les valeurs. Plutôt effrayant, non ?

Mais regardez, là… l'horizon semble de nouveau libre, une nouvelle aurore se lève pour nous, philosophes, esprits libres, aéronautes de l'esprit :

« Enfin nos vaisseaux peuvent de nouveau mettre la voile, voguer au-devant du danger ; tous les coups de hasard de celui qui recherche la connaissance sont de nouveau permis ; la mer, notre pleine mer, s'ouvre de nouveau devant nous – et peut-être n'y eut-il jamais de mer aussi "pleine" ? » [2]

Le nihilisme est marqué par la mort de Dieu et des idéaux suprasensibles, il est porteur de valeurs nouvelles, qui transcendent l'humanité, des valeurs de création et d'invention. C'est un moment essentiel vers le Surhomme, l'homme libre d'esprit et de cœur, l'homme essentiellement créateur.

1. Paul Valéry.
2. *Le Gai Savoir*, trad. H. Albert, éd. Mercure de France, Paris, 1901.

Avez-vous encore du singe ? du paresseux, peut-être !

On dit que cette sorte de singe – le paresseux n'est en fait pas un singe, mais un « édenté » – de la forêt amazonienne peut parfois rester accroché à sa branche plus de dix jours durant, ne se réveillant que pour copuler frénétiquement, avant de retomber dans sa léthargie : se prélasser dans l'herbe le ventre au soleil, sans jamais se départir d'un sourire bienheureux !

Mais s'il reste du paresseux ou du singe en vous, ce n'est pas une raison pour régresser encore davantage ! Qu'est-ce en effet que le singe pour l'homme ? Un objet de risée et de honte. Et c'est précisément ce que sera l'homme pour le Surhomme.

Après avoir fait tout le chemin du ver de terre jusqu'à l'homme, même s'il reste encore du ver de terre en nous, il serait indécent de nous arrêter en si bon chemin : le ver de terre a mué en homme, comme l'homme doit à son tour laisser sa vieille peau au bord du chemin afin de devenir Surhomme.

Or, qu'avez-vous fait jusqu'alors pour surmonter l'homme ? Tous les êtres jusqu'ici ont créé quelque chose de plus haut qu'eux-mêmes. Le singe ne s'est-il pas redressé pour devenir humain ? Et vous, qu'avez-vous créé ? Rien encore ? Malheureuse, voulez-vous donc retourner au ver de terre ?

Comprenez : vous n'êtes qu'un déclin !

Sachez décliner tel le soleil, afin que se lève une aurore nouvelle : celle du Surhumain.

Vous êtes une transition, un passage, une corde tendue entre l'animal et le Surhumain. Mais attention : la corde est tendue au-dessus de l'abîme !

Franchissez-le courageusement. Ne vous arrêtez pas en chemin, ne regardez pas en arrière, au risque de tomber. Vous n'avez jamais connu de plus grand péril que celui-là !

NIETZSCHE ET LE NAZISME

Quel rapport ? Aucun. Si ce n'est que certains ont voulu voir en Nietzsche un précurseur du nazisme, en raison de sa critique du judéo-christianisme et de sa théorie du Surhomme. Mais la « méchante oie antisémite », c'est sa sœur, qui a épousé un nazi notoire et tente de fonder avec lui une communauté aryenne au Paraguay. Échec et retour en Allemagne, où elle décide alors, après le décès de son frère, de faire du Nietzsche frelaté : elle manipule ses écrits biographiques afin que le roman familial paraisse idyllique et fabrique, avec un collage de textes *La Volonté de puissance*, que les nazis utilisèrent pour leur propagande. On la voit même serrer la main du Führer à Weimar en 1935.

Nietzsche, dégoûté de l'Allemagne très jeune, était pourtant bien loin de ces considérations. C'est d'ailleurs comme philosophe suisse et non allemand que nous devrions le présenter car il devient citoyen suisse en avril 1869.

Mais enfin, qu'est-ce que le Surhumain ?

Le Surhumain est l'océan dans lequel le fleuve que l'homme représente vient se jeter. Et il faut bien être un océan pour recueillir tant de déchets sans se souiller soi-même ! En lui vous pourrez noyer toutes les valeurs que vous aurez adorées jusqu'alors. Ce sera un grand moment de nihilisme, qui vous permettra de créer des valeurs nouvelles !

Le Surhumain est « l'éclair qui vous lèchera la langue », la grande folie qu'il faudra vous inoculer !

Le Surhumain est le sens de la Terre et de votre existence. Soyons fidèles à la Terre : ne cherchons pas d'autres mondes, ne méprisons pas la vie. Affirmons, comme Zarathoustra : « Fondamentalement, je n'aime que la vie – et en vérité, surtout, quand je la hais ! » Aimons-la pour ce qu'elle est, pour son regard, pour son rire et sa petite canne à pêche dorée :

« Naguère j'ai plongé mon regard dans tes yeux, ô vie ! Et il me sembla sombrer alors dans l'insondable. Mais tu m'en retiras à l'aide de ta canne à pêche dorée et tu eus un rire moqueur lorsque je te nommais insondable. » [1]

Ainsi chantait Zarathoustra !

Dansons et jouons de la flûte avec Zarathoustra

Va pour danser ; mais qui est ce type ?

Zarathoustra quitta son pays natal à l'âge de 30 ans pour s'exiler dans les montagnes. Là il se délecta de son esprit et de sa solitude dix années durant, jusqu'à ce que, las de sa sagesse, il éprouve le besoin d'un peu de compagnie.

Alors, si un jour un enfant de 40 ans à l'œil pur, à la bouche non encore déformée par le dégoût et marchant comme un danseur, vous tombe dessus, sachez reconnaître Zarathoustra ! Que pourrait-il vous arriver de mieux ?

Zarathoustra apporte aux hommes un présent, une nouvelle formidable : il nous enseigne « le Surhumain ».

Écoutez donc Zarathoustra ; il appartient tout entier à la musique, celle d'une aurore nouvelle marquée par la mort de Wagner [2]. Enfin ! Enfin Nietzsche peut

1. Tel est le *Chant de la danse* qui fête la vie dans sa spontanéité (l'un des trois chants de la seconde partie de *Ainsi parlait Zarathoustra*) que chante Zarathoustra pour Cupidon et des jeunes filles qui dansent ensemble.

2. Nietzsche accouche en février 1883 de la partie finale de son *Zarathoustra*, « précisément à l'heure sainte où Richard Wagner mourait à Venise », écrit-il dans *Ecce Homo* !

laisser libre cours à son « effrayante » musique, à l'*Hymne à la vie* pour chœur mixte et orchestre qui doit accompagner l'avant-dernier fragment du IVe livre de *Ainsi parlait Zarathoustra*.

Chantons-le donc, en souvenir de lui !

« LES TROIS MÉTAMORPHOSES » DE L'ESPRIT

L'esprit, tel le chameau, doit se charger de tous les fardeaux les plus lourds avant de se hâter vers le désert : première métamorphose.
Mais dans le désert le plus reculé se fait la deuxième métamorphose : l'esprit se change en lion, libre et maître de son désert. Là, au bord du chemin, le grand dragon « Tu dois » attend le lion. Sur ses écailles dorées et miroitantes brillent les valeurs millénaires.
Mais le lion se dresse fièrement devant lui et lui oppose un « Je veux ». C'est alors que le lion féroce devient enfant : troisième métamorphose. Pourquoi l'enfant réussirait-il mieux que le lion ? Car l'enfant est le modèle de la vie innocente : il vit dans la légèreté de l'instant, sur lequel rien de passé ne pèse encore. Il oublie afin de toujours recommencer, il est un « oui sacré » : oui au jeu de la création, oui à la vie, sans rancœur ni ressentiment.
Le premier miracle de la métamorphose de l'esprit en chameau, du chameau en lion et du lion en enfant advint dans une ville appelée « La Vache multicolore » [1].

Le prophète du Surhomme

Zarathoustra a longtemps marché, il a parcouru toutes les valeurs et toutes les aspirations ayant eu cours jusqu'ici, il a souvent fait naufrage, mais sa grande santé, osée et coriace, lui a permis d'endurer toutes les avaries, tel Moïse, afin de nous conduire en Terre promise : un pays encore inexploré, opulent de richesses problématiques, terribles et divines, éclairé par un nouvel idéal, prodigieux et plein de périls. Ici, l'échelle des valeurs a été inversée : tout ce que l'homme plaçait tout en haut, le Surhomme y flaire danger, déclin et abaissement.

1. « Les Trois Métamorphoses » constituent le premier discours de Zarathoustra.

Zarathoustra est l'homme fort, animé d'une formidable volonté de puissance, qui brise les anciennes tables des valeurs pour en créer de nouvelles.

Laissez place au saltimbanque

Zarathoustra est également le danseur de corde, le chanteur et le joueur de flûte. C'est un véritable Dionysos, gai et tragique à la fois, se moquant de la mesure et de la réserve de son rival Apollon, dieu de la Beauté et de l'Harmonie.

Pff ! L'harmonie, c'est bon pour les faibles, pour les esclaves ! Mais nous, il nous faut du vent, des tempêtes, des éclairs, de sombres nuages flottant, comme l'homme, entre le passé et l'avenir. Il nous faut du chaos !

Virevoltons donc avec Zarathoustra, ayons le pied léger, franchissons en dansant la corde tendue au-dessus de l'abîme.

Jouons à pile ou face

Ne nous comportons pas comme l'esclave ou le bovin, qui rumine son ressentiment et refuse la vie dans sa diversité et son mouvement. Affirmons la vie, comme Dionysos, plutôt que de vouloir la justifier ou la racheter, comme un bon chrétien.

Pour le christianisme en effet, puisque nous souffrons, c'est que nous sommes coupables (si vous ne trouvez aucun exemple, pensez au moins au péché originel !), mais en souffrant, nous expions notre faute et nous la rachetons. Voilà le problème de l'existence chrétienne : elle est coupable !

Nietzsche affirme au contraire l'innocence du devenir. La vie est innocente car elle obéit au hasard. Observons le monde : vous semble-t-il aller vers un but, une fin ?

Un dieu-enfant, Dionysos, entrechoque les dés et les lance au hasard : rien ne va plus. Voilà la réalité ! Mais les dés retombent et la combinaison qu'ils donnent devient alors une nécessité ; comme on dit, « les dés sont jetés », on ne peut plus rien.

C'est cela précisément être « tragique » : laisser venir à soi le hasard, dans son innocence enfantine. Le tragique n'est pas pessimiste, il dit « oui » à la vie telle qu'elle advient.

La seule certitude que doit avoir le bon joueur est que l'univers n'a pas de but. Alors il saura combiner hasard et nécessité : le hasard fait virevolter les dés et la combinaison qui tombe sur la table est le destin. Acceptez-le donc et n'imaginez pas, comme le mauvais joueur, que plusieurs coups de dés changeront les choses : « Un coup de dés jamais n'abolira le hasard. » [1]

Haut les cœurs !

Sauvons le monde en le délivrant de toute finalité transcendante*. Délivrons-nous de la culpabilité en affirmant l'innocence du devenir : la vie est un jeu qui échappe à toute condamnation.

Dansons, tel Dionysos, « sur les pieds du hasard ». Goûtons la joie, à la fois sentiment et vertu, dans laquelle nous expérimentons une plénitude totale : « oui » à chaque chose car toutes les choses sont enchevêtrées, amoureuses.

Et que toutes ces choses reviennent éternellement, car la joie veut l'éternité, *l'éternel retour* du même dans une temporalité circulaire et cyclique. Dites : « C'est ainsi que j'aime le monde, c'est ainsi que je veux qu'il revienne. » Encore, encore du miel, encore du levain, encore « une heure de minuit pleine d'ivresse », des tombes, la consolation des larmes des tombes, le couchant doré ; encore !

L'idée de retour éternel est la forme la plus haute d'acquiescement.

1. Stéphane Mallarmé.

Idée de pèlerinage

Rendez-vous en Engadine, au sud-est de la Suisse, tout près de Saint-Moritz.

Promenez-vous dans les bois le long du lac de Silva-Plana. Là vous trouverez un énorme bloc de rocher dressé comme une pyramide. Faites halte, car c'est ici précisément, devant le rocher de Surlei, aujourd'hui consacré à sa mémoire, que Nietzsche eut, en un instant, la singulière révélation de *l'éternel retour*.

Il accueillit cette expérience de l'éternité dans une joie et une exaltation toutes dionysiaques.

Organisons un banquet pour le Surhomme… Qui convier à « la Cène » ?

- Zarathoustra
- Un devin fatigué et dégoûté de la vie
- Deux rois écœurés par la fausseté du pouvoir
- Un scrupuleux d'esprit, empoisonné par les sangsues de la connaissance
- Un magicien pris au piège de ses propres pitreries
- Le dernier pape, « hors service », errant sans but depuis que Dieu est mort
- L'homme le plus laid du monde, qui a tué Dieu par rancœur
- Un mendiant volontaire en quête de félicité
- Un âne

Chacun figure, symbolise la survivance des anciennes valeurs.

Où se déroule l'événement ?

Sur le domaine de Zarathoustra, dans sa caverne (oui, encore une), là où il est interdit de désespérer.

Quel menu ?

- Deux beaux agneaux à la sauge
- Des noix
- Des devinettes et autres casse-tête
- Du pain
- Du vin, car tout le monde n'est pas né buveur d'eau comme Zarathoustra

À moins que vous ne préfériez la fête de l'âne...

Tout était prêt pour un événement historique !

Mais sitôt que Zarathoustra se fut éloigné, sitôt ses hôtes furent saisis par l'angoisse d'une vie nouvelle sans Dieu. Aussi se mirent-ils à adorer dévotement... l'âne !

Et « la Cène » devint la fête de l'âne !

Zarathoustra, qui retournait à la caverne, entendit de loin des bruits étranges et ses narines furent indisposées par une âcre odeur d'encens.

Arrivé dans la caverne, il n'en crut pas ses yeux... tous ses hôtes priaient, agenouillés :

« Gratitude soit à notre Dieu, disaient-ils.

– Oui-Han, faisait l'âne.

– Gris est sa couleur ; il y enveloppe sa vertu et cache son esprit sous ses longues oreilles.

– Oui-Han.

– Il dit toujours "oui" et jamais "non".

– Oui-Han.

– Êtes-vous devenus fous ? Comment pouvez-vous encore croire à ces âneries divines ? tempêta Zarathoustra ! Dieu est mort. Nous sommes forcés désormais de ne compter que sur nous-mêmes et de maintenir, forte et vigilante, notre volonté de puissance, qui transmutera toutes les valeurs. »

Alors, il fit se lever un grand vent mugissant afin de nettoyer leur âme et de la rendre claire.

« Il vaut la peine de vivre sur la Terre : un jour, une fête en compagnie de Zarathoustra m'a appris à aimer la Terre. "Était-ce cela – la vie ?" Voilà ce que je veux dire à la mort. Eh bien, allons ! encore une fois ! » [1]

Bondissons vers Zarathoustra, remercions-le en lui disant notre vénération, baisons ses mains, dansons ! Regardez : l'âne aussi se met à danser ! Alors, si l'âne danse ce soir, il arrivera des prodiges plus grands encore et bien plus étranges qu'un âne qui danse !

Plantez votre tente sur les cimes

À présent, rien ne vous empêche de planter votre tente au sommet du Piz Corvatsch, dans le silence glaciaire qui surplombe Sils-Maria, en Engadine. C'est là que Nietzsche passa tous ses étés après avoir démissionné de son poste à l'université de Bâle. Il écrivit ici l'essentiel de ses œuvres : *Le Gai Savoir, Ainsi parlait Zarathoustra, Par-delà le bien et le mal, La Généalogie de la morale, Le Crépuscule des idoles.*

1. *Ainsi parlait Zarathoustra*, 4e partie, trad. Georges-Arthur Goldschmidt, Le Livre de Poche, 1972.

Matériel nécessaire pour une philosophie glaciaire

- Chaussures de marche
- Sac à dos
- Cordes
- Gants
- Boussole
- Piolet
- Oxygène
- Zarathoustra et son singe
- Un serpent pendu au cou d'un aigle royal

Toujours plus haut...

Lisez Nietzsche, respirez l'air des cimes, là, à « 6 000 pieds au-dessus de l'homme et du temps ». Peut-être prendrez-vous froid au début, mais vous vous acclimaterez vite à l'air raréfié des sommets. Grimpez toujours plus haut ; si vous échouez aujourd'hui, vous y parviendrez demain car « dans les montagnes de la vérité tes efforts ne seront jamais vains ».

Vous allez où personne ne va, où personne ne peut vous suivre, vos pas s'effacent derrière vous dans la neige... Mais regardez : l'obscurité s'éclaire, les brumes se dissipent. Vous surplombez le plus vaste abîme de solitude que l'histoire de la philosophie n'ait jamais connu. « Ô solitude, solitude, mon pays », chante mélancoliquement Zarathoustra.

Enfin, soyez divine !

Seule, plus seule que ne l'ont jamais été les moines du désert puisque vous êtes sans Dieu – en bonne nietzschéenne, vous avez rejoué le drame de sa mort, vous l'avez tué. Dieu est mort, vous abandonnant à une solitude glacée. On n'entend plus que l'écho infini des coups de marteau, le rire puissant et désespéré du titan...

Mais le Piz Corvatsch est un Olympe qui a enfanté le premier Surhomme : Zarathoustra.

Dix-huit mois ont été nécessaires à sa gestation dans l'esprit de Nietzsche – ce qui pourrait suggérer, au moins chez les bouddhistes, l'idée qu'il est un éléphant femelle, plaisante-t-il dans *Ecce Homo* !

Et cet Olympe enfantera un nouveau dieu : VOUS !

Vous, qui pratiquez la philosophie de Dionysos, le premier dieu devenu philosophe...

Vous qui savez que c'est dans la création et la transformation de l'homme comme des choses que l'on trouve la jouissance suprême de l'existence.

Vous qui savez transformer la Terre en jour de fête !

Autour du Nietzsche de la dernière période, le silence est total, la solitude parfaite ; tous ont déserté le champ de bataille. Il a toujours été préparé à mener seul son voyage d'exploration. Mais un jour, une seule fois, une fois de trop, il a fait un rêve : Lou ! Ne plus être seul, jamais ! Alors, « le danger fut terrible », celui de l'échec, de la chute, du désespoir d'avoir perdu... le fil d'Ariane !

Mais nul mieux que Nietzsche n'aura fait montre du courage exemplaire auquel il nous force : « Je fais cas d'un philosophe dans la mesure où il est capable de fournir un exemple », écrit-il dans ses *Considérations inactuelles*.

Enfin, prudence tout de même ! N'écoutez pas trop les démons qui ont entraîné Nietzsche si loin qu'il n'est plus possible de le suivre. À moins que vous ne souhaitiez faire de votre vie une tragédie en sept actes : « La solitude a sept peaux superposées : rien ne les traverse. » [1]

---

1. *Ecce Homo : comment on devient ce que l'on est.* Ce titre signifie : « Voici l'homme ». Nietzsche entend faire sa biographie spirituelle : « Écoutez-moi, car je suis tel et tel. Mais surtout n'allez pas me prendre pour un autre ! » écrit-il dans l'avant-propos.

QUINZE CONSEILS UTILES POUR DEVENIR NIETZSCHÉENNE

1. Écoutez, écoutez, écoutez *Ainsi parlait Zarathoustra* de Strauss

Richard Strauss compose ce poème symphonique pour orchestre en 1886. Histoire de vous mettre dans l'ambiance…

2. Ne consommez jamais de bière

« Ce qu'il peut y avoir de bière dans l'intelligence allemande »…

3. Buvez de l'eau

Ce n'est pas une boisson de « facho » !

4. Cultivez le désordre anarchique des instincts

Soyez crue et tendre, fine et grossière, étrange et familière, sordide et pure, « colombe, serpent et cochon » [1].

5. Procurez-vous une échelle

La plus longue possible, afin de descendre au fond de vous-même, car l'homme en quête de savoir est celui dont l'âme est la plus profonde et spacieuse.

6. Ayez « le courage des choses défendues »

« Il faut la prédilection des forts pour les questions dont personne aujourd'hui n'a le courage. »

7. Soyez l'amie jurée et jalouse de la solitude

Vous serez récompensée.

8. Cultivez le péril

Le plus haut degré de péril qu'un homme puisse éprouver : « Salut à vous, démons ! »

1. Extrait d'un poème que l'on trouve dans *Le Gai Savoir*, « Plaisanterie, Ruse et Vengeance ».

9. Adoptez des animaux de compagnie

Choisissez, comme Zarathoustra, un aigle et un serpent : l'animal le plus fier qu'il y ait sous le soleil et l'animal le plus rusé. Dangereux ? Ne vous fiez pas aux apparences et souvenez-vous de Monty, votre lapin... C'est mignon un lapin... dans les dessins animés... mais rappelez-vous : le vôtre était une terreur !

10. Descendez votre seau dans le puits inépuisable « des trésors les plus secrets de la Vérité »

Vous le remonterez chargé d'or et de bonté.

11. Laissez venir à vous le hasard

Il est innocent comme un petit enfant.

12. Développez une conscience nouvelle

« Des oreilles neuves pour une musique nouvelle ; des yeux neufs pour les plus lointains horizons. Une conscience nouvelle pour des vérités restées jusqu'à présent muettes. » [1]

13. Délivrez-vous du « cela était »

Oubliez le passé sur lequel la volonté n'a plus de prise, afin de vivre « sur le seuil de l'instant », le « midi éternel » : bonheur garanti.

14. Chantez donc la ronde de Zarathoustra

Cette chanson a pour titre *Encore une fois*.

15. Gardez-vous d'ériger Zarathoustra en idole

Souvenez-vous que tous les colosses ont des pieds d'argile. *Ainsi parlait Zarathoustra...*

1. Extrait de l'avant-propos de *L'Antéchrist*.

chapitre 10

Comment ne plus vivre dans le vide ?
Écoutez Heidegger !

Êtes-vous une femme moderne ?

Vous trouvez cette question vexante ? Pourquoi ? Vous rêvez de pouvoir faire du shopping chez Bloomindale's ? C'est facile : *www.bloomindales.-com* et à vous les petites robes de ville ou de soirée, les tailleurs chics ou chemises décontractées, capes et capelines, gants et chapeaux, à vous la vraie vie !

Vive la mondialisation et les nouvelles technologies !

Tout semble désormais possible : téléphoner de la Grande Muraille de Chine, vous rendre à Londres ou à Milan en moins de trois heures après avoir réservé votre voyage depuis votre canapé, lui-même acheté sur le site de votre magasin de déco préféré en grignotant des friandises livrées à domicile par votre hypermarché ou *Le Four des navettes* de votre enfance marseillaise... Ah ! Marseille !

Un instant proustien de réminiscence...

Vous vous sentez soudain toute chose, assise sur votre e-canapé, suçant une e-navette à la fleur d'oranger (pour les plus paresseuses : *www.fourdesnavettes.-com*) ! Vous êtes sur le point de vivre un instant proustien de réminiscence et une expérience de philosophie heideggérienne...

Tout d'abord, souvenez-vous de la madeleine de Proust... « Mais, quand d'un passé ancien rien ne subsiste, après la mort des êtres, après la destruction des choses, seules, plus frêles mais plus vivaces, plus immatérielles, plus persistantes, plus fidèles, l'odeur et la saveur restent encore longtemps, comme des âmes, à se rappeler, à attendre, à espérer, sur la ruine de tout le reste, à porter sans fléchir, sur leur gouttelette presque impalpable, l'édifice immense du souvenir. » [1]

1. Marcel Proust, *À la recherche du temps perdu – Du côté de chez Swann*, 1913.

Un grand moment de littérature !

Nous avons toutes notre « madeleine de Proust ». Si, si : cherchez bien !

Dans chaque petite navette à la fleur d'oranger, ce gâteau sec en forme de barque, se cache une madeleine... Ressac des émotions au fond de vous, les contours des souvenirs se précisent, et bing ! surgissent votre enfance et tous les personnages qui se sont pressés sur cette scène, les petites joies et les grands drames, le vieux port de Marseille à la lumière du couchant, le « ferry-boîte » et les cornets de marrons chauds, les douleurs d'estomac après avoir mangé le sachet complet de délicieux petits gâteaux encore tièdes... Tout un monde enfermé dans une petite navette ! Merci, *www.fourdesnavettes.com* !

La vague nostalgie que vous sentiez monter déferle à présent : à cause d'une petite navette, vous sentez que ce temps accéléré, pulvérisé par les prouesses techniques n'est pas le temps dans lequel vous souhaiteriez vivre. Tout va trop vite ! Nous voudrions un temps « retrouvé », nous aimerions « prendre le temps ».

Alors, écoutons ce que nous susurre le Temps : il parle de l'être qui se développe en lui et qui rend l'instant plus dense, au contraire des instants que notre vie inauthentique vide peu à peu.

Le monde vous déprime ?

L'accumulation de moyens techniques, tout en permettant de surmonter bien des obstacles, n'est pas le but de l'existence. Tel est le constat qu'a fait avant nous Martin Heidegger : la technique domine tout mais ne révèle plus rien ; tout va de soi, tout est normal, banal, rien ne nous étonne plus.

Mais quel est le sens de ce monde décervelé qui ne vénère que l'utilité ? Quel est le sens de votre propre existence dans le monde ? Si elle résout bien des « comment », la technique ignore le « pourquoi », la question du sens.

Nous vivons dans « le vide de l'être », dit Heidegger : nous avons oublié l'être et avons même oublié que nous l'avons oublié ! Nous sommes vernis !

Êtes-vous utile ?

Telle est la question que nous sommes censés nous poser, dans un monde où l'*efficacité*, la *rentabilité* et le *rendement* sont les mots-clefs de la réussite.

La technique *arraisonne* le monde, pense Heidegger : elle s'en empare et le normalise, le ramène à une raison utilitaire et calculatrice. Nous devons *rendre raison* de tout, rendre des comptes, justifier de notre utilité et de l'utilité de tout ce que nous entreprenons. Nous devons nous mettre au service « d'une recherche frénétique qui ne sait que compter et dont les succès sont grandioses », au risque de devenir nous-mêmes de simples outils : nous devons être « utiles à » (utiles au bureau, pour les tâches domestiques, à la société de consommation...).

Mais Heidegger nous met en garde : vouloir tirer profit de tout pervertit le regard que nous portons sur le monde.

Mais à quoi sert l'utilité ?

Alors qu'elle cherche à dégager les caractéristiques de la condition de l'homme moderne, à travers notamment son rapport au travail et à la technique, Hannah Arendt[1] découvre qu'il existe une logique du travail et une logique de la technique.

Si la technique crée essentiellement un monde humain, le travail au contraire aliène l'homme, en l'inscrivant dans la répétition et le cycle sans fin de la produc-

1. Hannah Arendt (1906/1975) nous occupera beaucoup au cours de ce chapitre. Elle est en effet l'un des penseurs les plus marquants de la modernité, l'élève de Martin Heidegger et l'amante de toute sa vie...

tion-consommation (consommation entendue comme « absorption » quasi immédiate dans le processus biologique).

La technique au contraire fabrique des objets destinés à durer, que la consommation n'anéantira pas.

En ce sens, faire la cuisine est un travail dans la mesure où vous répétez indéfiniment les tâches : ce que vous produisez est aussitôt absorbé, consommé et détruit. Lorsque vous cuisinez, vous êtes un *animal laborans*, soumise aux cycles vitaux du travail par lequel vous entretenez et renouvelez la vie !

Lorsque vous fabriquez un superbe abat-jour de coquillages grâce à l'habileté technique nouvellement acquise lors de vos cours de travaux manuels, vous êtes une *homo faber*, à proprement parler « homme fabricateur », dont les œuvres techniques créent un monde stable et proprement humain.

Enfin, lorsque vous occupez l'école de Petit Cœur pour exiger de l'inspection académique l'ouverture d'une cinquième classe, vous agissez pour la cité, avec les autres hommes, vous êtes un *zoon politikon,* un animal politique engagé dans l'espace public et dans l'action !

Ainsi, travail, œuvre, action, sont les trois grandes dimensions d'une vie vraiment active.

La société de consommation conduit à sa perte

La technique est loin d'être une perversion en soi pour Hannah Arendt. Mais la modernité brouille la distinction entre travail et technique et cette dernière, assujettie à la logique du travail, conduit jour après jour le monde à sa perte.

La société de consommation nous incite à acheter, à user, à jeter et nous « consommons » les objets techniques avec la même rapidité que les produits du travail, une paire de chaussures aussi promptement qu'un croque-monsieur avalé vite fait le midi !

La durabilité des œuvres techniques importe peu désormais : « Il nous faut consommer, dévorer, pour ainsi dire, nos maisons, nos meubles, nos voitures comme s'il s'agissait des "bonnes choses" de la nature qui se gâtent sans profit à moins d'entrer rapidement dans le cycle incessant du métabolisme humain. »[1]

Bien sûr, nous ne mangeons pas l'abat-jour de coquillages ! Mais nous le mettons au rebut sitôt qu'il nous semble un peu kitch ! L'abat-jour « toile de Jouy » qui le remplace détonne avec le poster noir et blanc d'Audrey Hepburn dans *Breakfast at Tiphany's* dont vous venez de faire l'acquisition et le sobre abat-jour blanc contre lequel vous troquez votre toile de Jouy ne parviendra pas à dissimuler que cette lampe ne vous plaît décidément plus, etc.

L'idéal utilitaire déferle sur le monde... mais « à quoi sert l'utilité » ?

Allons plus loin... Êtes-vous futile ?

Lorsque l'on possède une collection de *Vogue* et de *Marie-Claire*, qu'on ne rate jamais un épisode de *Desperate Housewives*, qu'on se passionne pour les aventures de la télé-réalité et que l'on passe des nuits entières à *chater* avec ses copines, on l'est !

La menace véritable vous a déjà atteinte dans votre être...

Mais « là où croît le danger croît cependant aussi ce qui sauve »[2] : la technique est notre destin et nous devons la vivre afin de prendre pleinement conscience de notre situation dans le monde et du désastre d'une vie sans penser !

C'est bien la sensation de ce vide de l'être qui vous a incitée à acheter *La Philo des paresseuses* : pour avoir vécu utilement et futilement dans le vide de l'être, on sait ce que peut nous apporter la pensée !

---

1. Hannah Arendt, *Condition de l'homme moderne*, 1958.
2. Heidegger cite ici Hölderlin.

L'enseignement d'Edmund Husserl

Heidegger emprunte ses méthodes à la phénoménologie* – science des phénomènes, du vécu – d'Edmund Husserl [1], que l'on considère généralement comme le père de ce courant.

Les deux hommes se rencontrent à l'université de Fribourg, où Martin Heidegger sera l'assistant de Husserl. Mais même s'il s'est converti au christianisme, Husserl est juif, et Heidegger, devenu recteur de l'Université sous le régime nazi, se verra contraint de lui signifier son arrêté d'exclusion. Jolie façon de régler ses dettes philosophiques !

Husserl, en tant que phénoménologue, étudie surtout la relation de la conscience avec le monde. Il s'interroge sur la manière dont le monde nous est donné.

Certes, nous faisons sans conteste l'expérience du monde, qui existe, bien réel en dehors de notre conscience. Mais comment le percevons-nous ?

Tout simplement comme « phénomène », répond Husserl : les choses du monde sont données à notre conscience comme des phénomènes, dont le sens va être constitué par la conscience elle-même. Husserl donne ainsi à sa philosophie le nom de « phénoménologie ».

Expérience phénoménologique

Le but de cette expérience est de développer une vision phénoménologique, attentive à l'apparence des phénomènes.

1. Husserl est né en 1859 en Moravie (Tchécoslovaquie) et mourra à Fribourg en 1938.

1. Posez-vous une question de phénoménologue

Comment le fauteuil dans lequel je suis assise entre-t-il dans mon expérience ?

2. Procédez à une analyse phénoménologique

- Ce fauteuil est bien réel sous mon postérieur, néanmoins je le mets entre parenthèses. Je pratique une « réduction phénoménologique » en suspendant mon rapport utilitaire à cet objet.
- Que reste-t-il ?
- La conscience.
- Mais par quelle activité de la conscience le fauteuil nous est-il donné ?
- Par son intentionnalité.

3. Conclusion phénoménologique

La conscience est « intentionnelle », c'est-à-dire dirigée vers le dehors. Cette idée sera centrale aussi bien dans la philosophie de Heidegger que dans celle de Sartre. La conscience accueille les phénomènes et leur donne sens. Le fauteuil est « le phénomène fauteuil » tel qu'il existe dans votre conscience : sans conscience, pas de fauteuil ! Et justement, quelle signification donnez-vous au « phénomène fauteuil » : fauteuil « Emmanuelle », fauteuil « soirées-pyjamas-entre-copines », fauteuil « lecture-chat-sur-les-genoux » ou fauteuil « paresse » ?

Notre perception, fort complexe, reste néanmoins parcellaire : le monde est ce que nous percevons. Il existe d'autres perceptions possibles, d'autres perspectives, d'autres points de vue plus ou moins conciliables et cohérents sur le monde. Nous saisissons le monde sous une certaine apparence, qui est certes particulière mais non exclusive.

Vous n'êtes pas sans savoir que ce qui est, par exemple, évident pour vous (on ne se couche pas auprès de son amoureux après avoir consommé quelques verres de pastis et clopé toute la soirée sans au moins se brosser les dents) n'est aucunement évident pour le susdit amoureux !

On pourrait alors penser que toute connaissance reste subjective.

Comment se convertir à la phénoménologie ?

Loin d'être seulement une méthode, la phénoménologie est une façon de philosopher en réhabilitant des « phénomènes » impalpables et antérieurs à toute réflexion, comme les états d'âme, les malaises indicibles, l'inquiétude, le souci et l'angoisse.

Dans ce vécu existentiel le plus souvent ignoré par la philosophie, s'enracine pourtant le sens profond de toute existence humaine authentique.

L'approche du sens de l'être fait appel au vécu et à l'intuition, que seule une méthode phénoménologique peut saisir pour comprendre la situation de l'homme dans le monde.

Avez-vous le sens de la communauté ?

On ne peut être heureux en vivant à côté de soi-même. À force d'entretenir un décalage entre ce que l'on est et ce que l'on vit, on se vide de son être.

Pourtant, nous sommes la plupart du temps si pleinement absorbés par nos occupations quotidiennes que nous oublions notre vie propre, notre être et ses aspirations profondes.

Bonne nouvelle : nous allons pouvoir faire l'expérience formidable de la psychanalyse !

Mauvaise nouvelle : nous n'avons pas fini de souffrir, de vivre, comme le dit Heidegger, sur le mode impersonnel et inauthentique du « on » !

« On » vit, « on » travaille, « on » aime, « on » part en vacances, « on » va au cinéma, « on » meurt... « On », ce n'est personne en particulier et surtout pas moi lorsqu'il s'agit de la mort ! Le « on » est le « n'être pas » qui est le mode immédiat de « l'être-là ». Nous sommes « là » de façon anonyme.

Heidegger envisage deux conséquences majeures de ce vide :

1° Il n'y a plus aucun responsable : chacun se décharge sans scrupule sur les autres – comme lorsque vous tentez de joindre une administration en passant par une dizaine de services différents avant de vous entendre dire qu'il est 16 h 56 et que la seule personne qui aurait pu vous renseigner est déjà partie.

2° Nous ne sommes plus attentifs aux autres, préoccupés que nous sommes de nous-mêmes. Nous ne savons plus « être avec », pour avoir oublié le sens de la communauté humaine.

LES ORIGINES DU TOTALITARISME

La solitude et l'isolement dans une société de masse où chaque individu est atomisé et séparé des autres est une des sources du phénomène totalitaire selon Hannah Arendt. Dans la masse, les liens entre les hommes se défont par égoïsme et manque d'intérêt pour l'autre.

Dans *Les Origines du totalitarisme*, publié en 1951, Hannah Arendt réfléchit sur les grands phénomènes totalitaires du XXe siècle et entend répondre aux trois questions : « Que s'est-il passé ? Pourquoi cela s'est-il passé ? Comment cela a-t-il été possible ? »

L'isolement fonde « les trois piliers de l'enfer » : antisémitisme, impérialisme et totalitarisme. Être isolé, c'est ne plus avoir de place dans le monde, ne plus nourrir aucun espoir d'être reconnu comme sujet libre et imprévisible. La condition de l'homme moderne est effrayante : être inutile, de trop, dans un agrégat d'êtres superflus.

Parlez-vous la langue du « on-dit » ?

Le langage se vide peu à peu de sa substance : on bavarde, on colporte ragots et rumeurs, on parle dans le vide !

Il est bien évident qu'à vivre toujours à la surface de nous-mêmes, tournés vers l'extérieur, nous ne pouvons plus maintenir l'exigence d'une langue propre, qui parlerait de l'être, de ses désirs, de ses aspirations, de ce qu'il vit de l'intérieur.

Bref, nous nous condamnons à parler la langue du « on-dit » : le discours vide de sens propre à un monde vidé de toute substance.

C'est pourtant bien cette voix impersonnelle qui gouverne les voies de notre curiosité, nous imposant ce qu'il faut voir absolument, écouter absolument, lire absolument, etc.

Êtes-vous *people* ?

« L'être-partout-et-nulle-part de la curiosité est livré au on-dit. Ces deux modes d'être ne sont pas juxtaposés là par hasard. L'un entraîne l'autre. La curiosité à laquelle rien n'est fermé, le on-dit auquel rien ne demeure inentendu décernent à l'être-là dont ils sont le mode d'être le label d'une vie se prétendant vraiment vivante. » [1]

N'ayant pas de vie propre, nous ressentons un vide effrayant, que nous tentons illusoirement de combler en vivant par procuration de la vie des autres : stars de cinéma, du sport ou de la mode. Qu'à 15 ans vous tapissiez les murs de votre chambre de posters de Dépêche Mode, que vous préfériez lire les derniers rebondissements de leur vie amoureuse dans *Podium* à faire vos exercices de maths, passe encore... mais à votre âge ? Est-il bien raisonnable de vous passionner pour les petites manies et les détails insignifiants de la vie des stars étalés dans la presse *people* ? Ne serait-il pas temps d'avoir une vie propre, de devenir vous-même quelqu'un (ce qui ne veut pas dire « riche et célèbre »), de sortir du marasme dans lequel vous vous enlisez ?

La curiosité, que Heidegger assimile au voyeurisme (avouons que nous nous marrons bien des photos de vacances de telle ou telle actrice en maillot de bain, et ce d'autant plus si elle n'est pas aussi parfaite qu'on l'imaginait), nous détourne de nous-mêmes parce que nous avons peur d'exister, de nous engager, de faire quelque chose de notre vie.

1. Heidegger, *Être et Temps*, 1927.

Bref, nous occupons le monde de façon impersonnelle et inauthentique. Or, nous sommes un « être-dans-le-monde » : le monde est précisément « là » où nous sommes, et non sur la dernière plage à la mode où batifolent diverses actrices en Bikini.

Et si nous devenions authentiques ?

Nul besoin pour cela d'adopter un semblant de costume tyrolien, comme Heidegger lui-même ou Romy Schneider dans *Sissi*, et de dévaler les pentes verdoyantes d'une vallée alpine !

Pierre qui roule...

Nous dévalons la pente de l'inauthenticité, et c'est la chute !

L'inauthenticité triomphe et l'« étant » que nous sommes se trouve peu à peu empêtré dans lui-même, paradoxalement enlisé à force de vivre de façon superficielle.

Cruelle aliénation : nous vivons dans l'oubli de l'être et cherchons à échapper à l'oubli en oubliant. Nous sommes dans un cercle vicieux : plus l'existence devient absurde, plus nous nous divertissons d'activités vides et superficielles, qui la rendront plus absurde encore. L'existence est une impasse : nous sommes là sans savoir pourquoi.

À situation désespérée, mesures désespérées !

1. Jetez tous vos *Voici* et autres *Gala* !

Moins il se passe de choses dans le temps de notre vie, plus nous nous ruons, curieux et férus de « on-dit », sur la vie des autres ! Mais cette vie mondaine ne nous procure pas de vie propre et nous ne pouvons pas vivre à travers les autres, fussent-ils stars de cinéma ou princesses !

Croyez-vous par ailleurs que ceux-là sachent vivre de façon plus « authentique » que nous, dans le sens où l'entend Heidegger ? Marilyn Monroe, Jean Seberg, Kurt Cobain, Marie Trintignant et Bertrand Cantat... la liste est longue de vies, si admirables au demeurant, qui s'échappent à elles-mêmes pour s'enliser, comme les nôtres parfois, dans l'alcool, les drogues, les barbituriques, et dans l'inauthentique heideggérien, qui creuse le vide de l'« être ». Alors certes, nous nous identifions à eux ; mais est-il si « rassurant » de les voir aux prises avec les mêmes angoisses que nous ?

2. Faites-vous du souci !

L'insouciance consiste à exister sans exister, le dernier *Voici* toujours dans son sac à main ! Or, se « préoccuper de » révèle notre être-au-monde, nous transporte au cœur de l'existence, l'anticipe et nous ouvre au temps, un temps vécu de façon authentique, bien sûr !

Alors faites-vous du souci : existez en existant, *Être et Temps* toujours dans votre sac besace (O.K. ! *Être et Temps* est un peu plus lourd que *Voici*) !

C'est l'angoisse !

Le souci nous portant au-devant de nous-mêmes, nous rencontrons alors la mort comme la fin des fins qui dévoile paradoxalement notre existence et notre moi véritable : ce que *nous sommes* et ce que *nous avons à être*, à savoir un « être-pour-la-mort ». Formidable constat, n'est-ce pas ?

Essayons de nous divertir, de fuir la mort et la pensée de la mort ! Peine perdue... car en fuyant la mort, nous mourons plus vite, nous mourons déjà ! Le mieux est de l'assumer, de cesser de nous dissimuler derrière un impersonnel et inauthentique « on meurt ».

Alors, c'est l'angoisse, certes, mais l'angoisse est l'état d'âme qui révèle mon être-au-monde dans son authenticité. Elle me donne un accès direct au néant – la peur a toujours un objet déterminé alors que l'angoisse est sans objet : vide, un néant, inconnu – qui préfigure *ma* mort, cette possibilité *qui m'est propre* et qui parachève mon être.

Abreuvons-nous à la source de l'Être

Au cœur du désastre de la technique, de la superficialité et de l'inauthenticité, dans la nuit du monde et de la Forêt Noire, il y a un veilleur, celui qui a gardé le souvenir de la pensée.

Jouons les bergères de l'Être !

Laissons-nous guider par la lanterne dans le vent, au-dessus de la porte de la cabane de Todtnauberg [1]. Suivons le chemin à la recherche de l'être perdu. Les grands arbres voilent encore le ciel de la vérité. Mais bientôt, nous trouverons la clairière d'où l'on voit le ciel s'empourprer des premières lueurs d'une aube grecque... Bientôt, la vérité retrouvée et l'être toujours recommencé.

Et nous devrons alors veiller inlassablement afin de ne jamais plus les oublier, car : « L'homme en tant qu'il est celui qui existe a à veiller sur la vérité de l'être. Il est le berger de l'être. C'est ce que *Être et Temps* s'est efforcé de penser [2] ».

1. La fameuse *Hütte* de Forêt Noire, où Martin Heidegger se retire pour écrire à partir de 1934.
2. Heidegger, *Lettre sur l'humanisme*, 1957.

Soyons plus grecques qu'un Grec...

Ce n'est nullement une invitation à quelques plaisirs saphiques, mais un conseil avisé pour enfin cesser de dévaler la pente de l'inauthenticité.

« La philosophie n'est pas une manière grecque d'exister, mais une manière hypergrecque. Les Grecs sont ceux qui ont eu affaire à l'aléthéia, la « vérité ». Ils ont été ceux qui se sont occupés de la vérité. Et c'est de la vérité que se sont occupés à leur suite ces Grecs plus grecs que les Grecs, que sont les philosophes. » [1]

Nous devons retrouver ce que *penser* veut dire et recouvrer la mémoire.

Heidegger a retenu la leçon de Platon : lorsque nous sommes tombés dans l'existence, notre âme a bu l'eau du Léthé, le fleuve de l'oubli, d'autant plus avidement que nous étions alors intempérants. Mais nous avons ainsi déterminé fatalement, pour notre vie à venir, un éloignement plus ou moins grand des Idées et de la Vérité. Plus nous avons bu, plus nous sommes oublieux de la Vérité, de l'Être.

Alors crachons, afin de recouvrer la mémoire !

Avec Martin sur les chemins de la Forêt Noire...

« Quand on peut vivre simultanément un attentat en France et un concert symphonique à Tokyo, quand le temps n'est plus que vitesse, instantanéité et simultanéité, et que le temps comme pro-venance a disparu de l'être-là de tous les peuples, lorsque le boxeur est considéré comme le grand homme d'un peuple et que le rassemblement en masses de millions d'hommes constitue un triomphe, alors vraiment, à une telle époque, le questionnement "Pour quel

1. Heidegger, *Le Séminaire de Thor*, « Questions IV », 1969.

but ? Où allons-nous ? Et quoi ensuite ?'' ne cesse de faire sentir sa présence, en traversant tout cet ensorcellement à la façon d'un spectre. » [1]

« Pour quel but ? » Ch'ais pas !

« Où allons-nous ? » Droit dans le mur, c'est sûr !

« Et quoi ensuite ? » Pff ! Après moi le déluge !

Non, non, non, secouons-nous, paresseuses !

1. Crachons l'eau du Léthé

2. Étonnons-nous du miracle de l'existence, que le monde moderne ne voit plus

Dévoilons l'être que dissimule notre conscience naïve, qui accepte le monde tel qu'il va sans l'interroger. S'étonner est le meilleur remède contre la dépression, un euphorisant en somme ! Il ne s'agit pas de s'émerveiller devant la petite culotte de Madonna, mais de s'émerveiller de l'être ! Cela fait moins recette, certes, mais cela a le mérite d'avoir un sens !

3. Dévoilons ainsi la vérité !

4. Arrachons-nous !

Non pas : tirons-nous d'ici ! Mais arrachons-nous au règne de l'utilité qui étend le modèle commercial à tout type de relation.

1. Heidegger, *Introduction à la métaphysique*, 1935.

5. Remplissons nos vies de sens : pensons !

Non pas pour dominer le monde afin de l'utiliser dans un souci d'efficacité et de rentabilité, mais pour retrouver l'être.

Pensez ! Résistez !

L'absence de pensée propre enlise les hommes dans une vie inauthentique et vide, affirme Heidegger.

Et ce vide sidéral a rendu possible l'horreur totalitaire en décervelant les masses enrôlées par les aboiements des meutes de nazis, ajoute Hannah Arendt en contrepoint.

Arendt se trouve à Jérusalem en 1961 afin de couvrir le procès Eichmann pour le *New Yorker* [1]. Le criminel nazi est l'archétype du décervelé. Celui que l'on présente comme l'incarnation du mal radical, comme un monstre, n'est qu'un minable, un bureaucrate soumis et borné qui exécute les ordres sans penser, sans ressentir la moindre émotion, inconscient des horreurs que son boulot de petit fonctionnaire engendrait. Il incarne « la banalité du mal ».

Ce ne sont pas les actes qui sont banals, mais l'indifférence dans laquelle ils sont commis. Conformisme et identification avec le mouvement font perdre à l'homme la faculté « d'éprouver une expérience », fût-elle aussi extrême que la torture ou la peur de la mort. Le mal est quelque chose comme la bêtise : l'absence de toute faculté de juger, de penser. Eichmann, comme tous les autres, n'est qu'un pauvre type sans idéal, sans conscience ni réflexion ; obéissant. En somme, « bête et méchant ».

1. Hannah Arendt publiera également *Eichmann à Jérusalem ou Rapport sur la banalité du mal*, en 1963.

Pourquoi les hommes n'ont-ils pas résisté ? Comment laisser aller le monde, renoncer à celui dans lequel on voudrait vivre sans débattre et se débattre, *a fortiori* sans se battre ?

En 1933 déjà, alors que les nazis arrivent au pouvoir, Hannah décide de rester en Allemagne afin de s'opposer au régime. Arrêtée par la police, retenue et interrogée pendant une semaine avant d'être libérée, elle rejoindra finalement la France. Mais elle clame sa révolte contre l'irresponsabilité des intellectuels : « D'un côté Hitler, de l'autre des théories bien intéressantes au-dessus du quotidien : c'est grotesque ! »

Penser est en soi une entreprise dangereuse, mais ne pas penser se révèle plus terrifiant encore : « On trouve sa place dans le temps quand on pense », affirme Hannah Arendt.

Des chemins qui ne mènent nulle part...

Mais qu'importe, pourvu que ce soit hors de ce monde inauthentique...

Et la chambre à gaz, ça vous va ? (Peut-on rire de tout ? Non, si le rire est malsain et crétin ; oui, s'il est la distance salvatrice pour ne pas mourir du tragique.)

Il est tout à fait troublant que Heidegger ait cru que le national-socialisme guiderait paradoxalement l'homme sur le chemin d'une vie plus authentique.

Ce chemin a bifurqué avant la clairière pour conduire à Auschwitz !

Heidegger prend sa carte au NSDAP, le Parti nazi, en 1933. Alors qu'il est nommé recteur de son université, le régime lui donne l'ordre de renvoyer certains de ses collègues juifs : il semblerait qu'il ait écarté en effet Husserl et n'ait rien fait pour défendre Karl Jaspers [1], écarté en raison de la judéité de son épouse.

1. Karl Jaspers (1883/1969) est un philosophe allemand.

Pourtant, beaucoup de ses doctorants les plus brillants étaient juifs, tout comme Hannah, le grand amour de sa vie. La propagande nazie à l'Université l'insupporte et en 1934, sans un mot, il renonce à sa carrière pour mener pendant douze ans une vie retirée en Forêt Noire. Ses textes seront censurés, notamment celui d'un cours sur Nietzsche, dans lequel Heidegger dénonce l'usage qu'en ont fait les nazis. Le Parti ne l'a pas à la bonne !

UN BRILLANT PHILOSOPHE, UN HOMME MÉDIOCRE

On lui a reproché son silence sur son engagement, puis son désengagement. Jamais un mot, en effet, pour se justifier ou se disculper. On cherche dans sa philosophie, comme dans un pot de chambre, les traces d'une pensée antisémite et ce n'est qu'en 1950 que le philosophe réintègre son poste à l'université de Fribourg. Heidegger fut un brillant philosophe, Martin un homme médiocre. Il n'en demeure pas moins que Martin Heidegger n'est ni un assassin (Hannah écrira toutefois « un assassin potentiel ») ni le plus mauvais des hommes, seulement le penseur désespéré d'une modernité désespérante. Cette enquête est bel et bien un chemin qui ne mène nulle part.

Mais alors, comment trouver la clairière ?

Vous êtes perdue ?

À force de mener une vie creuse et superficielle, de poursuivre des buts futiles, voire de ne plus poursuivre de but du tout, vous avez le sentiment de n'être plus rien : un être vide perdu dans le vide du monde.

Il est grand temps de trouver la clairière, qui se situe dans un lieu-dit appelé *Dasein*...

Prenez le chemin le plus proche : vous voyez, là, juste devant vous. Ce sentier quelque peu escarpé et sinueux vous conduira... à vous-même : le *Dasein, c'est vous* ! Un « être-dans-le-monde » !

Reprenons la marche, car nous ne sommes pas au bout de nos peines...

– Le *Dasein* est un quelque chose qui arrive au *sein,* c'est-à-dire à l'être.

– Qu'est ce qui arrive à ce *sein* ?

– Il lui arrive un *Da* ! (Nous sommes bien avancés, vous moquerez-vous !)

– Qu'est-ce que ce *Da* ?

– Une ouverture ! Le *sein* (l'être) s'ouvre (*Da*).

– À quoi ?

– Au monde dans lequel il est, « là ».

○ Le *Dasein*, c'est l'ouverture de l'être au monde, bref : l'existence.

○ Le *Dasein* est l'*étant* (vous : un être en train d'exister), jeté là (vous ignorez pourquoi) et qui doit être son *être* (vous n'avez pas demandé à être là, néanmoins vous devez assumer) [1]. En ce sens le *Dasein* caractérise la condition de l'homme qui se demande ce qu'il fait là tout en s'efforçant d'être là tout de même.

○ Le *Dasein* est *l'être-là* ou plus exactement *le là de l'être*, ce qui signifie :

1. Que votre être est *là* : ici et maintenant.

2. Ici : « sur ce coin de terre natale », et maintenant : « à l'heure qui sonne à l'horloge du monde », dans l'*étant* que vous êtes.

Débarrassons-nous donc de notre « on » inauthentique pour devenir un *Dasein* existant !

1. Heidegger a beaucoup lu Sören Kierkegaard...

Pour faire un *Dasein* existant, il faut :

1. **Un étant**

Ce qui est en train d'être : un *étant* est connu, concret ; il peut se toucher.

Mais attention ! n'importe quel *étant* ne fera pas l'affaire. Songez que vous n'êtes pas un *étant* comme un sac à main, un arbre ou un animal sont des *étants*.

2. **Un Être**

L'existence à l'état brut que l'*étant* dissimule souvent et à laquelle nous devons revenir dans l'étonnement de l'*être* pour mener une existence authentique.

Il est ce qui fait que nous sommes mais reste immatériel, impalpable et mystérieux.

Pour s'étonner de l'Être :

Expérience existentialiste

1. Asseyons-nous sur le petit banc tout proche de la cabane de Todtnauberg.

2. Respirons... Il y a de grands arbres, il y a le ciel... Nous disons « il y a » pour éviter tout d'abord de dire « l'Être est ».

3. Osons alors la question « Qu'est-ce que l'Être ? » : qu'est-ce qui « est » réellement dans la vie ?

4. Laissons résonner la question encore et encore, entendons-la... Le banc où repose notre séant, les arbres, le ciel, cette pierre, cet oiseau, tout ce que nous voyons, tout ce que nous touchons, tout ce qui nous semble réel, est-ce cela « l'Être » ? Non, nous sentons bien que non, que ce sont des « étants », mais que l'Être est ailleurs.

5. Posez encore la question et vous allez voir le réel bouger, se transformer, glisser. L'étant se brouille pour mettre à nu l'Être, le réel commence à être en vérité.

Résultat

Enfin se révèle à nous le fabuleux événement de l'existence, qui éveillera notre pensée !

« L'Être est plus éloigné que tout étant et cependant plus près de l'homme que chaque étant, que ce soit un rocher, un animal, une œuvre d'art, une machine, que ce soit un ange ou Dieu. L'être est le plus proche. » [1] L'Être est là, il a toujours été là, à la fois lointain (dissimulé par l'étant) et si proche (partout en nous et autour de nous), mais il ne peut exister que par ma pensée qui tente de le comprendre.

Avouons en effet, en tout orgueil, que nous sommes la seule à pouvoir faire cette expérience du sens de l'être. Un seul *étant* a la possibilité de comprendre le sens de l'*être* de l'*étant* : l'homme en tant qu'il est *Dasein*. Parce que vous êtes un *Dasein*, vous êtes le support de la question de l'*être* !

Nous découvrons ainsi que le réel n'est pas ce dont nous faisons l'expérience. Le banc sera froid au toucher pour moi, tiède pour vous, un lieu idéal de conversation ou une invitation à la sieste... Bref, quelle est la réalité de ce banc ? Il aura fallu dépasser les apparences pour le découvrir.

LA LEÇON DE PLATON

Le retour aux origines que réclame Heidegger est autant un retour à une vie authentique, telle qu'elle s'écoule dans la tranquillité des travaux et des jours en Forêt Noire, qu'un retour à la pensée et à ses origines grecques. Heidegger retient la leçon de Platon : le réel n'est plus le banc sous mon séant, mais le banc auquel j'accède par la média-

1. Heidegger, *Lettre sur l'humanisme*, 1957.

tion de l'idée. Rappelez-vous : savoir consiste à se souvenir des Idées et à retrouver notre faculté de penser.
Nous sommes amnésiques ! Au mieux, nous avons la mémoire courte et plus nous vivons de façon superficielle, plus nous sommes oublieux. Revenir à la pensée, c'est donc avant tout faire œuvre de mémoire. Mais comment recouvrer la mémoire ? Par la médiation de l'interrogation sur l'Être qui soulève le voile dissimulant la Vérité. Comme les Grecs, Heidegger pense la Vérité comme *alétheia*, le non-voilé, auquel nous accédons par un dé-voilement.

Êtes-vous là ?

Mais d'abord, avez-vous peur du noir ?

Vous vous demandez ce que cette question vient faire ici ; vous allez vite comprendre le lien.

Lorsque enfant, blottie au fond de votre lit, vous sentiez durer la nuit et son ombre effrayante, seule dans un silence tout bruissant... vous faisiez déjà une expérience heideggérienne !

Dans une chambre obscure la nuit, on entend le murmure de l'« il y a » : c'est l'existence qui nous atteint dans son impersonnalité. « Il y a », c'est comme « il pleut », ce n'est personne : seulement « quelque chose qui ressemble à ce que l'on entend quand on approche un coquillage vide de l'oreille, comme si le vide était plein, comme si le silence était un bruit. Quelque chose que l'on peut ressentir aussi quand on pense que, même s'il n'y avait rien, le fait qu'"il y a" n'est pas niable. Non qu'il y ait ceci ou cela ; mais la scène même de l'être est ouverte : il y a. Dans le vide absolu, qu'on peut imaginer, d'avant la création – il y a. » [1]

Nous devons à Emmanuel Levinas de comprendre enfin ce qui se tramait dans votre chambre de petite fille... Mais c'est grâce à la distinction établie par Heidegger entre être et étant, que Levinas peut penser l'effroi éprouvé par l'enfant

1. Emmanuel Levinas, *De l'existence à l'existant*, 1947.

dans le noir comme la frayeur de l'existence qui persiste dans le silence et l'obscurité, qui ne s'arrête jamais d'être.

La peur du noir, c'est la frayeur de l'existence (« il y a ») sans existant (personne en particulier, pas même moi qui suis entre veille et sommeil), dit Levinas. Nous sommes figés non par l'angoisse du néant, mais au contraire par l'existence impersonnelle et sans contour de l'« il y a ».

Promenez-vous la nuit dans votre appartement à pas de loup ; c'est étrange, presque inquiétant ; c'est comme si vous n'étiez pas là ! Et tapie dans l'obscurité, essayez de surprendre l'« il y a »... Je vous assure que cela marche à coup sûr ! Vous constaterez que, pendant que vous dormez, les choses autour de vous continuent à être dans l'obscurité ; rien ne bouge mais tout existe. Pas de trêve pour l'existence !

Tout cela éclaire d'une lumière nouvelle l'obscurité farouche de nos nuits !

Mais allez l'expliquer à Petit Cœur, qui refuse systématiquement de s'endormir seul dans le noir !

Dites-lui alors que ses jouets sont là, qu'il y a le ciel, qu'il y a les étoiles, qu'il y a ses parents dans la chambre d'à côté, que tout persiste pendant qu'il dort.

Pourquoi cela serait-il vécu dans l'effroi, comme le pense Levinas ? N'est-il pas au contraire rassurant de savoir que tout ne s'anéantit pas, que les choses continuent à être là, familières, qu'il y a de l'être, que quelque chose veille, en somme, pendant que nous dormons ?

Habitez le monde !

Au diable notre volonté insensée de vouloir sans cesse dominer le monde. Sachons plutôt l'habiter, c'est-à-dire y être présents.

Trouvez l'abri et la demeure

Habiter c'est demeurer, à la fois être quelque part et y être à demeure, c'est-à-dire à l'abri. Et aucun abri ne peut être plus sûr que la pensée : nous habitons le monde en toute sûreté lorsque nous pensons. La pensée est la présence au monde la plus authentique, bien plus réelle que celle que nous nous assignons par les tâches pratiques quotidiennes, les préoccupations diverses, souvent futiles, et les désirs qui nous éparpillent en tous sens.

Jetés là, nous relevons néanmoins le défi par une certaine présence, c'est-à-dire une façon d'exister car seule l'existence unit l'être et l'étant.

Habitez le monde en poète

Nous devons retrouver le sens poétique de l'existence par-delà l'inauthenticité et le rapport utilitaire que nous entretenons avec les choses.

La pensée de Heidegger se forme autant à l'école de la philosophie que de la poésie. Il est un grand lecteur de Hölderlin ou de Rainer Maria Rilke et se lie d'amitié avec René Char, auquel il rend parfois visite à Paris.

Heidegger utilise lui-même un langage poétique pour manifester le pouvoir des concepts.

Prose philosophico-poétique ou « bouse coquette » [1] ?

Le langage de Heidegger, loin de la vacuité du « on-dit », s'élance dans des abstractions et des variations infinies sur la complexité des mots : étymologie, polysémie, homophonie... Heidegger rapproche, par exemple, les deux mots *Denken* (« pensée ») et *Danken* (« remerciement »).

1. L'expression est de Thomas Bernhard, poète et romancier autrichien (1931/1989), autre grand esprit de ce siècle vivant en reclus dans sa ferme de Holsdorf, afin d'écrire, dans « le pire des mondes possibles », loin d'une culture qu'il abhorre.

Seul le langage poétique peut constituer un dire originaire, qui dévoile le sens de l'être.

Pour Heidegger, le dire du poète est proche du dire du penseur, même si les deux hommes « habitent proches sur les monts les plus séparés ».

Reste que le style de Heidegger est d'une telle complexité que nous serions tentés de le qualifier, à l'instar de Thomas Bernhard, de « bouse coquette » ! Heidegger, un ruminant, une vache philosophique paissant dans la philosophie allemande, dira Thomas Bernhard, un faible penseur préalpin qui a « kitchifié » la philosophie !

Comment trouver chaussure à son pied, en deux mots : le Prince Charmant ?

Comme *Les Demoiselles de Rochefort*, nous fredonnons toutes en notre for intérieur : « Je ne sais rien de lui mais je sais qu'il existe » ! Tests et articles sur la question remplissent les pages des magazines : car nous, nous voulons tout savoir de lui ! Une fois l'archétype de l'homme idéal en poche, nous pouvons être certaines... *de ne jamais tomber sur ce Prince Charmant !*

Cheminer sur les sentiers de la Forêt Noire au bras de Martin Heidegger, à la recherche de l'être perdu, change-t-il la donne ? Dame de cœur trouvera-t-elle plus facilement son roi ? Penser vous rendra-t-il plus avisée en amour ?

La dame de tête de Heidegger

Johannah Arendt est née à Hanovre le 14 octobre 1906, dans une famille juive mais peu pratiquante. Attirés par l'esprit des Lumières qui règne à Königsberg, les Arendt s'installent dans la ville de Kant. La fillette est conduite à la synagogue par ses grands-parents et sa mère lui enseigne la musique et le français, en lui lisant Proust. Rien d'étonnant à ce qu'elle entreprenne la lecture de *La Critique de la raison pure* à l'âge de 14 ans !

Exercée dès son plus jeune âge à la pensée critique, Hannah fait preuve à la fois d'une grande maturité et d'une indiscipline notoire ! La philosophie ne rend pas sage ! Elle sera renvoyée de l'école dans laquelle elle prépare l'*Abitur* (l'équivalent du baccalauréat), qu'elle devra présenter en candidat libre.

En 1924, Hannah Arendt entame ses études de philosophie sous la direction de Martin Heidegger ; il a quinze ans de plus qu'elle ; la pensée du maître l'impressionne et elle lui voue une admiration sans borne.

Le professeur Heidegger tombe sous le charme de cette jeune élève intelligente et peu conformiste, au redoutable esprit critique et, au demeurant, plutôt jolie. Une relation secrète et passionnée se noue entre eux.

Est-il bien avisé de s'enticher d'un homme marié, père de deux enfants, qui consacre sa vie à la philosophie ?

Ou plutôt dame de cœur...

Heidegger n'entend pas bouleverser son existence pour Hannah, qu'il envoie à Fribourg étudier avec son collègue Husserl, puis à Heidelberg, afin de soutenir sa thèse de doctorat sur *Le Concept d'amour chez saint Augustin* auprès de Karl Jaspers.

Pourtant, « tu n'as cessé de demeurer auprès de moi comme au premier jour », écrit Martin à Hannah. [1]

Celle-ci engage cependant sa vie ailleurs, tout en priant Martin : « Ne m'oublie pas et n'oublie pas à quel point je sais vivement, profondément, que notre

1. Lettre du 7 décembre 1927, dans *Lettres et Autres Documents, 1925-1975*, éd Gallimard, Paris, 2001.

amour est devenu la bénédiction de ma vie. C'est là un savoir inébranlable, même aujourd'hui où moi – qui ne savais rester en place – j'ai trouvé enracinement et appartenance auprès d'un homme dont peut-être tu t'y attendrais le moins. »[1]

Elle épouse en effet le journaliste Günther Stern l'année de son doctorat, mais c'est un grand désarroi qui l'emporte sur la joie, comme le jour où elle rencontre, en présence de son époux, Martin sur le quai d'une gare : le voir ravive la certitude de son amour, elle est désemparée ; « il ne restait plus rien, comme toujours chez moi, qu'à laisser faire et à attendre, toujours et toujours attendre »[2].

Hannah s'installe avec son époux à Francfort, jusqu'en 1933, à l'époque où Hitler est nommé chancelier. Leur mariage se soldera par un divorce huit ans plus tard et c'est avec son second époux, Heinrich Blücher, qu'elle quitte définitivement l'Europe pour les États-Unis, après avoir été arrêtée et déportée au camp de Gurs, dont elle parvint à s'évader. Une tragédie comme tant d'autres : laisser toute une vie derrière soi, excepté la conscience de la folie et de la barbarie insupportables des hommes, à laquelle certains ne peuvent survivre, comme l'ami Walter Benjamin[3], qui se donne la mort quelques heures avant d'embarquer sur le bateau qui quittera l'Europe.

La brillante théoricienne n'en est pas moins une femme déchirée entre un monde ancien et un « nouveau monde ». D'un côté, l'Europe, ses racines, son judaïsme meurtri, Martin Heidegger ; de l'autre, les États-Unis, Heinrich, ses engagements politiques et idéologiques auprès des sionistes, par exemple, pour la fondation d'un État confédéral israélo-palestinien.

1. Lettre de Hannah à Martin, datée de 1929.
2. Lettre de Hannah à Martin, datée de septembre 1930.
3. Walter Benjamin (1892/1940) est un philosophe allemand de l'école de Francfort.

Elle est à la fois la philosophe qui pense la condition humaine avec clairvoyance, et la femme angoissée par des choix redoutables, par la complexité inextricable du présent, par le tragique de l'histoire du monde et de la sienne propre, prises dans le même tourbillon.

Il est si difficile de donner un sens à sa vie !

... Même lorsqu'on s'appelle Hannah Arendt !

Pendant tout ce temps, Heidegger poursuit l'élaboration de son œuvre gigantesque dans sa cabane de Todtnauberg. Mme Heidegger est là, tout près, dans la demeure familiale ; elle tricote, s'occupe des enfants, prépare la potée et tient les pantoufles de son philosophe de mari au chaud !

Sans doute ce dernier pense-t-il à « la passion de sa vie », durant ces longues années de silence où Hannah cesse toute correspondance : elle en veut à l'homme, au professeur, au philosophe, pour avoir évincé, lors du rectorat nazi, Edmund Husserl, pour ne pas avoir défendu Jaspers, et peut-être pour ne pas avoir eu le courage de la retenir et de l'aimer. Elle aurait voulu vivre avec lui, mais un génie de la philosophie, marié, deux enfants... On connaît la chanson !

L'histoire est en fait d'une banalité affligeante : on ne quitte pas ses pantoufles pour une passion !

C'est pourtant d'une grande tristesse : ils resteront liés l'un à l'autre malgré la guerre, le génocide des juifs et le silence trouble de Martin à ce sujet, malgré l'exil, le temps et la distance, malgré une vie de séparation : « Par-delà les mers, tu es proche et bien là. » [1]

---

1. Lettre de Martin à Hannah, du 19 mars 1950.

En 1949, Hannah se rend pour la première fois depuis son exil en Allemagne, pour une œuvre philanthropique juive. Elle retourne voir son ancien professeur et ami Karl Jaspers, avec lequel elle n'a cessé d'entretenir une correspondance intellectuelle et intime. Elle lui avoue, non sans honte, sa liaison avec Heidegger. Malgré ce qui l'oppose à son collègue – pour lui, la pensée de Heidegger est dangereuse et dictatoriale –, il trouve l'histoire plutôt jolie !

Alors qu'Hannah foule de nouveau le sol européen, après tant d'années, ses pas la conduisent à Fribourg où vit Martin Heidegger : échange de billets ; rendez-vous ; la femme de Heidegger est absente ; ils se retrouvent dans la hutte de Todtnauberg ; cela faisait si longtemps...

Et Hannah fera régulièrement le voyage depuis les États-Unis, jusqu'à sa mort, le 4 septembre 1975. Son époux n'y voit pas d'inconvénient : ces absences lui permettent de poursuivre sa propre relation extraconjugale !

La femme qui suit le procès Eichmann, qui écrit *Les Origines du totalitarisme*, *La Condition de l'homme moderne*, *La Crise de la culture*, qui s'évertue à faire connaître Heidegger aux États-Unis en éditant ses textes passe des jours entiers dans la petite cabane de Forêt Noire auprès de son amant, dont l'épouse, qu'il ne quittera jamais, vit à quelques pas.

QUINZE CONSEILS UTILES AVANT D'ENTRER CHEZ HEIDEGGER

1. Accordez-vous le droit de considérer Heidegger comme « un faible penseur préalpin »

Vous pourrez même lui préférer un penseur des cimes, comme Friedrich Nietzsche.

2. Sachez toutefois que quiconque entreprend de philosopher « ne peut pas ne pas avoir traversé la philosophie de Heidegger, même pour en sortir » [1]

Eh oui, il est incontournable.

3. Considérez que « philosopher sans avoir connu Heidegger comporterait une part de naïveté » [2]

Vous avez bien compris : la lecture de ce chapitre s'avère indispensable.

4. Souvenez-vous que « le philosophe est une plante rare », qui pousse en Forêt Noire

Cherchez une petite cabane...

5. Partez en repérage

Une semaine aux sports d'hiver en Allemagne dans la région de Bade-Wurtemberg, à environ 1 100 mètres d'altitude et à une vingtaine de kilomètres au sud-est de Fribourg... par exemple.

6. Comme Heidegger, rapportez quelques clichés authentiques pour vos amis

Vous en veste de loden de paysan souabe cheminant vers la *Hütte* ou encore puisant de l'eau à la fontaine toute proche.

---

1. Emmanuel Levinas, *Éthique et Infini*.
2. *Ibid.*

7. Pratiquez la philosophie comme une promenade vespérale et paresseuse

Ça, ça vous connaît.

8. Ne boudez pas le petit banc de pierre où Hannah et Martin ont dû si souvent faire des haltes coquines et philosophiques

Qui sait ? vous serez peut-être inspirée... philosophiquement ou plus frivolement !

9. Remontez jusqu'à la source

Pensez votre vie et tâchez de la rendre authentique.

10. Respirez l'air et l'être

Cessez de vivre dans le vide.

11. Sur les sentiers escarpés, émerveillez-vous

Encore plus haut... toujours plus haut !

12. Soyez là et assumez

N'essayez pas de mettre un pied hors de l'être : c'est impossible.

13. Cherchez la clairière et construisez-y votre propre *Hütte*

6 mètres sur 7 suffisent : une cuisine, une chambre, un cabinet de travail, une cheminée de pierre (les hivers sont rudes).

14. Choisissez de préférence l'adret, c'est-à-dire le versant de la montagne à l'abri du vent et face au sud

Ce sera nettement plus agréable.

15. Essayez !

Là, confortablement installée, face aux pâturages verdoyants et aux denses forêts de sapins, écrivez votre grand-œuvre, style *Sein und Zeit* (*Être et Temps*)

chapitre 11

Comment gérer vos crises existentielles : Prozac ou Viagra ? Non, Kierkegaard ou bien Sartre !

Et si vous alliez à un bal masqué chez Kierkegaard

Bien des systèmes philosophiques vous ont semblé indigestes ?

La philosophie existentielle vous donnera seulement la nausée, pour reprendre un terme utilisé comme titre par Sartre lui-même !

Comment introduire l'existence dans la pensée ?

La philosophie de l'existence commence lorsque Kierkegaard se révolte contre la rigidité mortelle du système de Hegel.

Kierkegaard fait entendre la conscience malheureuse, ses contradictions, ses fissures, ses fêlures, ses cris et ses chuchotements. Il met en scène la difficulté de vivre, les petits faits comme les goûts ou les craintes de chacun, les comportements étranges et pathologiques, l'angoisse, bref : tout ce que l'on a tendance à réserver pour son psy !

Introduire l'existence dans la pensée, c'est y introduire la subjectivité*, que l'on considère traditionnellement comme source d'erreur ; c'est ramener la vérité au sujet.

Avec l'existentialisme* et la phénoménologie, la philosophie s'installe résolument au cœur de la vie, et la vie se joue dans la pensée : ces philosophes dévoilent la réalité et se dévoilent eux-mêmes, ils déchirent les apparences et se déchirent, ils mettent à nu l'existence et se mettent à nu, s'exposent à l'impossible, à l'insupportable, jusqu'à en devenir fous, comme Nietzsche – ni existentialiste, ni phénoménologue, mais qui a influencé les deux mouvements de façon décisive.

Dans leur existence même, ils ne sont plus des modèles à suivre, comme purent l'être Socrate, Platon, Descartes ou Kant. Ils nous conduisent dans l'impasse, sur des « chemins qui ne mènent nulle part ».

Au *Banquet* kierkegaardien

Il est bientôt 22 heures lorsque vous arrivez dans la petite forêt non loin de Copenhague, où Constantin Constantinus organise un banquet socratique. Vous serrez autour de vous votre cape – certes c'est l'été, mais un été danois, et votre costume de « Catwoman » n'est pas bien chaud !

Vous remarquez d'emblée (outre le fait que votre costume n'est pas très « existentiel ») que tous les convives sont déjà là. L'air est frais et parfumé, la lumière délicate, la table admirablement dressée (plus raffinée et copieuse que chez Agathon – souvenez-vous du *Banquet* de Platon) : les mets les plus exquis et les vins les plus fins abondent. L'esthétique de ce lieu vous ravit, l'instant est merveilleusement sensuel. Normal : le banquet est placé sous le signe – d'Éros ? pas tout à fait – du *Don Giovanni* de Mozart. Tout le monde sait bien que la musique adoucit les mœurs... [1]

Portez le masque « à l'existentielle »

Le jeune Sören Aabye Kierkegaard éprouve très tôt les charmes de la mystification. À défaut d'avoir des jouets comme les enfants de son âge, il aime se masquer et se déguiser, inventer des personnages.

Plus tard, il sera convaincu que le seul moyen d'être loyal, c'est-à-dire d'être soi-même, est de porter le masque. Cette forme d'expression indirecte est la seule possible pour celui qui a réellement saisi ce que signifie *être sujet* : porter en soi les plus redoutables contradictions et être un individu absolument inclassable. Paradoxalement, on ne peut être soi-même qu'en jouant des rôles.

Le port du masque, loin d'être ludique et frivole, est véritablement « existentiel » !

1. Ainsi s'ouvre *Le Banquet (In vino veritas)* de Kierkegaard, première partie de *Les Stades sur le chemin de la vie*, 1845.

Méfiez-vous donc de ceux – et ils sont nombreux – qui prétendent être toujours directs et spontanés. Qu'ils soient des menteurs invétérés ou des naïfs confondant loyauté et spontanéité, ils échouent à s'extirper d'une forme d'immédiateté infantile et leurs réactions, toujours « sur le vif », ressemblent fort à une éruption cutanée de rougeole ou de rubéole !

Apprendre à « médiatiser » est bien plus difficile que de se montrer « immédiat ».

Si vous êtes encore un peu indécise quant au choix du masque, Kierkegaard vous propose un éventail assez large de choix possibles : Don Juan, Faust, Agamemnon, Abraham, Isaac, Shéhérazade et bien d'autres. Car Kierkegaard est à l'image de ce coffret de palissandre découvert par Frater Taciturnus dans *Coupable ? Non coupable ?* : il contient une sorte de trésor hétéroclite...

Trouvez-vous un pseudo

« Feuille d'automne » ou « Patte de velours » font sans doute l'affaire lorsqu'il s'agit de rencontrer l'âme sœur sur Meetic ! Mais pour une fête kierkegaardienne, il serait préférable de choisir un pseudonyme plus sérieux. À consonance latine, par exemple : il aura le plus bel effet.

Jugez plutôt : Hilarius le Relieur, Johannes de Silencio, Johannes Climacus, Anticlimacus, Virgilius Haufniensis, Victor Eremita, Constantin Constantinus, Frater Taciturnus...

Pas mal, non ? Bon, pas pour Meetic bien sûr !

Kierkegaard n'a publié sous son nom qu'une petite partie de ses œuvres. L'usage de pseudonymes et l'invention de personnages romanesques sont un jeu auquel il se livre avec art. Sur cette scène, il peut se voir et s'entendre comme un double, dévoiler les « fantasmagories du moi caché », revêtir tous les costumes qu'il est susceptible de porter, même les plus contradictoires.

Tous les personnages kierkegaardiens incarnent des choix de vie, des approches de la réalité fondamentalement différents, mais tous légitimes dans leur plus grande sincérité.

Ambiance gothique

L'énigmatique famille

Sören Kierkegaard a un look semblable à celui d'« Édouard aux mains d'argent » : teint blafard et chevelure hirsute. De nos jours, il aurait peut-être déambulé dans les rues de Copenhague tout de noir vêtu, ses grands yeux bleus cernés de kohol, bijoux et symboles religieux bringuebalés dans une démarche languide, écoutant The Cure sur son i-Pod, à la façon des « goths » que nous croisons parfois en allant acheter notre pain.

Kierkegaard est né à Copenhague le 5 mai 1813. Il a été élevé dans le christianisme sombre et oppressant du péché originel et de la culpabilité. La rigide et farouche foi protestante de son père fait peser sur lui comme une menace, le sentiment écrasant du malheur et de la faute. Le jeune Sören ne connaît pas les joies et l'insouciance de l'enfance. Il n'a pas de jouet, peu d'amis et reste confiné dans l'austère demeure paternelle sur laquelle plane une terrible malédiction... « Ambiance plutôt sordide », marmonnez-vous...

Le patriarche

Le père de Kierkegaard est Abraham croyant racheter ses péchés par le sacrifice de ses enfants !

Aucun d'eux n'atteindra l'âge du Christ, pense-t-il. Et il leur survivra, endurant leur perte afin d'expier sa faute. Laquelle ? Tel Abraham, ne sachant pas pourquoi Dieu lui ordonne le sacrifice de son fils Isaac, Mikael Pedersen Kierkegaard ignore de quoi il est coupable.

Mais en cherchant bien, on trouve nécessairement...

Il pense devoir être puni pour avoir un jour maudit le Ciel de lui imposer un destin si cruel : fils d'une famille de paysans pauvres dont l'existence misérable se déroule aux confins désolés et venteux du Jütland. Il doit être puni pour avoir désespéré de Dieu !

Si au moins son outrage s'était arrêté là ! Mais il fallait de plus qu'il fasse fortune dans le commerce ! Un excès de prospérité et de bonheur... Quel malheur ! Il liquide ses affaires à l'âge de 40 ans pour mener une vie retirée où il peut ruminer à loisir sa culpabilité.

Mais il y a mieux encore – la cerise sur le gâteau ! Il se remarie à 42 ans, après le décès de sa première épouse, avec une jeune fille de la campagne en service chez lui. Quatre mois plus tard, elle lui donne un premier enfant... Euh... 9 moins 4 font 5... Cinq mois de luxure et de débauche ! Grand Dieu ! Cet homme est un suppôt de Satan !

Cela ne pouvait qu'éveiller la colère divine !

Aussi eut-il encore trois filles et trois fils, puis Sören enfin. Là, c'en était trop ! Bien-être matériel, bonheur conjugal et familial... Rongé par la culpabilité (et le démon de midi), le patriarche vécut dans l'angoisse du péché et de la punition, qui allait cependant tarder à le frapper, puisqu'il mourut à l'âge de 80 ans !

Le sacrifice d'Isaac...

Sören est le petit septième. 7 est un chiffre sacré ; c'est lui que son père, tel Abraham, choisit donc de sacrifier, dans le silence de la piété, l'angoisse et l'absurdité.

Pauvre agneau immolé sur l'autel de la foi délirante du patriarche !

Oui ; mais comment racheter un péché, sinon par le sacrifice ?

Une religieuse au chocolat dimanche midi ? Une demi-heure de step et une semaine de régime !

SA-CRI-FI-CE ! À chaque péché, son tarif !

Pour Sören, ce sera une vie de mélancolie et d'angoisse. Adolescent, il lui semble déjà avoir « mille ans de plus qu'un vieillard »[1]. La religion « ne rend jamais heureux celui qui s'y est pourtant suspendu, avec sincérité et de tout son élan mélancoliquement jour et nuit »[2]. Trop tôt imposée à lui, elle le rendra fou.

Convaincu qu'il n'a aucune chance de connaître le bonheur terrestre, il choisit de se consacrer à la pensée, aux idées : « ma seule joie et les hommes mon indifférence »[3]. Kierkegaard se révolte alors contre son père, en rejetant morale et religion. Il éprouve une exaltation esthétique qui le précipite « sur les voies de la perdition »...

À chacune son séducteur

« À chaque femme correspond un séducteur. Son bonheur, ce n'est que de le rencontrer. »[4]

Avez-vous rencontré le vôtre ?

Si Socrate, Aristote, Diogène, Descartes, Hegel ou Nietzsche ne vous ont pas donné entière satisfaction (vous êtes tout de même difficile – reconnaissez-le !), nous vous présentons le numéro « 7 » :

Jeune dandy de 20 ans menant la vie frivole d'un étudiant fortuné, dépensant sans compter « l'argent maudit du père ». Il s'habille avec un excessif raffinement, fume le cigare et boit du vin français, va au théâtre et à l'opéra. Il se divertit de tous les délices d'une vie citadine, intellectuelle et aisée. Petit et malingre, sa

1. Kierkegaard, *Journal*, 1854.
2. *Journal*, 1847.
3. *Journal*, 1838.
4. Kierkegaard, *Le Banquet*.

silhouette est plutôt singulière ! Sa coiffure est tout à fait remarquable : ses cheveux dressés comme une crête ébouriffée lui donnent un air étrangement égaré.

« Ce n'est pas un don juan ! » vous-exclamerez-vous, dépitée !

Ne vous fiez pas aux apparences...

« Don Giovanni, c'est moi ! »

Voilà ce que s'exclame Kierkegaard.

C'est son double en effet ; il s'y reflète comme dans un miroir. Il mène la même vie de jouissance et de désirs, et comme lui il n'échappe pas à la loi, celle du Père ou du Commandeur, sur laquelle ils se briseront tous deux.

« Écoutez Don Juan ; si, en l'écoutant, vous n'obtenez pas une idée de lui, vous ne l'obtiendrez jamais. Écoutez le début de sa vie. Comme la foudre sort des nuées ténébreuses de l'orage, [...] écoutez comme il se jette dans la richesse de la vie, comme il se brise contre son barrage inébranlable, écoutez ces sons de violons, légers et dansants, écoutez le signe de la joie, l'allégresse du plaisir, écoutez les délices solennelles de la jouissance ; écoutez sa fuite éperdue, [...] les désirs effrénés de la passion, écoutez le murmure de l'amour, le chuchotement de la tentation, écoutez le tourbillon de la séduction, écoutez le silence de l'instant – écoutez, écoutez, écoutez le *Don Giovanni* de Mozart. » [1]

1. Kierkegaard, *ou bien... ou bien...*, 1843.

« J'en veux un !!! »

Eh oui ! vous venez de découvrir le pouvoir intensément érotique de l'opéra ! Vous n'aviez plus connu cela depuis... le dernier film porno de Canal + ?

Lorsque *Don Giovanni* est donné au Théâtre-Royal de Copenhague, Kierkegaard fut saisi, tout comme vous, ou presque, par une intense émotion érotique qui le précipita dans le péché et chez une prostituée !

Alors, s'il n'existe plus de don juan, que nous reste-t-il ?

Comment nous repérer désormais sur « la carte du Tendre » ? Comment rencontrer l'homme de sa vie sans s'épuiser pour autant à les essayer tous ? Comment ne pas être dupée ? Comment reconnaître le bon grain de l'ivraie ?

LE DERNIER DES DON JUANS

Bonne ou mauvaise nouvelle : il n'existe plus de don juan... Profitez de l'occasion extraordinaire de vous offrir le dernier !

Certes, il tomberait amoureux d'une chèvre coiffée ! Mais Don Juan n'est pas un simple séducteur se promenant une carte de l'Europe en poche afin d'y épingler le total toujours croissant de ses conquêtes. Conquêtes ou victimes, la métaphore guerrière laisse subsister le doute ! Don Juan est aussi et surtout celui qui vit sous l'ombre menaçante de la statue du Commandeur, risquant la perdition et la damnation éternelles.

Croyez-vous que le dernier petit séducteur que vous avez rencontré au *Midnith Fever* risque de s'attirer les foudres divines ?

Plus aucun séducteur ne possède désormais l'intensité tragique de Don Juan.

Petit précis de caractérologie

Il est fondamental de repérer rapidement le caractère d'un homme afin de déterminer :

- le type d'amour dont il est capable ;
- le type de bonheur dont nous pourrions jouir à ses côtés.

En cela Kierkegaard nous sera d'un secours inestimable. Il distingue, dans *Les Étapes sur le chemin de la vie*, trois stades : esthétique, éthique et religieux, qui correspondent à trois types d'hommes.

Le jouisseur

Il est l'homme du « stade esthétique ».

Comment le reconnaître ?

1. À sa spontanéité : il est immédiatement lui-même, incapable de résister à la tentation du plaisir sensuel. Il vous aborde avec un clin d'œil complice : « Comment ça va, toi ? »

Il recherche la volupté dans le changement et la nouveauté. Seul l'instant, dans sa formidable intensité, lui importe.

2. D'une fébrilité excessive, il monte sur les tables, il parle, clame et déclame, il parade, il est le roi des soirées mondaines ; on rit de son humour, des traits incisifs et déchaînés de son ironie.

3. Il idéalise chaque femme qu'il convoite, l'embellit de tout ce qu'il projette sur elle (notamment la promesse de la jouissance). Il rajeunit les vieilles et mûrit les jeunettes ; « tout ce qui est féminin est sa proie »[1]. Bref, c'est un sacré baratineur !

1. *Ou bien... ou bien...*

Attention ! Nous vous invitons à la plus grande prudence !

L'homme du stade esthétique est un grand malade ! Ses traits de caractère sont les signes cliniques d'une maladie mortelle : le désespoir...

Si vous n'êtes pas encore tombée sous son charme, fuyez...

S'il est déjà trop tard, courez chez le médecin vous faire prescrire une dizaine de boîtes de Prozac. Car le bouffon, le joli cœur est un tragique...

Étude clinique

1° Dépressif chronique et cyclothymique

La vie du jouisseur n'est pas une vie mais une « conception de vie » – c'est différent !

Il est en fait un « intello » qui s'ennuie : jouer le héros, jouer sa vie sur une idée, voilà qui le divertit. Il est un personnage de conte... Factice ! Il n'existe pas, « il vit comme un mort » [1]. Il est pris dans un cercle infernal et oscille sans cesse de la passion instantanée à la mélancolie et la déception. Il se cramponne à l'instant, brillant, intense, fulgurant, puis éprouve l'envie de se loger une balle dans la tête l'instant suivant !

C'est encore une idée qu'il poursuit à travers vous : la féminité. Peu importe que vous soyez brune ou blonde, grande ou petite : l'important est que vous soyez une femme. Il se fiche de « qui » vous êtes. Il est en quête non du grand amour (ce qu'il veut pourtant vous faire croire), mais de lui-même.

2° Atrophié de la volonté

Il n'est capable que d'un amour érotique volage et ne peut vous offrir que la jouissance de l'instant sans la réjouissance de la durée. Le bonheur dans la

1. *Ibid.*

concupiscence ! Que veut-il ? « Je veux... Non, au fond je ne veux rien. *Amen* ! » [1] est sa devise.

À la réflexion, le Prozac ne suffira pas... Écoutez *Don Giovanni*, lisez *Faust*, laissez-les entrer dans votre vie, mais pas dans votre lit ! Fuyez avant qu'ils ne vous rendent folle ou ne vous tuent. Et si toutes nos mises en garde sont insuffisantes, écoutez Kierkegaard lui-même : « Mon âme est comme la mer Morte qu'aucun oiseau ne peut survoler ; celui qui s'y risque, à mi-chemin, vaincu, s'abîme dans la mort et l'anéantissement. » [2]

L'homme du devoir

Voici l'homme plus reposant et sécurisant du « stade éthique ».

Comment le reconnaître ?

- Il est fidèle.
- Il a confiance en lui.
- Il assure professionnellement.
- Il est un bon citoyen, fait passer l'intérêt général avant son intérêt particulier, tel Agamemnon sacrifiant sa fille Iphigénie afin d'obtenir des dieux les vents favorables.
- Il est un chef de famille conscient, consciencieux et organisé.

La bénédiction nuptiale socialisant les instincts sexuels, vous jouirez d'un bonheur fait de partage et de don de soi, dans la fierté du devoir conjugal accompli.

---

1. *Journal*, 1836.
2. *Ou bien... ou bien...*

Vous ne trouvez pas ça torride ? Mais vous arrive-t-il d'être satisfaite quelquefois ?

Plutôt que de vous plaindre, faites preuve d'imagination : prenez pour mari un Agamemnon, homme de devoir s'il en est, et pour amant un Don Juan... Pas facile à gérer, d'accord !

Mais – car il y a un mais – un bonheur fondé seulement sur notre propre volonté, sur nos propres forces, qui n'a d'autre assurance qu'humaine, est bien fragile. Le sort peut le briser comme rien, se moquant bien de nos efforts et de nos mérites. La vie est injuste : infidélité, revers de fortune, maladie, mort, elle peut tout nous enlever... Nous n'allons pas faire dans le pathos, mais reconnaissons tout de même que le bonheur humain est dérisoire.

Absurde, non ?

« J'enfonce le doigt dans l'existence ; elle n'a l'odeur de rien. Où suis-je ? Que veut dire le monde ? Que signifie ce mot ? Qui m'a joué le tour de me plonger dans le grand tout et de m'y laisser maintenant ? Qui suis-je ? Comment suis-entré dans le monde ? Et pourquoi n'ai-je pas été consulté ? Comment ai-je été intéressé à cette vaste entreprise qu'on appelle « réalité » ? Pourquoi dois-je être intéressé ? N'est-ce pas affaire de liberté ? Et si je suis forcé de l'être, où est le directeur ? J'ai une remarque à lui faire. N'y a-t-il aucun directeur ? Où dois-je adresser ma plainte ? L'existence est assurément un débat. Puis-je demander que mes observations soient prises en considération ? Si on doit prendre l'existence comme elle est, ne serait-il pas bien mieux de savoir comment elle est ? »[1]

« Je demande à voir le directeur », avons-nous envie de hurler, à l'instar de Kierkegaard ! Le directeur de cette existence de m... !

---

1. Voilà ce qu'écrit Kierkegaard dans sa correspondance, alors que Régine Olsen (sa fiancée) engage sa vie ailleurs.

Vous n'avez que deux choix possibles : le désespoir ou la foi...

Alors sautez ! Franchissez l'obstacle du dernier stade existentiel...

Comment ? Faites donc preuve d'humour ! L'existence est absurde ; mieux vaut en rire qu'en pleurer. L'humour est « l'incognito du religieux », il s'y montre de façon masquée, il est le signe de la transition que vous allez opérer. Mais oui, courage ! Sautons sur...

Le chevalier de la foi

Il est l'homme du « stade religieux ».

Comment le reconnaître ?

- Comme le remarque Kierkegaard, « il a tout l'air d'un percepteur. »
- Il se prend pour Abraham : « Espérant contre toute espérance, il crut. » Il a renoncé à être rationnel et raisonnable, il peut sacrifier absurdement son fils si Dieu le lui ordonne.
- « Il marche sur l'eau, ou plus exactement sur soixante-dix mille brasses d'eau », selon l'énigmatique expression de Kierkegaard.
- D'une résignation infinie, il a renoncé au monde et à lui-même, il fait l'expérience de l'absurde et de la solitude.

Il fait prévaloir l'individuel sur le général et, en trouvant Dieu, il accède finalement à lui-même. Face à Dieu seulement nous existons dans notre singularité, soumise au stade éthique à des valeurs générales comme le mariage, le devoir ou le travail. Vous gagnez à ce stade l'amour divin infini et la béatitude !

Vous êtes à présent en mesure de décrypter tout comportement masculin afin d'assurer votre épanouissement amoureux.

Ne rêvez pas : vous n'aurez pas les trois – on ne peut pas avoir le beurre (Don Juan), l'argent du beurre (Agamemnon) et le crémier (Abraham) !

Quel type de femme êtes-vous ?

Les choses sont plus complexes qu'il n'y paraît. Vous êtes bien sûr vous aussi sur le chemin de la vie, tiraillée par des contradictions et des aspirations inconciliables. Il vous faut encore par conséquent déterminer honnêtement *votre* propre stade.

Pour trouver votre homme, vous devez savoir si vous êtes :

- plutôt esthétique – vous recherchez un amant ;
- éthique – vous recherchez un époux et un père ;
- religieuse – vous recherchez un ami.

Terrible indécision ! Dans les bras de l'amant, vous rêvez au bon mari...

Confortablement installée dans la berline d'un bon futur mari, vous songez au feu d'artifice de vos nuits avec l'amant...

Blottie au creux des bras de l'ami qui écoute avec bienveillance vos frasques et vos errances, vous songez : « Dommage qu'il soit homo »...

Et seule dans votre lit vous rêvez :

« **Merveilleux mari**

(sécurisant, fidèle, honnête, excellent père pour mes futurs enfants, gagnant au moins 5 000 euros par mois)

+

Amant torride

(connaissant le *Kama-sutra* par cœur,

orgasme à chaque fois)

+

Meilleur ami

(comprend tout sans qu'on lui explique,

me connaît mieux que moi-même,

me fiche la paix lorsque je ne suis pas d'humeur à faire des galipettes,

me prépare mon "méga-chocolat liégeois" lorsque la dépression me submerge...

mais il n'y met qu'une seule cuillère

– l'amitié a ses limites !) »

On vous l'a déjà dit : non seulement c'est impossible, mais c'est tant mieux... Enfin, il paraît ! Juan Agamabraham serait insupportable ! Ou alors, c'est lui qui ne vous supporterait pas ! Renoncez à cette idée définitivement, pour votre plus grand bien et celui de votre entourage.

Notre problème est le même que celui de Kierkegaard : ce que nous sommes, nous ne voulons pas l'être, et ce que nous voulons être, nous ne le sommes pas. Quelle angoisse !

LA POMME D'ADAM EST RESTÉE COINCÉE DANS LA GORGE...

Kierkegaard est le premier penseur à traiter la réalité de l'angoisse en philosophie. Elle n'est ni la peur ni la crainte, car elle n'a pas d'objet. Nous avons peur de manquer d'argent, nous craignons que le ciel ne nous tombe sur la tête, mais l'angoisse n'a pas d'objet précis. Elle est vague, elle porte sur l'inconnu, un « rien », un « néant », dit Kierkegaard. Le néant qui s'ouvre devant nous lorsque nous devons faire un choix, lorsque tous les possibles sont encore possibles et que notre volonté doit en saisir un à l'exclusion de tout autre : Don Juan, Agamemnon ou Abraham.
Ne sentez-vous pas un néant s'ouvrir devant vous ? Vous ignorez tout de ces types et votre choix vous précipitera néanmoins dans les bras de l'un des trois !

Vous expérimentez « l'angoissante possibilité de pouvoir » qui étreint Adam au moment où Dame Ève lui tend la pomme et où Dieu le menace : « Si tu manges des fruits de l'arbre du Bien et du Mal, tu mourras certainement. » Le voilà bien angoissé, le gars Adam ! Il ignore ce que sont le Bien et le Mal et ne sait pas ce qu'est la mort. Il ne comprend pas... Il ne peut qu'imaginer des choses terribles... Imaginer seulement, car il ne sait pas, il est innocent, innocent et néanmoins coupable ! Quelle absurdité !
Nous sommes innocents et coupables, au moins responsables de nos choix et de ce que nous faisons de notre vie... Rien d'étonnant à ce que la pomme soit restée coincée et nous étouffe parfois littéralement.

Mais alors, comment exister ?

J'entends bien le désarroi qui vous saisit après un si terrible constat ! La question, pour difficile qu'elle soit, n'en est pas moins existentielle – c'est le cas de le dire...

Elle n'est à poser ni à l'amant, ni au futur mari, ni à l'ami. Encore moins à maman ; n'y songez même pas : vous êtes suffisamment « pommée » comme ça !

À qui alors ? Mais à vous-même, voyons !

La leçon de Kierkegaard, certes désespérée, n'en reste pas moins essentielle pour penser son existence.

Devenez vous-même

Nous sommes pris dans un tissu de causes et d'effets à la trame relativement serrée : un certain déterminisme* pèse sur toute existence. Nous avons alors tendance à considérer que ce que nous sommes et la vie que nous menons sont l'effet de notre éducation, de notre milieu social, de notre culture, de notre « matériel génétique », de nos chances et de nos malchances... blablabla...

Que nous menions une vie de célibataire, d'épouse et mère ou de nonne, nous, paresseuses, avons le sentiment de ne pas l'avoir choisie, de ne pas être libre.

Nous sommes un « effet », certes, d'un plus ou moins bel effet ! Mais nous sommes également « cause » : cause de nous-mêmes, cause de notre vie ; ne soyons pas de mauvaise foi !

Notre vie est déterminée par un ensemble de raisons extérieures, une sorte de magma dans lequel nous baignons. Mais à l'instant où nous décidons, nous sortons de ce magma, nous existons. Et *ek-sistere* signifie bel et bien « sortir » de cette homogénéité, déchirer l'étoffe continue des causes et des effets, créer une rupture « existentielle ».

Chaque acte se décide dans l'intimité du sujet, au cœur de la subjectivité ; et exister, c'est se choisir, montrer que nous ne vivons ni sur le mode de la pomme de terre, ni sur celui de l'idée, comme l'écrit Kierkegaard dans son *Post-Scriptum aux miettes philosophiques*. Nous sommes ainsi entièrement responsables de ce que nous faisons de notre vie. Voilà la plus grande loyauté possible.

Bonjour l'angoisse !

Qu'il est redoutable d'être libre ! Si redoutable que notre liberté s'entrave elle-même parfois pour devenir, comme le disait Antonin Artaud, un « impouvoir ».

Trouvez votre vérité

Exister exige de trouver une vérité « qui en soit une *pour moi*, de trouver *l'idée pour laquelle je veux vivre et mourir* » [1].

Comme Baudelaire, Kierkegaard regarde les hommes qui marchent courbés sous le poids d'une « énorme chimère, aussi lourde qu'un sac de farine ou de charbon ». Quelle est cette « bête féroce » [2] suspendue à leur cou, collée à leur dos ?

1. Kierkegaard, *Journal*, août 1835.
2. Baudelaire, « Chacun sa chimère », *Le Spleen de Paris* (1869).

C'est l'objectivité. L'objectivité qui détourne l'homme de lui-même. À chacun sa chimère !

De tout temps les philosophes ont construit des systèmes rationnels et objectifs, d'immenses forteresses dans lesquelles ils ne pouvaient pas vivre eux-mêmes !

Hegel est sans doute le pire de tous, qui réduit l'existence individuelle à une abstraction et le sujet à un atome dans un système totalisant.

Au diable tout système ! Soyez donc subjective !

Kierkegaard, « le penseur subjectif existant », affirme qu'il n'existe qu'une seule vérité : l'individualité.

Mais l'individu fait peur et, dans nos sociétés modernes, on préfère vivre en masse, se serrant les coudes afin de se fondre dans le groupe et de se donner ainsi l'illusion d'exister.

Cherchez la muse

S'il existe des penseurs dont la vie importe peu pour comprendre l'œuvre, qui semblent parfois même ne pas avoir eu de vie, l'existence de Sören Kierkegaard et sa philosophie sont absolument indissociables.

Plus remarquable encore dans l'histoire de la philosophie : une femme est au centre de sa vie et de son œuvre.

Kierkegaard nous a tout pris !

Kierkegaard rencontre Régine Olsen pour la première fois en 1837 chez des amis. Elle n'a alors que 14 ans quand lui mène la vie de plaisir, dissipée et paresseuse du jouisseur du stade esthétique.

Son père meurt dans la nuit du 8 au 9 août 1838 : Abraham n'a pas survécu à ses derniers enfants ! La malédiction serait-elle levée ? Quoi qu'il en soit, Sören doit choisir sa vie : il entre en philosophie comme on entre au couvent... enfin pas tout à fait, car il se fiance à Régine Olsen en 1840. Lui permettra-t-elle de passer de l'esthétique à l'éthique ? Le guérira-t-elle au moins de sa maladie, cette « mélancolie monstrueuse » qui fait grouiller en lui des contradictions redoutables ?

Mais les incertitudes et l'indécision le rongent ; il n'est ni satisfait ni heureux. Jamais content !

Pendant un an, il se montre sous le jour le plus sombre afin de pousser Régine à le quitter – ce qu'elle ne fait pas.

Kierkegaard nous a tout pris ! Pas très original en fait le truc de se montrer distante jusqu'à ce que l'autre finisse par rompre !

Il lui renvoie alors son anneau de fiançailles et met un terme à leur histoire ainsi qu'à sa vie dans la sphère esthétique : s'affirmer dans le domaine religieux lui paraît préférable. Le pécheur deviendra un prêcheur inlassable de la cause de Dieu !

À cause d'elle

S'il embrasse la cause de Dieu et se met à écrire, c'est à cause d'elle...

« Si je suis devenu écrivain, c'est essentiellement à Régine que je le dois, à ma tristesse et à mon argent. » Kierkegaard commence la rédaction du *Journal du séducteur* peu de temps après la rupture de ses fiançailles ; il s'y montre pervers et cynique, glacial et implacable, afin de détacher Régine définitivement de lui.

Mais « ce n'est qu'un salaud », avons-nous envie de lancer !

Veuillez excuser la grossièreté du terme, mais le salaud est un « type » (sale type, certes) dans la philosophie existentielle...

Il la précipite ainsi dans les bras d'un autre, Frédéric Schlegel en l'occurrence, qu'elle épouse bientôt.

Sören lui écrira : « Tu as été la bien-aimée, l'unique bien-aimée ; tu as été la plus aimée quand il m'a fallu te laisser. »

Non, non, non, il exagère !

Mais ne vous sentez-vous pas un peu tiraillée ?

La part « midinette » romantique de vous-même vous murmure : « C'est beau ! C'est grand ! C'est noble ! C'est touchant ! C'est triiiiiiste ! »

La part « femme rationnelle qui assure » s'emporte : « Fumiste, hypocrite, trouillard... »

La mélancolie, le sentiment de la faute, le destin de sa famille, son incapacité à sortir de lui-même, à accueillir l'autre ont réduit Kierkegaard à la rupture et à la solitude.

Mais il reste fidèle à celle qui, « légère comme un oiseau, audacieuse comme une pensée », reste son juge quoi qu'il entreprenne. Il se sent responsable d'elle : « Pour moi des fiançailles ont eu et ont force d'obligation autant qu'un mariage. »

La midinette reconnaît qu'il a dû souffrir le martyre...

L'autre pense que, de toute façon, il semble doué pour jouer ce rôle ! Elle fait preuve néanmoins, dans sa grandeur d'âme, d'un peu de compassion !

Écrire, c'est rester lié à elle, c'est poursuivre une sorte de dialogue par-delà la distance et le temps. Il écrit pour elle. Il écrit pour qu'elle soit reconnue et célèbre, pour que le monde entier connaisse Régine Olsen !

À sa mort, il lui lègue absolument tout ce qui lui reste, comme si elle avait été sa femme. « Elle doit appartenir à l'histoire », écrit-il. Et en effet, personne n'a oublié Régine Olsen, la petite fiancée, la tragique fiancée. Voilà qui fait peut-être avaler la pilule plus facilement !

Comme c'est triiiiiste ! Comme c'est tragique !

La midinette romantique et la rationnelle qui assure pleurent à chaudes larmes dans les bras l'une de l'autre.

Cela ferait un si beau film dramatique, avec Johnny Depp dans le rôle de Sören et Emma Thompson dans celui de Régine. Mais il faudrait la teindre en brune ! Et alors ?

Mais Kierkegaard, c'est nous !

Des aspirations irréconciliables s'entrechoquent dans l'âme de Kierkegaard. Ses personnages de fiction incarnent tous les types de vies qu'il aurait pu vivre sans avoir pu choisir de le faire. Ainsi rejoue-t-il continuellement dans son œuvre l'épisode des fiançailles rompues, imagine-t-il une vie d'époux et de père. Les multiples choix possibles et l'impossibilité redoutable de choisir, voilà qui nourrit une angoisse déjà solidement enracinée dans son âme.

Kierkegaard vit, comme le Christ, « l'épine dans la chair ».

Écoutez, écoutez ses tourments et ses funestes incertitudes ; écoutez le vertige de la liberté, de l'individu auquel s'offrent des possibilités contradictoires ; écoutez l'angoisse du choix, l'angoisse de l'erreur et de la responsabilité, l'angoisse de l'incompréhension, de l'innocence et de la culpabilité ; écoutez l'angoisse de la condition humaine...

N'entendez-vous pas comme l'écho de votre propre cœur ?

Écoutez, écoutez, écoutez Sören Kierkegaard...

« Mariez-vous, vous le regretterez ; ne vous mariez pas, vous le regretterez aussi ; mariez-vous ou ne vous mariez pas, vous le regretterez également ! »

Au théâtre ce soir !

N'avez-vous jamais rêvé des feux de la rampe ?

Au programme ce soir : *Huis clos*, de Jean-Paul Sartre.

Créée à Paris en 1944 et représentée pour la première fois au théâtre du Vieux Colombier le 27 mai de la même année.

Tap tap tap tap tap. Tap ! Tap ! Tap ! Le rideau se lève...

Vous êtes en enfer...

Vous y retrouvez deux compagnons. Enfermés dans une chambre, à trois, pour l'éternité...

Dieu sait ce qu'ils font là ! Et vous, savez-vous pourquoi vous y êtes ? Non ? Coupable, punie, damnée : mais vous ignorez pourquoi ?

Vous êtes une proie existentielle rêvée pour Jean-Paul Sartre.

Le Diable bien sûr vous inflige des tourments infernaux ! Mais vous prenez peu à peu conscience qu'il n'est « pas besoin de grill : l'enfer, c'est les autres ». Les diableries ne sont rien en comparaison de la présence intempestive de l'autre, de son regard toujours posé sur vous.

Imaginez en effet que vous soyez toujours sous le regard de quelqu'un, dans l'impossibilité de lui échapper... Impossible d'enfiler vos grosses chaussettes trouées et votre pyjama en pilou pour suivre votre série préférée le chat sur les genoux, sans être réduite par l'autre à une nana en chaussettes trouées et pyjama de pilou...

Être toujours vus par quelqu'un, comme si nous étions sur une scène de théâtre, à huis clos, voilà qui est véritablement infernal ! La conscience nous titille, la mauvaise foi nous guette, nous ne savons plus comment être – c'est insupportable ! *No exit !*

Que signifie *être vu* ?

Vous qui vous damneriez pour un seul regard de votre collègue Édouard, qui s'obstine à passer à côté de vous tous les matins sans vous voir, songez qu'il est terrible « d'être vue » !

Imaginez que finalement Édouard pose par hasard son regard sur vous le jour où vous êtes en *friday wear*... Il se dira : « Sympa le style bohème », pour aller fricoter auprès de la machine à café avec la petite stagiaire beaucoup plus « sexe » en tailleur froufrou-mini-jupe-décolleté-plongeant.

Vous voilà réduite à être bohème – ce qui, soit dit en passant, vaut sans doute mieux qu'être sexe ! Dieu sait ce que les hommes fantasment par là !

FUYEZ LES JARDINS PUBLICS !

« Je suis dans un jardin public ; non loin de moi, voici une pelouse, et le long de cette pelouse, voici des chaises. Un homme passe près des chaises. » [1]
Il me regarde... Cet homme en veut-il à ma vertu, à mon sac à main ? Non ! Pire encore ! Il veut me ravir... Pas me faire plaisir, ni même me « lever », mais m'enlever, me capturer !
Me voilà atteinte dans mon être par le regard de l'autre.
Lieu mal famé s'il en est, le jardin public est le théâtre des opérations du « kidnappeur d'être ». La rue, le métro, passe encore : on y croise des visages sans les voir ; mais au jardin public on vous regarde : on vous dérobe votre être !

Gare à la chute !

Alors que vous vous sentiez légère comme l'air, filant « ni vue ni connue » au milieu d'inconnus, vous croisez un regard fixé sur vous, un poids qui vous rive au sol, voire vous enlise : vous êtes vue, définie, définitivement jugée. Vous voilà pétrifiée, « réifiée » dit Sartre, condamnée à être ceci ou cela, grande ou petite, brune ou blonde, jeune ou vieille, belle ou laide.

1. Sartre, *L'Être et le Néant*, 1943.

Bref, c'est la chute ! Vous êtes Ève chassée du paradis de l'invisibilité. De sujet « pour soi », vous devenez objet « pour autrui ».

L'inquiétude et les tourments s'abattent alors sur vous : ce que vous êtes pour autrui reste vague et indéterminé. Vous êtes dessaisie de vous-même ; l'autre vous possède mais vous ignorez comment. Vous ne savez pas quelle image il se fait de vous, ce qu'il a dérobé de vous-même à votre insu.

« Sans l'autre, je ne suis rien »

Comment dès lors ne pas vous sentir aliénée, privée de votre liberté ? Vous portez l'être que vous êtes pour l'autre comme un fardeau, une ombre qui, à l'instar de celle de Peter Pan, peut restée là, derrière vous, capturée par autrui. Tentez de vous retourner afin de saisir l'image, de la connaître : vous ne ferez que tourner vainement sur vous-même.

L'idylle de la rencontre

Le premier regard est la première offensive d'une guerre sans merci.

« Autrui est pour moi à la fois ce qui m'a volé mon être et ce qui fait qu'il y a un être qui est mon être » [1] : le regard d'autrui me dépossède de moi-même, car il me révèle un être que je suis et que j'ignore être, qui m'échappe.

Pourtant, sans l'autre, je ne suis rien : il est condition de mon existence. Sa reconnaissance me révèle à moi-même. Vous ne pouvez pas être paresseuse, par exemple, si les autres ne vous reconnaissent pas comme telle. L'autre est indispensable à votre existence et à la connaissance que vous possédez de vous-même.

1. Sartre, *L'Être et le Néant*, 1943.

Depuis Hegel, Husserl, Heidegger, avec Kierkegaard et Sartre, nous découvrons la subjectivité (le moi), dans l'intersubjectivité (la relation à l'autre) et l'expérience.

Premier rendez-vous

Lors d'un premier rendez-vous, nous attendons de l'élu un minimum de prévenance, de la discrétion et de la finesse dans l'expression de son désir, le tout néanmoins relevé d'un peu d'audace.

En fait, nous voulons le faire mourir de désir tout en exigeant qu'il se montre respectueux de notre personne et de notre liberté. Reconnaissons que c'est un exercice de haute voltige ! Nous sommes joueuses ! Les hommes ne le sont pas moins, mais les règles ne sont pas les mêmes. À la réflexion, les hommes et les femmes ne pratiquent peut-être pas le même jeu ! Que veulent les hommes ? N'ayons pas honte d'avouer notre ignorance ! Sigmund Freud lui-même, à un âge relativement avancé et avec une longue pratique de la psychanalyse, interrogeait sa patiente et amie Marie Bonaparte : « Que veulent les femmes ? »

Mais revenons à notre situation :

Le monsieur, audacieux, prend votre main...

Aïe ! Que faire ?

La lui abandonner, c'est consentir, accepter ses avances, s'engager à le laisser poursuivre.

La lui retirer, c'est jouer une fausse note dans la mélodie câline de l'instant, dans « l'harmonie trouble et instable qui fait le charme de l'heure ».

Alors nous abandonnons notre main, l'air de rien, sans nous en apercevoir, ni consentante, ni résistante, comme si le corps divorçait de l'âme.

La main repose inerte entre les mains de l'homme, elle est une chose qui ne nous appartient plus.

À quoi jouons-nous alors ?

Nous jouons, en toute mauvaise foi, à être une chose : nous faisons comme si nous n'étions pas libres tout en croyant très sérieusement à notre propre mensonge. Nous jouons à être ce que nous ne sommes pas et à ne pas être ce que nous sommes !

Nuit câline, nuit d'amour

Le premier rendez-vous était déjà très stratégique !

Bonjour l'angoisse de la première nuit d'amour !

Par son premier regard, l'autre m'a dépossédée de moi-même.

Depuis lors, je ne suis plus que « projet de récupération de mon être » et toutes les manœuvres amoureuses ne sont que des tactiques et des ruses de guerre pour me libérer de l'emprise de l'autre.

Oui ; mais comment m'y prendre ?

L'art de la caresse

Il ne s'agira plus là de caresser une idée, mais de vous montrer suffisamment habile afin que l'autre renonce enfin à son regard. S'il ne vous regarde plus, il ne vous possède plus.

« La caresse n'est pas simple effleurement : elle est façonnement. En caressant autrui je fais naître sa chair, par ma caresse, sous mes doigts. La caresse est l'ensemble des cérémonies qui incarnent autrui. »[1]

1. *Ibid.*

La revanche sera exquise : vous devez lui apprendre à baisser les yeux devant vous, dans une attitude de soumission totale... C'est vous qui le posséderez par votre regard, pour lui faire payer de vous avoir engluée dans l'être alors que vous évoluiez paisiblement dans un jardin public et dans les célestes sphères de l'existence !

P.-S. : Erreur à ne pas commettre le lendemain matin au petit déjeuner : lire le journal par-dessus son épaule – il vous accuserait de vouloir lui « voler le spectacle du monde » !

Soyez authentique

Laissons tomber le masque

Pour exister, il faut se départir du masque de la mauvaise foi : nous jouons à n'être pas libres, à « être » sur le mode de la chose et non à « exister » comme sujet.

Avec le masque, ôtons le costume : celui de l'esprit de sérieux qui fait que nous nous trouvons sans cesse des prétextes auxquels nous croyons. C'est une attitude lâche, juge Sartre. C'est ridicule aussi ! Un peu comme les visages des membres du jury de la *Star Academy* appréciant les qualités « artistiques » de jeunes gens qui se prêtent, plus ou moins sérieusement, au jeu !

« Lâche ou héros ? », telle est la question

On ne naît pas lâche ou héros, on le devient et on en est responsable. Il n'y a de réalité que dans l'action ; l'homme n'est rien d'autre que ses actes : il crée sa vie à chaque instant.

Voilà une philosophie qui laisse peu de place à la paresse, remarquerez-vous !

Seriez-vous de mauvaise foi ?

Vous pensez ne pas avoir eu le choix d'évincer votre collègue Marie pour la promotion que vous souhaitiez depuis pas mal d'années déjà ? Marie ? Petite carrure pour un tel poste ! Il s'agit de VOTRE carrière ; personne et surtout pas cette pâle sainte-nitouche ne ferait de sentiment à votre place et votre patron vous force plus ou moins la main...

Vous n'avez pas le choix : pas de mauvaise conscience, éliminez-la – vous n'avez que de bonnes raisons pour le faire !

Oui, mais vous êtes lâche ! Vous tentez de dissimuler votre liberté derrière le déterminisme, le fait de croire fermement « ne pas avoir le choix ».

Or, nous avons toujours le choix et nous sommes toujours libres, quelles que soient les circonstances... Nous sommes si libres que c'en est effrayant ! La mauvaise foi n'est qu'une façon de nous protéger – ce qui ne la justifie pas pour autant.

Êtes-vous un salaud ?

Le féminin du salaud n'existe pas dans la philosophie de Sartre. Nous remarquerons d'ailleurs qu'au féminin, le mot fait tout de suite beaucoup plus vulgaire !

Si en plus d'être de mauvaise foi, vous jouez à la fille « indispensable », voire absolument nécessaire, alors que toute existence est contingente, vous êtes « une » salaud !

Nous pouvons faire comme si notre existence avait une justification, mais l'angoisse nous ramène à notre condition : c'est à nous de donner un sens à notre vie ; personne ne peut décider pour nous, et même si Dieu existait, cela ne changerait rien. Telle est la position radicale de l'existentialiste : notre existence n'est aucunement nécessaire.

« L'essentiel, c'est la contingence. Je veux dire que, par définition, l'existence n'est pas la nécessité. Exister, c'est être là, simplement ; les existants apparaissent, mais on ne peut jamais les déduire. »

Nous sommes seuls et délaissés

Heidegger insistait déjà sur cette idée : l'homme est délaissé, il ne trouve ni en lui ni hors de lui la possibilité de s'accrocher – « Nous sommes seuls, sans excuse. »

Nous sommes jetés dans le monde et pourtant libres de nous déterminer par nos actions. Aucune garantie, même divine ; nous sommes seuls, nous façonnons notre existence avec « la conscience sèche et lucide de la condition humaine ».

C'est cela, *être authentique* : assumer sa liberté et sa responsabilité, avoir conscience du tragique de l'existence – nous n'avons pas demandé à être là !

Si nous oublions notre absurde condition humaine, l'angoisse se chargera de nous y ramener, cette angoisse qui nous étreint sous le poids d'une existence dont nous ne sommes pas l'auteur mais dont nous sommes tout de même responsables. Innocents, non coupables, mais néanmoins responsables !

Mais avec le désespoir commence le véritable optimisme, celui de ceux qui n'attendent rien, qui savent qu'ils n'ont aucun droit, qui agissent seuls, mais pour le bien de tous.

Pas de trêve !

« Je suis là, je me déguste, je sens le vieux goût de sang et d'eau ferrugineuse, mon goût, je suis mon propre goût, j'existe. Exister c'est ça : se boire sans soif. »

Pas de trêve dans l'existence ! L'existence est partout, autour de nous, en nous... Retournez au jardin public – c'est effrayant ! Observez...

Elle se cache le plus souvent, l'existence !

On ne la perçoit pas. Oui, nous disons que l'herbe sous nos pieds est humide, que les marronniers sont en fleur, que l'air est doux. Nous parlons de choses « existantes » mais nous ne touchons pas l'existence, nous ne pensons pas que tout cela EXISTE. Il y a, entre nous et les choses, une sorte de voile, que les mots mêmes contribuent à tisser. L'existence est voilée, à peine certes, mais dissimulée ; et c'est tant mieux car, lorsque le voile se soulève, c'est la nausée ! Sa présence « intempestive » vous saisit à la gorge. Mais oui, observez les racines du marronnier qui s'enfoncent dans la terre, cette « masse noire et noueuse, entièrement brute ». C'est effrayant : « Des masses monstrueuses et molles, en désordre, nues, d'une effrayante et obscène nudité. » C'est l'abjecte confidence de l'existence !

« Je suis paresseuse, je boude l'existence ! »

Que faire en effet lorsqu'on se sent ainsi piégé dans l'existence ? Car cela ne s'arrête pas : nous y sommes enchaînés et ne pouvons réclamer de « temps mort » (la mort oui, mais pas pour un temps seulement : pour toujours !).

Par notre paresse, nous boudons l'existence, nous larmoyons notre ras-le-bol d'être là et d'être toujours nous-mêmes, encombrés, aliénés. Chaque matin, nous sommes déjà anéantis par les mille et une choses que nous devons faire. Mais ce qui nous épuise plus sûrement encore, c'est le fait de devoir « être », sans trêve [1].

1. La peur du noir (analysée dans le chapitre précédent), mais aussi l'effort, la fatigue, et la paresse sont pensés par Emmanuel Levinas comme l'effroi impuissant devant le « il y a ».

SOUFFRIRIONS-NOUS D'OBLOMOVISME ?

Ilia Ilitch Oblomov est un riche propriétaire terrien d'à peine 40 ans, installé à Saint-Pétersbourg dans un appartement poussiéreux et une paresse existentielle inouïe.
Ses affaires vont à vau-l'eau ; il devrait rendre des visites, recevoir, mais toute forme d'action ou d'événement le répugne à tel point que – à quoi bon ? – il préfère son confort à l'amour et lorsqu'il tombe amoureux, il fait tout – ou plutôt rien – pour mettre un terme à l'histoire ; il n'est même pas un personnage tragique – c'est fatigant la tragédie !
Oblomov est le héros attachant du romancier russe Ivan Gontcharov [1]. Sa devise tient en ces deux mots : « Oui, demain » !
Voilà l'*oblomovtchina*, que fustigera Lénine en bottant les fesses de tous les Oblomov qui font de la Russie une belle endormie ...
Oblomov se laisse aller à sa nonchalance, à ses rêveries solitaires, du lit au fauteuil, enveloppé dans sa vieille robe de chambre douillette ; il se livre à la « dormition » ; il traîne les pieds, fatigué de devoir exister, de « se boire sans soif ».
Une journée entière, quatre-vingt-dix pages à essayer de se lever, et cinq cents pages (oui, tout de même !) pour ne rien faire [2] ! Le rêve !
Mais cette paresse semble inutile car, tandis qu'il ne fait rien, il existe tout de même – ce qui n'est pas rien, ce qui est déjà trop : Oblomov nous signifie que l'existence réside dans le fait de ne pas pouvoir démissionner, fait remarquer Emmanuel Levinas.

L'autre est-il un voleur d'être ou une bénédiction ?

Autrui nous dérobe notre être, s'insurge Sartre !

« Alléluia ! » devrions-nous nous exclamer avec Levinas !

1. Ivan Gontcharov (1812/1891).

2. Pour les paresseuses séduites par le personnage et néanmoins courageuses (500 pages !) : Yvan Gontcharov, *Oblomov*, Le Livre de Poche, Biblio 3315.

Égoïstes et cherchant par tous les moyens à persévérer dans notre être, nous sommes souvent davantage captifs de nous-mêmes que de l'autre. Or, seul l'autre peut nous désengluer de nous-mêmes, briser cet égoïsme – dans l'amour, par exemple.

Avec Levinas, faisons l'amour, pas la guerre, devenons un être-pour-l'autre, devenons responsables pour autrui.

Exister, c'est être de trop

Devinette :

Quel est le point commun entre les arbres, les grilles du parc, les cailloux et vous ?

Réponse : le fait d'être de trop !

Exister, c'est être de trop : observez les gens autour de vous... un tas d'existants qui n'ont pas de raison d'être là. Nous jouons à être nécessaires, mais nous sommes contingents, comme tout ce qui existe, c'est-à-dire que nous n'avons aucune raison d'exister. L'existence est parfaite contingence : elle peut être ou ne pas être, n'avoir jamais été, ne plus jamais être.

L'existence est un « phénomène », elle apparaît et disparaît, elle est *a priori* sans raison : rien ne la justifie.

« Tout est gratuit : ce jardin, cette ville et moi-même. Quand il arrive qu'on s'en rende compte, ça vous tourne le cœur et tout se met à flotter : voilà la Nausée. »

Mais vous êtes libre !

En effet, il vous reste au moins votre liberté, et ça c'est inaliénable. Plutôt positif, non ?

Ça l'est un peu moins lorsque vous découvrez que votre liberté ouvre sur un néant. Rien de ce que nous faisons n'est nécessaire...

Retour à la contingence : faire ou ne pas faire, être ou ne pas être, ce n'est plus une question, c'est le destin de l'homme marqué du sceau de la contingence radicale.

Et ce n'est plus rassurant du tout lorsque Sartre vous lance :

« Vous êtes condamnée à être libre !!! »

Cela résonne comme une vague menace ; vous êtes méfiante...

Vous avez raison : tremblez, malheureuse !

La liberté n'est pas une possibilité plus ou moins réalisable : c'est la condition fondamentale de l'homme. Vous êtes libre, vous n'avez pas le choix. Vous pouvez jouer la comédie, faire « comme si », mais vous n'abuserez personne !

ÊTES-VOUS UNE MOUSSE, UN CHOU-FLEUR OU UNE POURRITURE [1] ?

Aucun des trois ! Et savez-vous pourquoi ?
La mousse est mousse parce qu'elle est *déterminée* à l'être, tout comme le chou-fleur et la pourriture le sont : ils n'ont pas le choix ! Mais vous, à la différence du chou-fleur et de la pourriture – et c'est heureux –, vous n'êtes pas déterminée à être ce que vous êtes : une femme, une femme paresseuse, etc.
Vous pouvez toujours choisir de n'être plus paresseuse... ou de n'être plus une femme – plus compliqué, mais de l'ordre du possible étant donné les progrès inouïs de la chirurgie !

1. Ce sont les exemples cités par Sartre lui-même dans *L'Existentialisme est un humanisme*, 1970.

Bref, vous êtes un projet, auquel rien ne préexiste : vous êtes entièrement LIBRE de décider de vous-même.

Humanisme ou désespoir : il faut choisir !

Vous ne pouvez pas consommer du Prozac toute votre vie ; et le style « goth », ça passe encore jusqu'à 20 ans : après, cela fait un peu adolescente attardée !

Choisissez alors plutôt l'humanisme : dépassez-vous, transcendez-vous... Comment ?

Notre conscience fait que nous sommes toujours projetés hors de nous-mêmes ; Sartre dit qu'elle est « intentionnelle »[1], c'est-à-dire qu'elle est un mouvement vers autre chose qu'elle-même. La conscience n'*est* pas, elle *existe* : elle sort de soi (exister : *ex-sistere* = « sortir de soi »)[2].

C'est en poursuivant des buts transcendants que l'homme existe : ne vous renfermez donc pas sur vous-même, sortez, engagez-vous dans l'univers humain, inventez-le et inventez-vous vous-même !

1. Il emprunte ce concept à Husserl.
2. Sartre reprend à Kierkegaard et à Heidegger cette définition de l'*existence*.

Existence paresseuse et essence de la paresse

Quiz

« L'existence précède l'essence » signifie :

1° que ce que nous faisons est plus important que ce que nous sommes ?

2° que c'est en existant que nous nous définissons ?

3° rien du tout ?

Réponse 2 : que c'est en existant que nous nous définissons.

Ce sont en effet nos choix et nos actes qui vont peu à peu définir notre essence, constituer notre être. En ce sens, ce que nous sommes n'est jamais figé, déterminé une fois pour toutes. Seule la mort fixe notre essence, étant donné qu'alors nous ne pouvons plus rien y ajouter.

L'essence du sac à main, à savoir son idée, son utilité, les qualités qui permettent de le concevoir et de le produire, précède l'existence du sac à main. Certes.

Mais vous n'êtes pas un sac à main, vous êtes une femme, une paresseuse, un projet, un projet de paresse.

Donc, votre existence paresseuse précède votre essence : c'est en choisissant de *pratiquer* la paresse que vous vous *définissez* comme paresseuse.

Assumez la paresse comme valeur

Vous êtes responsable de ce que vous faites de vous-même : une paresseuse. Mais en faisant le choix de la paresse, vous affirmez en même temps la valeur universelle de ce choix ; valable pour vous, il l'est pour tous les hommes.

Nous sommes donc libres et surtout responsables de l'humanité. Ça fait beaucoup, certes, mais l'existentialisme est un humanisme.

La belle affaire ! Mais qu'en faire ?

Engagez-vous !

Sartre est sur tous les fronts et pas uniquement sur celui de la lutte des consciences, du premier regard jusqu'aux (d)ébats sous la couette !

« L'AGITÉ DU BOCAL » CONTRE L'ANTISÉMITISME

Sartre s'insurge contre le silence qui entoure le retour des déportés des camps de concentration après la Seconde Guerre mondiale : « Pendant quatre ans la société française a vécu sans eux et il convient de ne pas trop signaler leur réapparition. »
Cette colère s'accompagne d'une profonde volonté de comprendre le phénomène antisémite. Sartre pense que le « juif » est une création de l'antisémite. Il est né de la haine qu'a l'antisémite de lui-même, de ses propres faiblesses, de son impuissance, de sa médiocrité et en dernière instance de son désespoir de n'être pas Dieu. Le juif empêche l'antisémite d'être Dieu : voilà pourquoi ce dernier le hait, lui qui ignore le plus souvent ce que signifie *être juif* et ce qu'est le judaïsme.
Dans son *Portrait d'un antisémite* [1], Sartre s'en prend à Louis-Ferdinand Céline [2], qui lui répond avec une savoureuse verve injurieuse, dans un pamphlet intitulé « À l'agité du bocal » :
« Il faut que je lise absolument – paraît-il – une sorte d'article, le *Portrait d'un antisémite*, par Jean-Baptiste Sartre. [...] Ah ! Le damné pourri croupion ! [...] Satanée petite saloperie gavée de merde, tu me sors de l'entre-fesses pour me salir au-dehors ! Anus Caïn pfoui. [...] Ici ! Que je t'écrabouille ! Oui !... Je le vois en photo, ces gros yeux... ce crochet... cette ventouse baveuse... c'est un cestode ! [...] Ténia des étrons, faux têtard, tu vas bouffer la mandragore ! Tu passeras succube ! [...] Ah ! Quel avenir J.-B. S. ! [...] Sacré J.-B. S. » [3]
Assurément, Céline remporte la palme de l'art de l'insulte, loin devant Arthur Schopenhauer.

1. Publié en 1945.
2. L'auteur du *Voyage au bout de la nuit*.
3. Publié dans *Le Gala des vaches* en 1948.

Les prises de position de Sartre : une certaine idée de la liberté

« Un bateau pour le Viêt-nam »

Le 26 juin 1979, Sartre se rend à l'Élysée en compagnie de Raymond Aron et d'André Glucksmann, afin de convaincre Valéry Giscard d'Estaing d'accueillir les réfugiés d'Indochine.

Des milliers de boat people fuyant les camps de concentration vietnamiens communistes prennent la mer de Chine sur de précaires embarcations, attaquées par les pirates thaïlandais lorsqu'elles ne font pas naufrage.

« Le contemporain capital »[1]

Sartre se bat contre la colonisation et l'impérialisme, prend parti pour l'indépendance de l'Algérie et défend un droit à l'insoumission et à la désertion. Les Français s'insurgent : « Que l'on fusille Sartre ! » Ce à quoi le général de Gaulle riposte : « On n'emprisonne pas Voltaire ! »

Sartre défendra jusqu'à la fin de sa vie une certaine idée de la liberté.

Il prend fait et cause pour les « mai-soixante-huitards » et il rejoint en 1970 ceux que l'on appelle « les maos », acceptant, pour les couvrir, la direction d'un journal interdit : *La Cause du peuple,* dont les deux précédents directeurs se trouvent en prison. On le voit manifester contre la venue de Brejnev à Paris en 1971, pour la libération de dissidents soviétiques, ou encore en 1972 s'adresser à ses « camarades » sur les tonneaux de l'usine Renault-Billancourt pour la défense d'un militant maoïste.

En 1973, il est victime d'une attaque qui le laisse quasi aveugle et le contraint à décider librement que son œuvre est achevée. Sartre continuera toutefois à

1. Selon le mot de François Mauriac.

s'engager auprès de ceux qui souffrent et pour toutes les causes qui lui semblent justes.

La mort met un terme à ses projets et transforme sa liberté en destin, le 15 avril 1980.

Une dose de Viagra et en avant la zique !

Jean-Sol Partre et la duchesse de Bovouard

À l'euphorie de la Libération se mêle un immense enthousiasme pour la philosophie existentialiste, qui fait souffler un vent de liberté dont la France en reconstruction a besoin. La mode existentialiste est portée par l'ambiance jazzy des cabarets – les caves – de Saint-Germain-des-Prés où l'on croise les zazous et autres zozos, toute l'avant-garde, existentialiste ou pas !

Ces troglodytes sont Raymond Queneau, Giacometti, Picasso, Leiris, Camus. Boris Vian compose des musiques et des chansons dont certaines font scandale ; il écrit *L'Écume des jours*, où Sartre et Beauvoir deviennent Partre et Bovouard lors de la conférence « L'existentialisme est un humanisme » en 1945.

Roman, théâtre, philosophie, journalisme, l'existentialisme ne laisse rien hors de ses préoccupations. Sartre écrira même, sur le comptoir du *Café de Flore*, une chanson pour Juliette Gréco, qui chantera également un texte de *Huis clos* : « Dans la rue des Blancs-Manteaux ».

LA RESPONSABILITÉ DE L'ÉCRIVAIN

« L'écrivain est en situation dans son époque ; chaque parole a ses retentissements. Chaque silence aussi. Je tiens Flaubert et Goncourt pour responsables de la répression qui suivit la Commune parce qu'ils n'ont pas écrit une ligne pour l'en empêcher. Ce n'était pas leur affaire, dira-t-on. Mais le procès de Calas, était-ce la faute de Voltaire ? La condamnation de Dreyfus, était-ce l'affaire de Zola ? »
Il y a une responsabilité de l'écrivain : Sartre l'affirme et la prend pleinement, en littérature comme en politique.

La littérature engagée

Sartre milite pour une littérature engagée, infusée de sang nouveau, dont le manifeste paraît en 1947 sous le titre de *Qu'est-ce que la littérature ?*. Sartre veut donner à la collectivité la littérature qui lui convient et travaille à un style nouveau auquel s'exerce également Louis-Ferdinand Céline : il faut écrire comme on parle.

Pour l'écrivain engagé, la parole est action, « les mots sont des pistolets chargés ».

Ses convictions lui feront refuser le 22 octobre 1964 le Prix Nobel de littérature. Il refuse « de se laisser transformer en institution ».

Sartre journaliste

Il crée en 1945 la revue *Les Temps modernes*. Il veut changer « la condition sociale de l'homme et la conception qu'il a de lui-même ». Les premiers fondateurs, avec Sartre, sont Maurice Merleau-Ponty, Michel Leiris, Jean-Baptiste Pontalis, Raymond Aron, Jean Paulhan et Jean Pouillon.

C'est encore Jean-Paul Sartre qui fonde en 1971 l'agence de presse *Libération* avec ses amis « maos ». Le premier numéro du journal paraît le 22 mai 1973.

Copacabana, Cuba, Venise…

Sartre et Beauvoir parcourent le monde inlassablement. Leurs voyages sont inséparables de leur engagement moral, politique et philosophique.

L'existentialisme comme la phénoménologie exigent de partir de la vie même, qu'il s'agit de penser. Et Sartre est l'héritier à la fois de Kierkegaard, de Husserl et de Heidegger.

Nous sommes toujours à l'extérieur de nous-mêmes et c'est dans la foule que nous pouvons nous découvrir, sur la route, dans le monde, et non dans le repli frileux sur soi.

Aussi croise-t-on Sartre et Beauvoir sur la plage de Copacabana (mais pas en Bikini), en Chine auprès de Mao, au Japon, au Portugal, à Cuba serrant la main de Fidel Castro et de Che Guevara, en Israël défendant autant la cause sioniste que le droit des Palestiniens à rentrer dans leur pays, aux États-Unis, en URSS sur la place Rouge, ou encore à Venise « fuyant les homards ».

Connaissez-vous le homard à la vénitienne ? Ayant un peu abusé de mescaline ou autre hallucinogène, Jean-Paul Sartre croit devenir fou : des homards le poursuivent ! Simone de Beauvoir le fera marcher toute une nuit dans les rues de la cité des doges afin de lui faire reprendre ses esprits !

Sartre, l'amour et les femmes

« Moi qui m'ennuie crasseusement dans la compagnie des hommes, il est extrêmement rare que la compagnie des femmes ne me divertisse. Je préfère parler de plus petites choses avec les femmes que de philosophie avec Aron. »[1]

1. Sartre, *Les Carnets de la drôle de guerre*, 1939-1940.

Castor et Poulou

Celui que sa maman appelait tendrement « Poulou » avait beaucoup de succès auprès des femmes. Son humour et son intelligence les charmaient toutes. Aussi eut-il beaucoup d'amours contingentes...

Un moyen de justifier votre polygamie

Distinguez les amours contingentes de l'amour (ou « des amours », tout dépend de votre appétit !) nécessaire. Les amours contingentes sont les liaisons passagères et transitoires, qui peuvent être ou ne pas être, qui ne bouleversent pas votre vie. Les amours nécessaires sont celles qui comptent, qui sont essentielles.

Habile façon de mettre de la philosophie dans sa vie et jusque dans son lit !

Sartre n'eut qu'un amour nécessaire : Simone de Beauvoir (Castor), qu'il avait rencontrée en 1926 alors qu'il préparait l'agrégation de philosophie. Il eut en revanche pas mal d'amours contingentes...

Une parfaite fidélité est ainsi conciliable avec des aventures, pour peu qu'elles soient contingentes ! C'est même la seule fidélité pensable car une fidélité absolue va à l'encontre de la liberté : en jurant fidélité, je parie librement contre ma liberté par le serment !

Les règles de l'amour à l'existentielle

L'amour est un engagement : il se décide

Je suis l'auteur de mes sentiments, de mes désirs, de mes passions.

Laissons tomber la vision romantico-tragique de la passion, qui veut que nous soyons emportés par ce qui est plus fort que nous, par un pouvoir étranger qui se déploie en nous, sans nous, malgré nous...

Nous sommes toujours libres. Pas de pulsion, pas de destin. Les sentiments n'existent que dans les actes, le projet avec l'autre.

L'amour est intentionnel

En amour, il s'agit d'être authentique : ne pas se mentir, ne pas jouer la comédie, ne pas être de mauvaise foi. L'amour est affaire de volonté : c'est librement que nous faisons le choix d'aimer.

Pourtant la passion conserve à nos yeux un charme incontestable. Mais songez-y bien : que vous dit le passionné ? « Je t'aime, mais je ne l'ai pas choisi ! » En fait, la passion est moins puissante qu'un amour qui s'engage et décide d'aimer. N'est-il pas légitime en effet de « vouloir » être aimé par un être LIBRE, qui « décidera » de nous aimer à chaque instant... ou pas.

Ce que nous désirons – avouons-le –, « c'est une liberté qui joue le déterminisme passionnel et qui se prend à son jeu »[1].

L'amour n'a que faire de l'inconscient

Sartre, en digne héritier de Descartes, est un philosophe de la transparence de la conscience à elle-même : la vérité absolue se trouve dans le *Cogito*, cette façon de se saisir soi-même sans intermédiaire. L'inconscient n'est qu'une invention de mauvaise foi pour se dissimuler sa liberté.

1. Sartre, *L'Être et le Néant*, 1943, Gallimard.

QUINZE CONSEILS UTILES POUR ÊTRE EXISTENTIALISTE

1. Plongez-vous dans une ambiance kierkegaardienne

Voyez ou revoyez *Cris et Chuchotements*, d'Ingmar Bergman : « Trois femmes en blanc échangeant quelques mots dans une pièce entièrement rouge. [...] Depuis mon enfance, je me suis toujours représenté l'intérieur de l'âme comme une membrane humide aux teintes rouges. » [1]

2. Préférez toujours le sentiment du malheur au bien-être et au bonheur

Ayez le sens du sacrifice.

3. Cultivez l'angoisse

Un petit *Shining*, ça vous dit ?

4. Procurez-vous le *Don Giovanni* de Mozart

Laissez-vous entraîner dans le tourbillon de la séduction.

5. Soyez à la fois esthéticienne, « éthicienne » et religieuse

Autrement dit : recherchez un amant, un époux, un père et un mari.

6. Remplacez l'idée de nature humaine par celle de condition humaine

Une condition peureuse, incertaine et délaissée.

7. Ne désespérez néanmoins jamais ni de vous-même ni de l'homme

Devenez vous-même !

---

1. Ingmar Bergman.

8. Ne soyez pas lâche

Allez, un peu de courage !

9. Donnez un sens à votre vie en vous engageant

Dans quoi ? Euh... là, après 500 pages, nous sommes épuisées ; à vous de jouer !

10. Soyez libre, choisissez

C'est-à-dire inventez.

11. Entretenez toujours plusieurs amours contingentes

C'est excellent pour votre santé mentale et physique.

12. Adoptez un castor

Enfin, vous n'êtes pas obligée de suivre à la lettre Sartre.

13. Prenez une carte « Fréquence plus » chez Air France

Elle vous sera utile pour vos nombreux voyages existentiels.

14. Gardez toujours à portée de main un anti-vomitif

Pas pour l'avion, mais pour les promenades dans le parc !

15. Évitez les huis clos conjugaux ou extraconjugaux

Ça... je sens que ça vous plaît !

chapitre 12

Petit glossaire de la philo

Les mots clés indispensables à la philo des paresseuses

Absolu

Ce qui est détaché, séparé et parfaitement achevé. L'absolu existe « en soi », indépendamment de la représentation que l'on s'en fait (Dieu dans les religions monothéistes ou le Bien de Platon). L'absolu désigne aussi ce qui n'a besoin de rien d'autre pour exister.

En ce sens, beaucoup d'absolus n'existent qu'à titre d'idées dont on ne rencontre jamais de réalisation. Partez en quête d'absolu... vous constaterez que ce n'est pas simple.

Aporie

Absence d'issue dans la réflexion sur une question, due à une contradiction insoluble dans le raisonnement.

L'aporie est la voie de la pensée qui mène à une impasse.

A priori

Ce qui est antérieur à l'expérience et indépendant d'elle. *A priori* est le contraire d'*a posteriori* ou d'« empirique ».

A priori, l'idée de passer une semaine de vacances entre copains dans une grande maison au bord de la mer vous tente bien. *A posteriori*, on ne vous y reprendra pas !

Ataraxie

Absence de souffrance corporelle et tranquillité d'âme de celui qui sait modérer ses plaisirs et vivre en harmonie avec lui-même et le monde.

L'ataraxie se rapproche un peu (physiquement) de l'état d'apathie dans lequel vous plonge l'idée de faire du sport, mais en diffère (psychologiquement) car vous n'êtes pas « tranquille » à cause de la petite voix qui vous dit : « paresseuse... »

Autrui

L'autre reconnu dans sa dimension morale de personne. À la fois « autre que moi » et « autre moi », autrui est le « moi » que je ne suis pas. Il est le sujet avec lequel je peux établir une relation intersubjective. En ce sens, les dieux comme les animaux sont « autres » mais pas « autrui ».

Autrui est celui qui est trop différent de vous ou celui qui vous ressemble beaucoup trop ; bref, il vous agace.

Concept

Idée générale désignée par un mot et obtenue par abstraction et généralisation. Deleuze définit néanmoins le concept comme l'*outil* qu'utilise la philosophie pour résoudre un problème.

À ne pas confondre avec les « nouveaux concepts » qui fleurissent partout : la pilule autobronzante et auto-amincissante, l'*IDTGV* ambiance *zap* ou *zen*, ou encore le *shoppenboy* essayant la chemise que vous souhaitez offrir à votre homme, afin que vous n'achetiez pas une taille 38 alors qu'il fait un bon 44.

Conscience

Représentation qu'un sujet se fait du monde et capacité d'autoréflexion. La conscience peut se porter à l'extérieur de soi et à l'intérieur de soi.

La conscience est une sorte de projecteur qui éclaire le monde et nous-même d'une lumière sans complaisance. Nietzsche nous prévient : « La conscience nous baise autant qu'elle nous mord. »

Contemplation

Activité de l'âme qui dépasse la pensée et le raisonnement pour s'absorber dans la considération admirative d'un objet.

La contemplation ressemble au sentiment, proche de l'extase (union mystique avec ce que l'on contemple), qu'une mère peut parfois avoir pour son enfant !

Contingence

Caractère de ce qui peut être ou ne pas être, de ce qui peut être tel qu'il est ou autre qu'il n'est. La contingence désigne l'absence de nécessité d'une chose, d'un être, d'un événement, etc.

Cherchez ce qui *n'est pas* contingent autour de vous... C'est effrayant !

Déterminisme

Conception selon laquelle les événements, naturels ou humains, se produisent selon une loi de succession nécessaire et logique. Le déterminisme nie à la fois le hasard et le destin et se distingue du fatalisme.

Bref, votre liberté est en partie illusoire, mais vous ne devez pas renoncer à l'exercer.

Dialectique

Art du dialogue, qui examine et discute des points de vue contraires. Chez Platon, art de raisonner qui consiste à remonter de concept en concept, jusqu'aux principes premiers. La dialectique désigne le processus de transformation du réel et des idées en passant par le négatif.

C'est, jusqu'à présent, ce que vous n'avez jamais réussi à faire.

Dogmatisme

Conception philosophique selon laquelle il existe une vérité absolue que l'on peut connaître avec certitude.

Attitude de celle qui croit en un dogme (dogme du Mariage ou dogme de la Mode, par exemple) et se montre rigide et intransigeante à l'égard de tous ceux qui ne se soumettraient pas à cette vérité.

Empirisme

Doctrine philosophique qui affirme que l'expérience des sens est la source et le fondement des idées et de toute connaissance.

Rien de tel pour développer son intellect que d'élargir l'éventail de ses expériences...

Entendement

Faculté de comprendre, de connaître et de juger, se distinguant de la sensation comme de la raison.

L'entendement est ce qu'il est INDISPENSABLE de savoir bien conduire.

Essence

Ensemble des propriétés qui constituent le fond d'un être ou sa nature nécessaire et propre. L'essence est ce sans quoi une chose ne pourrait pas être ce qu'elle est.

L'essence est ce qu'il y a de plus difficile à connaître. Sauriez-vous dire ce que vous êtes, essentiellement ?

Existentialisme

Doctrine selon laquelle l'existence humaine prime sur l'essence. C'est en existant que l'homme détermine son essence.

Bref, il est naturel que vous ne sachiez pas répondre à la question précédente étant donné que vous êtes en train d'être : votre essence ne peut encore être fixée.

Finalité

Désigne un but objectivement ou subjectivement représenté. Elle est le principe selon lequel rien ne se fait en vain, que cela soit conscient ou non.

Nous aimerions croire qu'il existe une finalité lorsque trop souvent la vie nous paraît dérisoire, injuste ou absurde.

Intelligible

Qui ne peut être connu que par l'intelligence. Chez Platon particulièrement, l'intelligible désigne ce qui existe au-delà du monde perçu par les sens.

L'intelligible prouve qu'un idéal est au fond très « pratique » : donner un sens à son existence, au-delà de l'insensé des phénomènes.

Matérialisme

Système de pensée réaliste pour lequel le réel est de nature entièrement matérielle.

Si vous n'entendez rien à Platon, dissimulez philosophiquement votre incompréhension : « Platon, je m'en moque, je suis matérialiste. »

Ontologie

À proprement parler, la « science » (*logos*) de l'« être » (*ontos*). Partie de la philosophie qui a pour objet l'être : le fait même d'exister ou la nature de l'existant.

Science fort utile à toutes celles qui, saisies parfois d'angoisse existentielle, se demandent ce que signifie dans le fond « être ».

Phénoménologie

Science du vécu, dont la paternité revient à Husserl, qui explore le phénomène comme donnée immédiate de la conscience. La phénoménologie est à la fois un retour aux choses mêmes et à la conscience, définie par son intentionnalité, c'est-à-dire son rapport au monde.

N'est-il pas essentiel quelquefois de revenir aux petites choses ?

Réminiscence

Au sens courant, désigne le retour à la conscience d'un souvenir inconscient. Chez Platon, la réminiscence est la réapparition d'un savoir enfoui dans l'âme et longtemps occulté par notre vie sensible. Ce souvenir est la preuve d'une vie antérieure de l'âme dans le monde intelligible.

Dans un registre plus littéraire, aux significations néanmoins philosophiques, l'épisode de « la madeleine » chez Proust illustre merveilleusement ce phénomène dans son étrangeté. Lisez donc *Du côté de chez Swann*, tome I de *À la recherche du temps perdu.*

Scolastique

Enseignement théologico-philosophique donné dans les écoles et les universités d'Europe au Moyen Âge, caractérisé par une rationalisation des dogmes. Son contenu est une synthèse de platonisme et de christianisme ou d'aristotélisme et de christianisme, avec des influences arabes et juives.

Partie de la philosophie un peu aride, le terme de *scolastique* désigne, dans un sens péjoratif courant, une pensée au formalisme rigide et étroit.

Souverain bien

Bien par excellence et finalité suprême de toute activité, à laquelle toutes les autres fins sont subordonnées au titre de « moyens ».

Quel est votre souverain bien, la quête essentielle de toute votre existence ?

Subjectivité

Sujet (être doué de réflexion) considéré dans ce qui lui appartient singulièrement et en propre.

Être sujet, voilà sans doute ce qui fait toute notre dignité...

Substance

Désigne ce qui existe en soi, indépendamment de ses modes ou de ses qualités.

Peu importe que vous soyez ceci ou cela : souvenez-vous seulement que vous êtes une substance pensante – dixit Descartes.

Transcendant

Qui se situe au-delà d'un domaine considéré. Surtout chez Kant, ce qui est au-delà de toute expérience possible.

Jusqu'alors, la philosophie était pour vous un sujet transcendant !

Repères chronologiques

Antiquité

Pythagore : v. 570/v. 480 av. J.-C.
Héraclite : v. 550/v. 480 av. J.-C.
Parménide : v. 515/v. 440 av. J.-C.
Socrate : 470/399 av. J.-C.
Platon : v. 427/348-347 av. J.-C.
Les sophistes : v. IVe s. av. J.-C.
Diogène le Cynique : v. 410/v. 323 av. J.-C.
Aristote : 384/322 av. J.-C.
Pyrrhon d'Élis le Sceptique : v. 365/v. 275 av. J.-C.
Épicure : 341/270 av. J.-C.
Cléanthe le Stoïcien : mort en 232 av. J.-C.
Lucrèce : v. 98/55 av. J.-C.
Épictète : v. 50/v. 130 ap. J.-C.
Marc Aurèle : 121/180 ap. J.-C.

Moyen Âge et Renaissance

Saint Augustin : 354/430
Avicenne : 980/1037
Pierre Abélard : 1079/1142
Averroès : 1126/1198
Moïse Maimonide : 1135/1204
Saint Thomas d'Aquin : 1225/1274

XVIIe-XVIIIe s.

Michel de Montaigne : 1533/1592
René Descartes : 1596/1650
Blaise Pascal : 1623/1662
Baruch Spinoza : 1632/1677
John Locke : 1632/1704
Wilhelm Leibniz : 1646/1716
David Hume : 1711/1776
Emmanuel Kant : 1724/1804

XIXe s.

Friedrich Hegel : 1770/1831
Sören Kierkegaard : 1813/1855
Arthur Schopenhauer : 1788/1860
Karl Marx : 1818/1883
Friedrich Engels : 1820/1895
Friedrich Nietzsche : 1844/1900

XXe s.

Edmund Husserl : 1859/1938
Sigmund Freud : 1856/1939
Henri Bergson : 1859/1941
Ludwig Wittgenstein : 1889/1951
Karl Jaspers : 1883/1969
Bertrand Russell : 1872/1970
Hannah Arendt : 1906/1975
Martin Heidegger : 1889/1976
Vladimir Jankélévitch : 1903/1985
Jean-Paul Sartre : 1905/1980

Michel Foucault : 1926/1984
Emmanuel Levinas : 1905/1995
Gilles Deleuze : 1925/1995
Jacques Derrida : 1930/2004

Table des matières

Dans la même collection :

L'Almanach des paresseuses
L'Anglais des paresseuses
L'Armoire idéale des paresseuses
L'Art de se faire épouser des paresseuses
L'Astrologie des paresseuses
La Beauté des paresseuses
La B.D. des paresseuses
La B.D. des paresseuses 2
Les Bonnes Résolutions des paresseuses
Les Bons Plans anti-cellulite des paresseuses
Le Bricolage des paresseuses
La Cave à vin des paresseuses
Le Corps de rêve des paresseuses
La Couture des paresseuses
La Cuisine des paresseuses
L'Écologie des paresseuses
Le Feng Shui des paresseuses
La Fête des paresseuses
Le Guide de survie des paresseuses
La Gym des paresseuses
L'Histoire de France des paresseuses
Le Home sweet home des paresseuses
Le Jardinage des paresseuses
Le Kama-sutra des paresseuses
Le Nouveau Savoir-Vivre des paresseuses
Les Paresseuses changent de vie !
Les Paresseuses se marient !
Les Paresseuses s'engagent !
Le Paris des paresseuses
Le PC des paresseuses
La Positive Attitude des paresseuses
Le Prince Charmant des paresseuses
La Recherche de job des paresseuses
Le Régime des paresseuses
La Santé des paresseuses
Les Secrets de jeunesse des paresseuses
Le Sudoku des paresseuses
Le Tricot des paresseuses
Les Vacances des paresseuses
La Vie politique (enfin) expliquée aux paresseuses
La Vie rêvée des paresseuses
Le Vintage des paresseuses
La Zen Attitude des paresseuses

En papeterie :

L'Agenda des paresseuses 2007
Le Calendrier des paresseuses 2007
Le Répertoire des paresseuses

Photocomposition Nord Compo

Imprimé en Italie
par Rotolito Lombarda
ISBN : 978-2-501-05080-7
Août 2007
40-8935-5/01